IRISIANA

Nadine Spitzley

ZYKLUST

Aktiviere deine weibliche
Energie und Lebenslust

IRISIANA

1. Auflage

einem Unternehmen der Penguin Random House Verlagsgruppe GmbH,
Neumarkter Straße 28, 81673 München
Satz: GGP Media GmbH, Pößneck
Herstellung: Franziska Polenz
Projektleitung: Inga Heckmann
Lektorat: Sabine E. Rasch
Umschlaggestaltung: © Jens Nink, www.heynink.com
unter Verwendung eines Motivs (Portrait Nadine Spitzley) von © Evren Türker
Layout: © Jens Nink unter Verwendung von Motiven von © Canva
Bildnachweis
Abbildungen: Nadine Spitzley unter der Verwendung von Elementen
von © Canva (S. 68, 90, 92, 109, 112, 131, 142, 189, 205)
Anatomische Abbildungen © Shutterstock / Marochkina Anastasiia (S. 74),
© Shutterstock / BlueRingMedia (S. 77), © Shutterstock / K.K.T Madhusanka (S. 80),
© Shutterstock / Denissenko Oleg (S. 82), © Shutterstock / rob9000 (S. 168)
Kapitelaufmacher: Jens Nink, www.heynink.com unter Verwendung
von Elementen von © Adobe Stock / 7AM
Druck und Bindung: GGP Media GmbH, Pößneck
Printed in Germany
ISBN 978-3-424-15479-5

Penguin Random House Verlagsgruppe FSC® N001967

Dieses Buch ist mit der ganzen Liebe einer Mutter meinen beiden Söhnen gewidmet, weil ich ihnen eine Zukunft wünsche, in der Frau und Mann sich selbst und einander besser verstehen und darum ganzheitlicher lieben können, als es in meiner Vergangenheit der Fall war.

Es ist mit der ganzen Liebe einer Tochter meinen wunderbaren Eltern, meinen Großeltern und allen gewidmet, die meinen Weg bereitet haben. In Anerkennung und tiefer Dankbarkeit für ihre Gefühle, Gedanken und Geschichten, ohne die hier keine Zeile stehen würde.

Als Funken, der Fackeln entzünden darf, die zu Leuchtfeuern werden, schreibe ich es für all meine Klientinnen, Freundinnen, meine Geschwister und Herzensschwestern, die drei Töchter meines Mannes und alle Frauen, die ihr feminines Potenzial an Lust und Liebe entdecken und integrieren möchten.

Inhalt

Vorwort

Die Mutter meiner Mutter hat zehn Kinder geboren und erst mit über sechzig Jahren von mir, ihrer Enkelin, erfahren, dass es einen weiblichen Orgasmus gibt. Lust spielte in ihrer Sexualität keine Rolle, doch lebte sie mir jeden Tag vor, wie facettenreich sich diese feminine Qualität (die Lust) im Alltäglichen ausdrücken kann. Sie war ein Feuerwerk an inspirierender Weiblichkeit und gleichzeitig blieb ihr ein wesentlicher Aspekt ihres körperlichen Selbst verborgen.

Wer wäre meine Oma gewesen, hätte sie dieses Buch gelesen? Welche Auswirkungen hätte das auf ihre Ehe gehabt? Inwiefern hätte es meine Mutter geprägt und welchen Einfluss hätte das wiederum auf meinen Vater gehabt? Wer wären du und ich heute, hätten die Frauen und Männer der Generationen vor uns die Möglichkeit gehabt, einander besser zu verstehen und tiefer zu lieben – beginnend damit, sich selbst zu verstehen und sich selbst tiefer zu lieben?

Was ich in meiner Kindheit als Mangel erlebte, wurde zum unterschwelligen Beweggrund, mich auf die Suche nach der vermissten Fülle an weiblichem Selbstverständnis und in der Folge inniger Selbstliebe und befreiender Selbstermächtigung zu machen. Doch zunächst eignete ich mir die Geschichte meiner Vorfahrinnen an, indem ich mir unbewusst Umstände kreierte, die die Wiederholung alter Muster ermöglichten. Auf diese Weise solidarisierte ich mich körperlich mit dem, was mein Geist in seiner ahnungslosen Überheblichkeit zuvor kritisiert hatte. Durch das persönliche Erleben der auf meine Verhältnisse und meine Zeit angepassten Krisen meiner Ahnen gewann ich Erkenntnisse, die nicht nur die Begeisterung für mein eigenes Frausein weckten, sondern darüber hinaus zum Game-Changer für viele wurden.

Vom Privileg des Frauseins

Um das Frausein zu spüren und auszudrücken, darf sich eine Frau in ihrer Weiblichkeit vollständig begreifen, beginnend mit dem, was sie zur Frau macht: ihrem zyklischen Wesen.

In diesem Buch fasse ich die wichtigsten Punkte meiner eigenen Einsichten und jene aus der langjährigen Arbeit mit meinen Klientinnen und Workshop-Teilnehmerinnen zusammen. Sie sollen dir, liebe Leserin, dazu dienen, deine Weichen zu stellen, um dein Potenzial an Lust und persönlicher Erfüllung zu verstehen und freizuschalten.

Wenn es uns gelingt, den in unser weibliches Vermächtnis eingewobenen uralten Mangel an Selbstliebe ins Gegenteil zu kehren und uns selbst und jeder anderen Frau die Fülle zu gestatten, die dem Femininen von Natur aus innewohnt, werden wir erkennen, wer wir sind und wozu wir fähig sind. Auf diese Weise bereichern wir nicht nur unser eigenes Leben, sondern transformieren auch jene, mit denen wir in Beziehung stehen, und insbesondere die, die nach uns kommen.

Als Frau trägst du das Männliche in dir, so wie jeder Mensch beide Polaritäten auf einzigartige Weise in sich vereint. Doch bleibt deine Grundschwingung feminin und ihre zyklische Frequenz bestimmt den Rhythmus deines Seins.

Die Werkseinstellung deines physischen Selbst unterscheidet sich von jener eines Mannes und das hat einen Sinn und Nutzen, den ich dir näherbringen möchte. Denn wie erfolgreich auch immer sich die maskulinen Aspekte deiner Persönlichkeit im Alltag ausdrücken, dein Sein und Tun entbehren deiner femininen Wahrheit, wenn du dich deiner Essenz verschließt und dir dadurch selbst verborgen bleibst.

Mein maskuliner Anteil spielte lange Zeit die Hauptrolle, während meine Weiblichkeit, vom Verstand ignoriert, ein Schattendasein führte. Ohne es kommen zu sehen, katapultierte mich meine innere Disbalance in eine äußere. Geraten wir anhaltend aus dem Gleichgewicht, folgen Chaos und Krise – nicht, um uns zu zerstören, sondern als Einladung zu einer Heldinnenreise. Die meine ist genauso die deine und darum teile ich sie mit dir. Sie handelt von Missverständnissen mit uns selbst und der Liebe zum

Femininen. Es geht um die Macht des Kopfes und die Magie des Körpers, um Gefühle und Bedürfnisse und vor allem um weibliche Lust.

Frausein bedeutet zu fühlen, im Körper präsent zu sein, ganz zu sein. Verbringen wir unser Leben im Kopf, verpassen wir den Körper. Spüren wir uns selbst nicht, spüren wir auch andere nicht. Weil wir gelernt haben, unserem Körper zu misstrauen und insbesondere dessen zyklische Natur als defizitär zu verurteilen, isolieren wir eine wesentliche Dimension unserer Beschaffenheit. Unsere eigene empfundene Wahrheit, die sich durch Gefühle, Bedürfnisse und Sehnsüchte ausdrückt, zweifeln wir an, noch bevor wir sie wahrnehmen. Woran orientieren wir uns, wenn nicht an uns selbst? Welchem Pfad folgen wir, wenn nicht unserem eigenen?

Liebes feminines Wesen, du bist so viel mehr als das, was dir dein Kopf erzählt.

Möchtest du die kraftvoll lebendige Lust-Energie spüren, die deiner Weiblichkeit zugrunde liegt? Möchtest du sie freischalten und in allen Lebensbereichen, auch in deiner Sexualität, ausdrücken? Sehnst du dich nach einem harmonischen Leben im Fluss deiner eigenen Natur und möchtest du herausfinden, wie du wirklich gemeint bist? Dann öffne dich für die Ganzheit, die dich ausmacht!

Zyklust ist eine Hommage an dein Frausein. Du selbst bist das Kunstwerk, auf das ich mich beziehe. Lass mich dich vertraut machen mit deinem Ur-Rhythmus, deinem weiblichen Zyklus, der als systemintegrierter Prozess der Persönlichkeitsentwicklung den verlässlichsten Schlüssel zu einem lustvollen Leben in Liebe, Freude und Fülle birgt. Entdecke auf diese Weise dein ganzheitliches Potenzial an femininen und maskulinen Kräften, damit sie im Liebestanz vereint füreinander lebendig werden. Wie im Innen, so im Außen.

Für wen ist dieses Buch?

Zyklust handelt vom Frausein. Dabei beziehe ich mich explizit auf die Regel und nicht auf die Ausnahmen. Was du hier liest, entspricht meiner eigenen erlebten Wahrheit, die sich mit jener vieler meiner Klientinnen, Workshop- und Retreat-Teilnehmerinnen deckt und dennoch keinen Anspruch auf Allgemeingültigkeit erhebt, denn ich schreibe aus der Perspektive meines persönlichen Frauseins. Damit meine ich: Mein biologisches Geschlecht ist weiblich und meine Geschlechtsidentität ist ebenfalls weiblich. Ich bin heterosexuell und fühle mich in erster Linie vom männlichen Geschlecht angezogen. Ich empfinde Begeisterung und Liebe zu vielen Menschen.

Wir leben in Zeiten der geschlechtlichen Vielfalt. Es wird nicht mehr nur zwischen biologischen Geschlechtern (weiblich, männlich und intergeschlechtlich), sondern auch zwischen sozialen und psychologischen Geschlechtern unterschieden. Frau, Mann, cis-geschlechtlich, transgeschlechtlich, gender-queer, LGBTQIA+-Menschen sollen selbst bestimmen, wie sie leben und lieben möchten. Sie sollen ausdrücken können, wie sie sich fühlen und welche Bedürfnisse sie haben, und die Freiheit genießen, zu sein, wer sie sein wollen. Dies beinhaltet, selbst zu erspüren, wie viel weiblicher und männlicher Anteil in unserem Körper mitschwingt und sich auf welche Weise zeigen möchte.

Wie auch immer du das Leben und die Liebe ausdrückst, ***Zyklust*** ist für dich, wenn dein biologisches Geschlecht weiblich ist und du, wie ich selbst, einen Menstruationszyklus hast oder hattest. Daher erlaube ich mir die Freiheit, auf gendergerechte Sprache zu verzichten – bis auf dieses eine Mal, denn nicht nur menstruierende Frauen sind eingeladen, sich in die weibliche Natur zu vertiefen. Ich heiße ebenso jede/-n Einzelne/-n willkommen, der/die ein zyklisches Wesen liebt und sich aus dem Wunsch heraus, diesen Menschen tiefer zu verstehen, *Zyklust* zur Hand nimmt. Ich danke dir für dein wertvolles Bemühen und wünsche dir, dass das Verständnis und die Liebe vielfach zu dir zurückkommen.

Wer auch immer du bist und was auch immer deine Geschichte ist, die dich hierhergeführt hat – viel Freude und bereichernde Erkenntnisse beim Lesen!

Die Kapitel dieses Buches sind in die vier Phasen des Mondes unterteilt. Neumond, zunehmender Mond, Vollmond und abnehmender Mond sind Stellvertreter für den Puls, der sowohl dem Menstruationszyklus als auch dem Tag-Nacht-Kreis und dem Jahreskreis zugrunde liegt. Wir beginnen in der Dunkelheit des Neumonds mit meiner persönlichen Geschichte von Unwissenheit und Orientierungslosigkeit. Mit dem zunehmenden Licht der nächsten Mondphase, dem zunehmenden Mond, biete ich dir interessante Grundlagenkenntnisse, die dir in den Phasen des Vollmonds und abnehmenden Mondes, in denen es um deine Selbstentdeckung geht, von Nutzen sein werden.

Während des Lesens findest du viele praktische Übungen, die ich als »Vertiefungen« bezeichne und die du am Ende des Buches noch einmal zum Nachschlagen aufgelistet findest (siehe ab Seite 262). Ich empfehle dir, die Vertiefungen an einem Ort auszuprobieren, an dem du ungestört bist und innehalten kannst. Auch lohnt es sich, etwas zum Schreiben bereitzulegen, idealerweise ein Journal, in das du dir Notizen machen kannst. Denn insbesondere der dritte und vierte Teil laden dich ein, tiefer in die feminine Lust deiner vier Phasen einzutauchen und dadurch Einsichten über dich, deine Beziehung zu deinem Körper und deinen ureigenen Weg in ein erfülltes Leben zu gewinnen. Im Kapitel des Vollmonds stelle ich dir detailliert das Vier-Phasen-Modell vor und fasse das Wesentliche jeweils in einer »Take-Away-Box« für dich zusammen, damit du sie als kompakte Version schnell nachschlagen kannst. Wir schließen den Kreis mit dem abnehmenden Mond, in dem es um die Übersetzung der vier Phasen deines Menstruationszyklus in das Thema der Sexualität in Bezug auf dich selbst, aber auch im Zusammenhang mit der Liebesbeziehung zu einem Partner geht.

Das Lesen dieses Buches darfst du als Selbstfürsorge betrachten, von der ich dir wünsche, dass du sie in aller Langsamkeit, Schritt für Schritt genießt. Ich wünsche dir, dass du durch das bewusste Erleben und reflektierte Verstehen deine unanfechtbare eigene Wahrheit entdeckst.

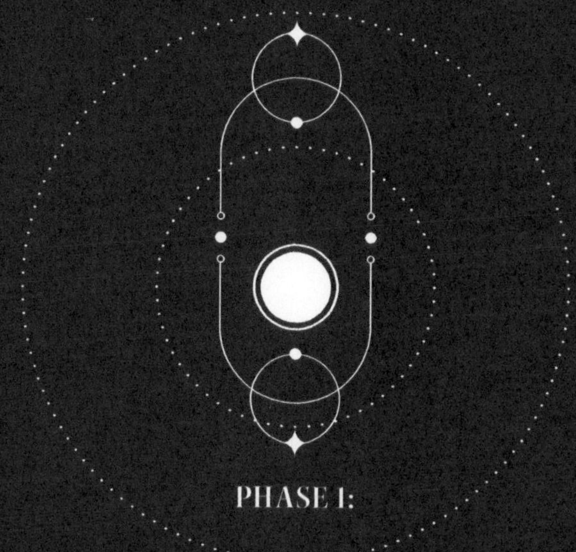

PHASE 1:

NEUMOND. ME. DUNKELHEIT.

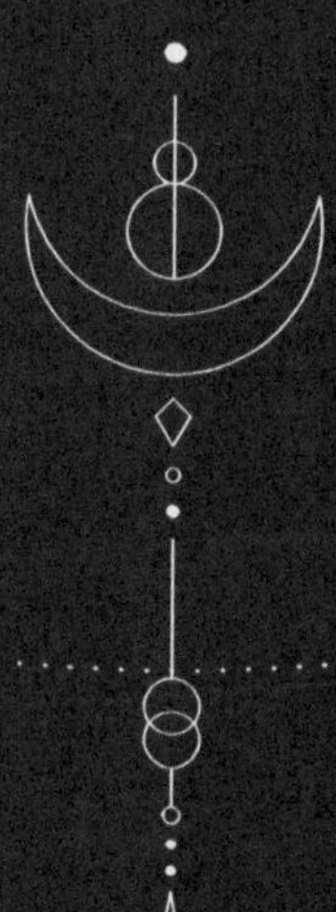

Hinter dem Mond

Bei Neumond erscheint das Nachtgestirn unsichtbar am Himmel.

Im Kreis sitzend mit fünfzehn Frauen aus aller Welt, lauschte ich der eloquenten Tantralehrerin bei ihren Ausführungen über das Erwecken der Sinnlichkeit und das Aufsteigenlassen sexueller Energie, als sich eine der Zuhörerinnen einbrachte. Sie schilderte, dass ihr diese Techniken bereits gut gelängen, jedoch nur in ihrer zweiten Zyklusphase. Das Gespräch nahm eine neue Richtung und plötzlich waren sich alle Anwesenden einig, wie wichtig das bewusste Erleben des eigenen Zyklus sei und wie unterschiedlich sie sich und insbesondere ihre sexuelle Lust in den verschiedenen Phasen erlebten. Vom Sex zur Vulva, über die Vagina hin zum Blut – feminine Mitteilungsfreude war ausgebrochen. Die eine menstruierte mit dem Neumond, die andere mit dem Vollmond. Sie teilten ihre Tipps und Tricks betreffend Minimierung des Blutflusses, empfahlen einander Kräutertees und Yoga Asanas, sie sprachen von Mooncups und organischen Schwämmchen-Tampons. Ich dachte nur: »WHAT!?«

Die Schwestern kannten sich bestens aus in ihrem Unterleib. Ich hatte keine Ahnung, wovon sie sprachen, und machte mich klein und unsichtbar auf meinem Sitzkissen. Dass ich die Pille nahm, schien mir hier im tiefsten Thailand gelegenen Ashram überraschend hinterwäldlerisch bis peinlich. Was bitte hatte die Monatsblutung einer Frau mit dem Mond zu tun? Meine Blutung setzte nach genau 21 Tagen ein, dann, wenn ich die letzte Pille aus der Packung geschluckt hatte. Wie verhüteten denn die anderen? Um vor der Gruppe nicht als Großstadt-Depp dazustehen, wandte ich mich vertrauensvoll zur Seite und fragte meine Nachbarin nach ihrer Verhütungsmethode. Sie antwortete: »Ich weiß ja, wann ich schwanger werden kann und wann nicht. Rund um meinen Eisprung benutzen wir Kondome.«

Oha. Eisprung? Was genau war das nochmal? Ich nickte Wissen vortäuschend vor mich hin und nahm mir vor, es später in meinem Zimmer im

Internet zu recherchieren. Wie konnte es sein, dass ich mich noch nie zuvor mit diesen Dingen beschäftigt hatte? Unterschiedlich gesteigertes Lustempfinden im Zusammenhang mit dem Zyklus? Ich dachte, ich sei in sexuellen Dingen versiert, doch von großen Unterschieden konnte ich nichts berichten. War es möglich, dass sich mein Hormonkonsum auf meine Lust auswirkte? Wieso hatte mir niemand etwas davon gesagt? Zum ersten Mal zog ich in Erwägung, die Pille loszuwerden. Vielleicht. Irgendwann einmal.

Ich bin sie losgeworden. Schneller, als ich dachte, kam der Tag, an dem ich es einfach nicht mehr mit mir vereinen konnte, die Barriere zwischen mir und meiner weiblichen Werkseinstellung aufrechtzuerhalten. Ich wollte unbedingt herausfinden, wer ich ohne Fremdeinwirkung auf mein zyklisches Wesen sein würde. Vielleicht übertrieben die Tantrikerinnen mit ihrer Begeisterung, vielleicht machten sie sich nur wichtig. Vielleicht gab es sie gar nicht, die verschiedenen Stadien der Lust. Vielleicht aber doch, und wie konnte ich riskieren, es nicht herauszufinden? So blieb mir keine andere Wahl, als ein Selbstexperiment zu wagen.

Vertrauen ist gut, Kontrolle ist besser.

Mein Name ist Nadine. Ich bin Tochter, Enkelin, Schwester, Mutter. Ich bin Tante, Patin, Freundin, Geliebte, Exfrau, Witwe, Verlobte, Geheimnisträgerin. Wir teilen viele Rollen, du und ich, doch was uns wirklich zu Schwestern macht, ist die sich stark vom männlichen Körper unterscheidende innere Rhythmik. Der Puls, der unserem Frausein zugrunde liegt und durch den wir in der Lage sind, uns und unser Leben aus mindestens vier unterschiedlichen Perspektiven wahrnehmen, erleben und entwickeln zu können. Du und ich sind aus demselben Holz geschnitzt. Wir sind schöpferische Mysterien!

Zwischen Sein und Werden

Ich war Kopffrau. Ganz und gar.

Verliebt in meinen klugen Geist, verbrachte ich 99 Prozent meiner wachen Zeit im Kopf, identifizierte mich mit meinen Gedanken und betrachtete meinen Körper als ein hübsches Vehikel, mit dem ich durch dieses

Leben fuhr. Ich *war* Geist und ich *hatte* einen Körper, der vor allem dazu da war, um zu funktionieren.

Mein Alltag war schnell getaktet. Da konnte ich keinerlei Ausbremsungen gebrauchen. Stress gehörte zu meiner Normalität. To-do-Listen und Zeitknappheit waren der Beweis dafür, dass ich fleißig war, dass ich mich bemühte, zu optimieren, wer ich glaubte zu sein. Und ich befand mich in bester Gesellschaft. Wohin ich sah, überall vielbeschäftigte, angestrengte Kopffrauen, nicht selten am Rande des Burn-outs.

Wir alle verhüteten hormonell und wenn wir sagten: »Ich habe meine Periode«, meinten wir die Abbruchblutung zwischen der einen und der nächsten Pillenpackung. Dass wir keinen natürlichen Zyklus hatten, wussten wir nicht. Dass unsere Körper in einer Dauerschleife der beiden letzten Zyklusphasen gefangen waren, um nicht schwanger werden zu können, hatte uns niemand gesagt. Dass wir dadurch abgeschnitten waren von den vergnüglichen, leichten, aufsteigend lustvollen Phasen unseres Naturells, hätte vieles erklärt. Wer beschäftigt sich schon mit Nebenwirkungen oder stellt in Frage, worüber gesellschaftlicher Konsens herrscht? Über siebzig Prozent der Frauen im deutschsprachigen Raum verhüten hormonell und entkoppeln sich dadurch von ihrem ureigenen femininen zyklischen Wesen.

Mit fünfzehn Jahren verschrieb mir der Gynäkologe nach einer ersten Untersuchung die Pille. Der Termin dauerte keine halbe Stunde. Insgesamt habe ich mehr als zwanzig Jahre meines Lebens hormonell verhütet. Das sind 250 verpasste Energieschübe, verpasste Hochphasen, verpasstes Loslassen, verpasste Regenerationen. Ich kann dir nicht sagen, wie tief dankbar ich für die letzten hundert bewusst erlebten Zyklen bin.

Verheißungsvolle Aussichten

Erst mit vierzig Jahren habe ich die Pille abgesetzt.

Grund dafür waren nicht etwa die angemessenen gesundheitlichen Bedenken wegen meines Alters (laut damaliger Beipackzettel, heute klingen sie weniger beängstigend) oder das Bedürfnis, mich generell von künstlichen Hormonen zu befreien – nein, ich wollte etwas lernen. Etwas, das andere Frauen konnten und ich nicht. Etwas, das in jeder Frau auf Aktivierung wartet, von dem wir uns jedoch kollektiv zurückgezogen haben:

die Lust des Ganzkörperorgasmus. Tada! Das war mein ursprünglicher Teaser. Nie hätte ich geahnt, was ich darüber hinaus entdecken würde.

Als ich dieses sperrige Wort zum ersten Mal hörte, war ich mehr als skeptisch, und das, obwohl Juliette, die Frau, die es aussprach, keine Wahrnehmungsstörungen zu haben schien. Noch weniger traute ich ihr zu, mir Märchen aufzutischen. Ganz im Gegenteil, sie fühlte sich seit Tag eins überraschend vertraut an, diese schöne, junge Masseurin mit den dunklen langen Locken. Anfang zwanzig war sie damals, arbeitete halbtags im Fünf-Sterne-Hotel und bediente nebenbei Privatkunden wie uns. Wöchentlich kam sie zu uns nach Hause, um meinem Mann und mir den Stress vorübergehend aus dem Leib zu massieren. Dabei erzählte sie mir von ihrem neuen Freund Josh und den gemeinsamen tantrischen Praktiken, von der Polarität zwischen Mann und Frau, von der Freude, zu menstruieren, von der göttlichen Weiblichkeit und vom stundenlangen Meditieren. Sie plante, bald nach Dänemark auszuwandern, um sich ganz dem Studium der tantrischen Lehre hinzugeben. Tantra? Was sollte das sein? Ich kam aus dem Staunen nicht mehr heraus. Da tat sich mir eine vollkommen neue Welt auf, die utopisch klang und nach Räucherstäbchen roch und mich herausfordernd mit meiner eigenen Ambivalenz konfrontierte.

Mein Kopf wurde nicht müde, mich von den Hippie-Theorien des Mädchens distanzieren zu wollen: »Vermutlich hat sie eine blühende Fantasie. Außerdem ist sie jung und flexibel, während ich feststecke, auf die vierzig zusteuere, verheiratet bin und zwei Kinder habe. Sex ist ohnehin zur Seltenheit verkommen. Das alles passt nicht in mein Leben. Ich gebe mich zufrieden mit dem, was ich habe, wer ich bin.«

Und gleichzeitig war da eine andere Stimme, die von unten, aus meinem Becken, zu kommen schien. Eine Stimme, so klar, dass ihre Intensität die Worte meines Geistes übertönte:

»Nadine, das ist der Beginn einer Reise, dein Schiff hat soeben den Hafen verlassen.«

Das war 2012.

Es dauerte noch drei Jahre, ich brauchte den Tiefpunkt meiner Ehekrise, einen Burn-out, die Trennung und Scheidung von meinem Mann und einen beruflichen Neustart, bis mein Kopf begriff, was mein Körper damals schon wusste: Juliette, das bin ich. Ich bin jederfrau.

Ich weiß nicht, wie es dir geht, liebe Leserin, aber ich war eine toptrainierte Denkerin und gleichzeitig eine absolute Niete im Fühlen. Und ich war mir dessen nicht bewusst! Lass mich meine Geschichte mit dir teilen.

Kopfkönig Mr. Monkey Mind

Nadine bedeutet Hoffnung und so heißt mein Schiff.

2011 lag die ***Hope*** im Hafen der Ehe. Ihre Taue hingen kraftlos im Wasser und die Enden berührten suchend den Grund. Seit Monaten dümpelte ich vor mich hin und wartete auf frischen Wind, auf Mut zur Veränderung, vielleicht auf die Reifeprüfung der neuen Kapitänin. Bisheriger alleiniger Befehlshaber war das Äffchen, Mr. Monkey Mind, das die ***Hope*** fast zum Kentern gebracht hatte.

Schon vor Sonnenaufgang lauerte das Äffchen dicht an meinem Ohr. Kaum war ich bei Bewusstsein, plapperte es auf mich ein, forderte mich auf, aus dem Bett zu springen, in Bewegung zu kommen, etwas zu tun! Sein Einfallsreichtum kannte keine Grenzen. Für gewöhnlich hielt es mir mein Tagesprogramm vors Gesicht und schon war ich auf den Beinen. Unschuldig sang es mir die Punkte meiner To-do-Liste vor und webte Worte meiner Kindheit hinein: »Morgenstund' hat Gold im Mund ... Du bist, was du tust ... Ohne Fleiß kein Preis ... Erst die Arbeit, dann das Vergnügen ... Was du heute kannst besorgen, das verschiebe nicht auf morgen.« Wer bleibt da freiwillig untätig?

Mein Äffchen hielt mich tagein, tagaus gekonnt auf Trab. »Tu dies, sei das! Es gibt noch mehr zu tun! Übernimm, kümmere dich, halte aus! Geh noch einen Schritt weiter! Du kannst das! Mute dir noch etwas mehr zu! Beiß die Zähne zusammen. Tu es für die Familie.«

Die Bedürfnisse der Kinder an erster Stelle, die des Ehemanns und seines Jobs an zweiter, die Organisationen des Haushalts an dritter, des sozialen Netzwerks an vierter, mein eigener Job an fünfter Stelle und ganz zuletzt kam ich selbst. Bei alledem hatte ich attraktiv auszusehen und bester Laune zu sein. Die Latte lag hoch. Perfektion war das Wort, das die Richtung vorgab. Ich strengte mich an, doch gut war nie gut genug.

Im Glauben, dass mir die niemals endenden Optimierungsbemühungen auf allen Ebenen dienlich seien, überließ ich dem Äffchen vertrauensvoll die Führung und folgte ihm jahrelang bis zur Erschöpfung. In einem Herbst – passend zur absteigenden Jahreskreisenergie – brach ich zusammen. Burn-out hieß die Notbremse, die mein Körper zog, um die Kurskorrektur einzuleiten, um meinen zum Diktator mutierten Geist in seine Schranken zu weisen.

Es war der 60. Geburtstag meines damaligen Mannes. Ich selbst war 36 und fest davon überzeugt, es sei zu spät für einen Neuanfang.

Es war auch die Auferstehung der Körperfrau, die ich bin und immer war, die in jeder Frau darauf wartet, befreit und gelebt zu werden.

Ich erinnere mich an den Moment, als ich der Körperfrau den Rücken gekehrt habe und meine alleinige Aufmerksamkeit der Bildung meines Verstandes, Mr. Monkey Mind, widmete:

Köln 1994, Kitschburger Straße, Ecke Dürener Straße: Ich saß auf dem Beifahrersitz des dunkelblauen Golf GTI eines Freundes. Ich war neunzehn, er zwei Jahre älter als ich und in meinen Augen belesen und geistreich. Wir tauschten uns über unsere Lieblingsbücher aus und er fragte mich: »Denkst du in Worten oder Bildern?«

Eine einfache Frage, die alles veränderte

In Bildern natürlich, antwortete ich wie aus der Pistole geschossen und fragte, wie es denn anders möglich sei. Mein Erleben war ein farbenfrohes, gefühlsreiches, Worte hineinmischendes Sammelsurium, das alles miteinander verknüpfte und so den Teppich meiner persönlichen Realität webte.

Axel sagte, er denke in vollständigen Sätzen. Einer folge dem anderen, genauso wie man ein Buch selbst schreibe und gleichzeitig läse. Ich war tief beeindruckt. Wie war das möglich? Im Bücherlesen kannte ich mich aus, doch funktionierte das Lesen der schwarzen Zeichen auf weißem Grund wie meine restliche Wahrnehmung: Die Impulse verwandelten sich in lebendige Welten, ließen mich eintauchen in ein intensives Empfinden dessen, was dort beschrieben wurde. Ich durchfühlte, was ich las. Meine Aufmerksamkeit folgte den Buchstaben und der Rest von mir transformierte sie in eine Parallelrealität. Darum liebte ich es doch zu lesen – erleben zu können, was nicht ganz meines war. Im Alltag sprang ich von einem zum anderen, hinein in mich und hinaus in die Welt der Reize. Mein Innenleben war ein Bildband mit sinnlichen Gefühlsinformationen. In mir wohnte niemand, der die Feder führte und die Vielfalt bündelte.

Ich kam mir kindisch vor und schämte mich für mein mir erstmalig bewusst gewordenes Unvermögen. Sein eigenes inneres Schwarz-weiß-Werk verfassen? Das klang so erwachsen, klug und mächtig. Von diesem Moment an begann ich zu trainieren. Mich auf meine innere Struktur fokussierend, ordnete ich meine Gedanken auf logische Weise. Ich formte Sätze, die ich mich zu Ende zu denken zwang. So verlangsamte ich meine Wahrnehmung, blendete aus, was sich bislang natürlich hineingeflochten hatte, und beschränkte mich auf Klarheit und Ordnung. Mr. Monkey Mind war geboren.

Es begann als Spiel. Mein Geist gestaltete sich selbst. Das Baby-Äffchen experimentierte mit Wortbausteinen, verknüpfte den einen mit einem dazu passenden nächsten und setzte die Kette ins Unendliche fort. Es war viel einfacher als erwartet und ich hatte Freude an den raschen Fortschritten. Meine Welt verlor ihr natürliches, buntes, wildes, überlappendes Chaos und wurde auf die übersichtliche Struktur der Gedanken und Worte reduziert.

Wenn wir uns auf einen Satz festlegen, aus dem ein zweiter hervorgeht, was passiert dann mit all den anderen möglichen Sätzen und den aus ihnen resultierenden Folgesätzen?

In Worten zu denken, ist zwar schmalspuriger als der mehrdimensionale Quilt, doch bringt die reduzierte Variante Qualitäten wie Fokussierung, Klarheit und Struktur mit sich, die wiederum der Übersichtlichkeit dienen. Und Übersicht ermöglicht Kontrolle. Diese Vorteile machten sich in meinen schulischen Leistungen bemerkbar. Ich stand gerade vor der Wiederholung meines zuvor vermasselten Abiturs und wie von Zauberhand klickte es in der mathematischen Abteilung meines Gehirns. Was früher undurchdringlich erschien, offenbarte sich mir plötzlich als logisch aufeinander aufbauend und sogar freudebringend sortierbar. Zu jedem Problem gab es eine Lösung – mein Äffchen hatte ein neues, faszinierendes Puzzle gefunden!

Ich frage mich, wie ich mich ohne Mr. Monkey Mind in meinem Architekturstudium zurechtgefunden hätte. Wie ich eine so gute Beziehung zu meinem Vater hätte aufbauen können, wie ich es bis hierhergeschafft hätte und welcher Teil von mir sich wie ausgedrückt hätte. Wer wäre ich geworden, wäre ich bei den Bildern geblieben?

Perfekte Kopffüßlerin

Mein maskuliner Anteil hat mich weit gebracht in unserer äußeren Welt.

Zwanzig Jahre lang hat mir mein vorherrschender Geist beste Dienste geleistet und tut es heute noch, während ich dieses Buch schreibe. Vom spielfreudigen, eifrigen Puzzler ist er jedoch unbemerkt zum Alleinherrscher mutiert. Geistige Strukturen können sehr eng werden. Sie können uns die Lebensfreude abschnüren, wenn wir nicht Räume lassen, in denen nichts logisch aufeinander aufgebaut sein muss und sich unsere wilden femininen Kräfte ausdrücken können.

Hätte mir mein heutiges Ich damals im GTI auf die Schulter getippt und gesagt:

»Zu viel Struktur geht zu Lasten deiner Lust und Lebendigkeit, vergiss deine weibliche Seite nicht, wertschätze die Art deiner bisherigen Wahrnehmung und kultiviere sie als Gegenpol!« – ich hätte ihr sowieso nicht geglaubt. Denn erfahrungsgemäß hatten Männer immer recht.

Ich ignorierte also die Wahrnehmungen, Stimmen, Bilder und Zeichen meines Körper-Ichs, ließ sie links liegen und widmete mich dem Kreieren meines Kapitäns. Where attention goes, energy flows.

Zwei Jahrzehnte lang floss meine Aufmerksamkeit in meinen Kopf. Zuerst verkopfte ich nur meinen Blick auf die Welt, indem ich das, was ich wahrnahm, in einen fließenden Erzählkontext einbettete. Doch durch die neu antrainierte Sicht auf meine Welt veränderte sich auch die Welt selbst. Wahrnehmung ist keine Einbahnstraße! Mein Gedankengewebe von Ursache und Wirkung wurde immer verschachtelter, differenzierter, verknüpfter. Denken ist eine lustvolle Angelegenheit, aber wären wir Menschen einzig zum Denken gemacht, hätte die Göttin / die Natur / das Universum / das Leben sich wohl den Körper gespart und uns als immaterielle Geister erschaffen. Stattdessen sind wir mit fünf Sinnen ausgestattet, durch die wir die Welt wahr- und in uns aufnehmen. Unser Sehen, Hören, Fühlen, Riechen und Schmecken machen uns zu sinnlichen Wesen. Und ich bin überzeugt, dass diese fünf nur die Basis bilden. Dem sechsten Sinn, der Intuition, folgen weitere, in Abhängigkeit von unserem Entwicklungsfortschritt.

Opferfilm

Bevor die Körperfrau auferstehen konnte, musste sie zuerst sterben. Es ging ihr – mir – furchtbar. Und das Furchtbarste daran war, dass ich keine Übung darin hatte, unangenehme Gefühle an die Oberfläche dringen zu lassen und konstruktiv mit ihnen umzugehen. Mein System wehrte sich gegen die aufziehende Dunkelheit in mir und diese Abwehrhaltung, das Unterdrücken, kostete mich noch mehr Energie als das Leid an sich. Ich schlief schlecht, hatte keinen Appetit, magerte ab und mein Geist lief in Dauerschleife und auf Hochtouren. Mal waren es Tiraden der Selbstverachtung, mal Selbstmitleidsergüsse, dann Verachtung für meinen Mann und rückwirkend wieder Verachtung für mich selbst.

Ein Teufelskreis. Jeder Gedanke schraubte meine Spirale eine weitere Umdrehung abwärts: »Loserin! Du bist gescheitert! Diese Ehe ist eine Farce, weil du versagt hast, weil du nicht gut genug bist. Seit zwanzig Monaten kein Sex, keine Zärtlichkeit. Er will nicht reden, schaut dich nicht an, interessiert sich nicht für dich, weil er mit seiner Firma verheiratet ist und seine Kunden an erster Stelle stehen. Die will er glücklich sehen und dich lässt er verhungern. Du bist ihm egal! Er hat dich innerlich längst verlassen und du verkümmerst, kannst nichts tun, denn du bist abhängig, musst bleiben und leiden, weil du ein Versprechen gegeben und zudem einen Ehevertrag unterschrieben hast. Und er weiß es«, sagte mein Geist. Und ich antwortete: »Dafür hasse ich ihn, dafür hasse ich mich! Aber wir müssen weitermachen für unsere Kinder! Zähne zusammenbeißen und diese Entfremdung ertragen. ***Für immer*** haben wir uns geschworen. Scheidung ist keine Option. Niemals!«

Wenn sich Worte wie ***nie*** und ***immer*** einschleichen, dann kommen wir in Bedrängnis. Das und mehr war meine interne Kommunikation. Was war das Problem? Nüchtern betrachtet waren wir ein Paar, das sich nach einer aufregenden verliebten Anfangszeit über die Jahre aus den Augen verloren hatte. Die junge Frau war in erster Linie mit den Kindern beschäftigt, der Mann mit seiner Arbeit. Klingt ziemlich alltäglich. Doch ist jede individuelle Notlage alles andere als banal, und gelingt es uns nicht, die Verantwortung für unser Leiden zu übernehmen und die dazu führenden Gedanken, Gefühle und äußeren Umstände zu verändern, ist die Talfahrt vorprogrammiert. Wir kommen später noch dazu.

Nur noch zwei Wochen ...

Ich wusste mir nicht mehr zu helfen und sah nur beim Gedanken an eine räumliche Trennung Licht am Ende des Tunnels – trotz aller Angst vor einem finanziellen Desaster und moralischer Gegenwehr bezüglich einer Scheidung. Ich brauchte dringend Abstand, Ruhe und Zeit für mich. Ich war am Ende, doch äußerlich riss ich mich zusammen, lächelte und funktionierte brav. Ich lief auf der letzten Reservebatterie. Ich wusste, dass sich etwas ändern musste, sehr bald, doch nie kam der richtige Zeitpunkt, meine Trennungsgedanken mit meinem Mann zu teilen. Ich glaubte, Rücksicht zu nehmen auf ihn und seine schwierige Situation in der Firma. Er sagte: »Ich habe keine Wahl! Nur noch dieses Projekt zu Ende bringen, dann können wir zu einem Therapeuten gehen. Nur noch zwei Wochen, dann können wir Zeit miteinander verbringen.« Das ging schon seit Jahren so. Ich konnte es selbst kaum glauben. Die Luft ging mir aus. Ich war in einer Sackgasse gelandet. Und ich hatte Angst.

Das Haus am Ende der Sackgasse war ein vielstöckiges weißes Gebäude, dessen Penthouse mein Mann vor einem Jahr gekauft hatte und um dessen Umbau er sich seitdem kümmerte. Mallorca, 180-Grad-Blick auf das Meer. Die Sommerferien hatten unsere Söhne und ich in einem nahegelegenen Hotel verbracht, während er sich auf der Baustelle um Fortschritt bemühte. Seit den Ferien waren zwei Monate vergangen, wir hatten uns kaum gesehen und die Jungs und ich reisten erneut aus Zürich an, da am nächsten Tag das große Einweihungsfest, seine Geburtstagsparty, stattfinden sollte. Meine letzte Information war: »Kommt her, es ist alles fertig.«

Das war es aber leider nicht.

Unsere Kommunikation triefte zwischen den Zeilen vor unausgesprochenen Vorwürfen und Enttäuschungen. Kontrolliert und tiefgefroren, damit eine Menge Emotionen nicht an die Oberfläche dringen konnten. Hätte ich es gewagt, zu fühlen, was sich seit Monaten, Jahren angestaut hatte, ich wäre womöglich atombombenähnlich explodiert. Stattdessen implodierte ich. Heute nenne ich das: Gewalt an mir selbst.

Enttäuschung. Trauer. Überforderung. Stress. Wut. Verachtung. Sorge. Alles in mir, kein Weg heraus. Wohin verdrängen wir diese Gefühle? Wo lagern sie sich ab? Wo warten sie auf ihre Chance, sich Luft zu machen und auszudrücken? Damals wusste ich nicht, was ich heute weiß, und hielt mich selbst gefangen in meinem Opferfilm. Um Opfer sein zu können, muss es einen Täter geben. Und ist es nicht angenehm, die Verantwortung für das eigene Leiden abzutreten?

Dort, auf der Baustelle in Mallorca, ist ein Faden gerissen. Es gibt diesen einen Moment, wenn alles zu lange schon angespannt ist, dass etwas in uns nur noch darauf wartet, loslassen zu dürfen. In viel späteren gemeinsamen Coaching-Sitzungen erfuhren wir, dass es uns beiden genau gleich ging. Einander fremd, völlig erschöpft, fragten wir uns jeder still für sich, wie es so weit kommen konnte, was der ganze Zirkus sollte und wer wir in diesem Setting noch waren. Wie gerne hätte ich meinem damaligen Ich beigestanden, ihr zugeflüstert: »Liebste Kopffrau, du hast den Bezug zu dir selbst verloren und das spiegelt sich im Außen in deiner Ehe. Beginne bei dir. Lerne, dir selbst nahe zu sein. Öffne dich für deine körperliche Wahrheit.«

Zurück in Zürich lenkten wir uns mit der Alltäglichkeit unserer jeweiligen Routinen ab. Mein Äffchen ermutigte mich zur Verdrängung: »Sieh dich doch um, andere Ehen sind auch nicht glücklicher. Was bleibt dir anderes übrig, als deinen Frust runterzuschlucken und weiterzumachen?« Ich log mir tagtäglich selbst ins Gesicht. Denn gleichzeitig öffnete unsere zur Wohngemeinschaft mutierte Ehe eine Tür nach außen. Leben sucht Lebendigkeit. Ich entdeckte die fehlende Aufmerksamkeit meines Mannes im Blick anderer Männer und nicht die Schwärmerei selbst, doch Mr. Monkey Minds Reaktion darauf trieb mich an den Rand des Wahnsinns. Zwei Seelen kämpften in meiner Brust. Die eine war erfüllt von Hoffnung und Inspiration und rief sehnsüchtig nach Veränderung, die andere verurteilte, mahnte zur Pflicht und drohte mit beängstigenden Szenarien. Wir brauchten Hilfe. Und da mein Mann keine Zeit fand, begann ich zunächst allein.

Kurskorrektur Burn-out

Als die Therapeutin meinen Erschöpfungszustand in einem Wort zusammenfasste, wehrte sich das Äffchen lautstark: »Burn-out? Du? Mutter mit Putzfrau und auch sonst keinen echten Sorgen? Faule Ausrede! Glaub ihr kein Wort, sie will nur dein Geld!« Doch ein anderer stummer Teil in mir, der sich verzweifelt Raum verschaffte, weinte dankbar. Mein Leid hatte einen Namen bekommen und somit die Legitimation, nicht nur im Verborgenen zu existieren, sondern offiziell anerkannt, gesehen zu werden. Das war neu.

In wöchentlichen Sitzungen sprudelte alles Ungesagte aus mir heraus. Mr. Monkey Mind fand Gefallen daran, sich selbst reden zu hören. Das Äffchen formulierte kluge Worte, knüpfte logische Zusammenhänge, bemühte sich, meine Therapeutin durch reflektierte Selbstbetrachtung zu beeindrucken, und fasste Woche um Woche mehr Vertrauen. Bis die Therapeutin eines Tages die Frage aller Fragen stellte. Die Frage, die das Äffchen enttarnte und mich erkennen ließ, dass ich mehr bin als mein überaktiver Geist und dass ich dieses MEHR – meine feminine Körperin – von mir abgeschnitten hatte.

Ich hielt mich gerade dran, die fehlende Intimität in meiner Ehe zu bejammern. Ganz auf Opferkurs erläuterte ich die Rollenverteilung: Ich wollte Nähe, mein Mann versteckte sich hinter seinem Stress im Job und verweigerte das Gespräch. Ich war die Gute, er der Böse. »Wir leben aneinander vorbei, haben außer den Kindern keine Gemeinsamkeit. Ich bin zu jung für eine unglückliche Ehe. Habe ich nicht alles versucht? Was soll ich denn noch tun?« – »Nadine, was fühlst du jetzt gerade?«, unterbrach mich Gerlinde mitten im Satz. Irritiert über die Unhöflichkeit, parierte das Äffchen mit einer logischen Antwort: »Es geht mir natürlich schlecht! Früher war alles so anders. Jetzt sieht er mich nicht einmal mehr an. Wir sind wie zwei Fremde!«

Gerlinde wiederholte ihre Frage: »Nadine, was fühlst du jetzt?« – »Das habe ich doch gerade beantwortet.« Die Therapeutin ließ sich nicht beirren: »Ich habe gehört, was du denkst, nicht, was du fühlst. Stell dich bitte für einen Moment hin. Atme tief durch und schließe deine Augen. Lege deine rechte Hand auf dein Herz, die linke auf deinen Bauch. Versuche zu fühlen, was jetzt gerade in deinem Körper präsent ist.« – »Auweia, doch eine von den alternativen Psychos«, dachte ich, während ich mich widerwillig platzierte und die Augen schloss. »Fühlen. Alles klar. Dann mal los.« Das Äffchen plapperte munter weiter ... »Was soll der Quatsch? Muss ich jetzt irgendetwas Peinliches machen? So ein Kindergarten. Vermutlich haben wir sowieso nur noch fünf Minuten, bis die Stunde um ist. Wieso unterbricht sie mich in meinem Redefluss? Ich war gerade so gut drin. Findet sie es vielleicht langweilig, mir zuzuhören? Was könnte jetzt eine schlaue Antwort auf ihre Frage sein? Ich denke, müde und erschöpft könnten passen. Vielleicht auch traurig?«

Für dich zur Vertiefung: Spüre hinein

Wie fühlst DU dich jetzt gerade, liebe Leserin?
Kannst du explizit benennen, wie es dir jetzt in diesem Moment geht?
Nicht in deinem Kopf, sondern in deinem Körper?
Kannst du deine Gedanken willentlich loslassen und dich selbst von innen abtasten?
Wie weit kannst du hinabgleiten? Schaffst du es durch die Enge deines Halses? Bis in deinen Brustraum? Tiefer bis in deinen Bauchraum? Hast du Zugang zu deinem Schoßraum?
Bist du dir deiner Körperlichkeit gewahr bis in deine kleinen Zehen?
Spürst du lokal, welche Gefühle in dir lebendig sind? Jetzt?

Ich konnte es nicht. Alles, was mir möglich war, war, im Geist nach richtigen Antworten zu suchen. Ich dachte meine Gefühle, anstatt sie zu fühlen. Ich konnte mir auch gar nicht vorstellen, wie sich körperliche Gefühle wahrnehmen anfühlen sollte. Dieses Gebiet lag brach. Ich hatte, ohne es zu bemerken, verlernt zu fühlen, und mir dämmerte, dass da etwas massiv im Ungleichgewicht war. Darauf wartend, dass mich die Therapeutin, der ich in den letzten zwei Minuten alle Fähigkeiten abgesprochen hatte, aus meiner misslichen Lage befreite, stammelte ich etwas von Trauer, in der Hoffnung, die richtige Antwort erraten zu haben. Sie fragte, wo genau ich diese Trauer spürte, und schon wieder saß ich in der Falle. Das Äffchen schlug Alarm. »Niemand zwingt dich, hier zu sein! Ergreife die Flucht!«, rief es und mir wurde leicht schummerig. Funktionieren war meine Maxime, da haute man nicht einfach aus einer Therapiesitzung ab. Man stand aber auch nicht mit geschlossenen Augen in der Mitte eines Raumes und fing an zu schwitzen. Ich hatte keine Ahnung, ob und wo ich Trauer in meinem Körper spürte. Sie saß in meinem Kopf. Halsabwärts konnte ich keinen Kontakt aufnehmen. Da war kein Durchkommen. Ich residierte in meinem Headquarter und hatte den Rest von mir verloren.

Zum Glück bin ich nicht geflohen, sondern stehen geblieben. Nicht nur die eine Sitzung, sondern viele weitere. Bis ich lernte zu fühlen. Bis ich lernte, vom Kopf in den Körper zu gleiten und mich vollständig zu bewohnen. Mit dem leibhaftigen Fühlen hat alles angefangen. Angefangen, sich zu drehen, Boden zu bekommen, wahrer und authentischer zu werden. Zuerst kamen die Gefühle, dann die Bedürfnisse, dann die Verantwortung und durch die Erkenntnis, vollumfänglich handlungsfähig zu sein, der Hunger auf mehr. Ich lernte, meinem Körper zu vertrauen, und weil sich dieses Vertrauen so faszinierend gut anfühlte, ging ich weiter und befreite mich von dem, was meine Körperweisheit stören könnte: künstliche Hormone. So lernte ich meinen femininen zyklischen Rhythmus kennen und mit dem Selbstverständnis kam die Selbstliebe, deren Krönung die Lust als körperlicher Ausdruck meiner Liebe war.

In dieser Reihenfolge machte ich Bekanntschaft mit mir selbst. Und aus dem tiefen Wunsch heraus, die Königin, die du bist, auch in dir zu erwecken, teile ich meinen Weg mit dir. Denn nichts braucht die Welt mehr als erwachte Königinnen, die, angebunden an ihre innere Weisheit, die Welt selbstbewusst gestalten und bereichern. Der König liebt und lebt von außen nach innen. Die Königin liebt und lebt von innen nach außen. Es braucht beide Kräfte in Balance, damit wir selbst und unsere Beziehungen heilen können. Beginnen wir dort, wo wir den größten Einfluss haben: bei uns. Die Entwicklung deiner Königin hat höchste Priorität, denn wozu leben, wenn nicht dafür, das größtmögliche Glück anzustreben? Wie wunderbar, dass dein Wohl auch jene bereichert, die zu dir gehören!

Dein Zyklus ist der Wegweiser

Dein Zyklus ist dein systemintegrierter Wegweiser hin zu einem freud- und lustvollen Leben. Dich auf diesen Weg einzulassen, lehrt dich den Umgang mit deiner eigenen Polarität von dunklen und hellen Gefühlen, von Kopf und Körper, von äußerer und innerer Welt. Zyklisches Bewusstsein ist der verlässlichste Weg hinein in die Magie deines Mysteriums, aus dem heraus du dein wahres Selbst gebärst. »Dein wahres Selbst gebären« ist Triggersprache für die Kopffrau und liest sich aus der Sicht deines Verstandes vermutlich (noch) neblig. Vielleicht ruft dein Äffchen schon lautstark: »Butter bei die Fische, bitte! Versteh ich nicht!« Hab Geduld, liebe Schnelldenkerin. Es lohnt sich. Lass dich ein auf dein Bauchgefühl, auf deine Intuition, die irgendwo in deinen unteren Geschossen heimisch ist und darauf wartet, sich mit deinem Headquarter zu befreunden. Ich werde es deinem Kopf Schritt für Schritt erklären ... der Reihe nach.

Leid sitzt im Kopf, Erlösung im Körper

Das Wort »Gefühle« hatte, seit ich denken konnte, einen unangenehmen Beigeschmack. Ich wuchs im Patriarchat meines Vaters auf und war wohlvertraut mit seinem geringschätzenden Gesichtsausdruck, wenn meine Mutter oder eine seiner drei Töchter in Tränen ausbrach. Nicht nur für Traurigkeit, sondern ebenso für Ärger, Wut und überschwängliche Freude schien er nicht viel übrig zu haben. Gefühlsäußerungen, die seiner Meinung nach unverhältnismäßig waren (oder ihn überforderten), begegnete er mit: »Geh auf dein Zimmer und wenn du dich beruhigt hast, kannst du wiederkommen und vernünftig darüber sprechen.« Ich lernte früh: »Gefühle auszudrücken in dem Moment, wenn sie auftauchen, ist falsch. Sie zu unterdrücken und zu kontrollieren, ist richtig.« Wollte ich ernst genommen werden, musste ich die Kontrolle über meinen Körper erlangen. Mit diesem Mindset war ich nicht allein.

Von klein auf lernen wir, dass der Kopf wichtiger ist als der Körper. Analytische Intelligenz, die Aneignung von Wissen, Zielstrebigkeit, Klarheit, Struktur, Ordnung im Kopf sind dem maskulinen Prinzip zugeordnete geistige Qualitäten. Auf sie kommt es an, wenn wir in der Schule bestehen wollen und anschließend in von Männern für Männer gebauten Systemen erfolgreich sein wollen. Und das wollen wir, denn dort winken Anerkennung, Wertschätzung und Bestätigung dafür, dass wir gut sind in dem, was wir tun. Gut sind, so wie wir sind. Nur, dass wir nicht sind, wie wir sind, sondern so, wie wir erzogen wurden. Aus braven, angepassten Mädchen werden gut funktionierende Frauen, die ihre gesamte Aufmerksamkeit auf das Männliche in sich und außerhalb von sich richten. Wir vergleichen uns mit Männern und je mehr wir uns ihren Habitus und ihren Rhythmus aneignen, desto erfolgreicher werden wir im Außen, desto erschöpfter werden wir im Innen.

Universum der Polaritäten

Balance bedeutet die Anerkennung unseres gesamtmenschlichen Potenzials. Zum einen in Bezug auf unsere maskulinen und femininen Qualitäten und zum anderen in Bezug auf die Verteilung von Energie in unseren Körpern. Wir leben in einem Universum der Polaritäten. Wo es einen Pluspol gibt, gibt es auch einen Minuspol. Polarität ist die Grundlage für Bewegung. Wir pendeln von einem zum anderen Pol und suchen immer wieder nach der für uns stimmigen Balance, deren individuelle Beschaffenheit von allerlei Einflüssen, unseren Genen, dem kollektiven Erbe, unserer Erziehung, prägenden Erlebnissen und sicherlich vielem mehr abhängt. Jeder Mensch trägt alle Anlagen in sich, doch sind sie nicht gleich ausgeprägt. Gemacht aus denselben Bausteinen, sind wir alle Partikel des Universums, das sich auf vielfältigste Weise durch uns ausdrückt. Herauszufinden, wie sich die Teilchen, die unser kleines-großes Ich ausmachen, am wohlsten fühlen und erblühen, ist eine Lebensaufgabe.

In den meisten schulischen und beruflichen Feldern stehen die maskulinen Qualitäten über den femininen. Entsprechend steht es um unser gesellschaftliches Wertesystem. Wir alle lernen, unsere Aufmerksamkeit auf die Entwicklung unserer maskulinen Qualitäten zu richten.

Die Dominanz unseres Geistes Mr. Monkey Mind, unseres männlichen Anteils, bedeutet gleichzeitig die Vernachlässigung unseres weiblichen Anteils, der sich stärker in der Körperlichkeit ausdrückt. Den Mangel bemerken wir oft erst dann, wenn wir aufgrund der Schieflage kippen. Das kann wie bei mir der innerliche Erschöpfungszustand, der Burn-out, sein oder das Leben beschert uns eine andere Form des »Aus- der-Bahn-Geratens«, eine plötzliche Wendung, einen Unfall, eine Affäre – die eigene oder die des Partners, der Jobverlust. Der Kopf meinte eben noch, es ginge ewig weiter geradeaus, wo ein Wille, da ein Weg, und das Leben spiegelt uns im Außen die Disbalance unserer Gesamtheit und ermöglicht so eine Kurskorrektur. Die Kompassnadel zeigt stets zu unserer eigenen Mitte.

Der Schmerz öffnet uns

So einfach ist das – in der Regel. Schwierig wird es, weil wir in leidvollen Situationen immer glauben, die Ausnahme der Regel zu sein. Diejenige zu sein, die wirklich keinen Anteil an den Umständen hat. Je früher wir den Wert in der vom Kopf als bedauernswert eingestuften Krise erkennen, desto eher können wir uns für die Botschaft öffnen, die uns unser eigenes System gesendet hat. Je eher wir bereit sind, die Opferrolle loszulassen und die Täterschaft, die Verantwortung für unsere Umstände anzutreten, desto tiefer wird der Heilungsprozess in uns einfahren. Nichts passiert zufällig. Es scheint uns einfach zuzufallen und doch handelt es sich um eine unbewusst herbeigeführte Notwendigkeit, um uns wieder mit uns selbst zu verbinden.

Stecken wir mitten in unserem persönlichen Chaos – im aufgewirbelten Sturm unseres Untergrunds –, sehen wir die Zusammenhänge noch nicht. Wir müssen leiden, uns selbst bedauern, unsere Situation beklagen. Und das Leid ist wichtig, denn der Schmerz öffnet uns für die Bereitschaft, genauer hinzusehen. Er kocht uns sozusagen weich. Wenn es nicht auf die eine oder andere Weise weh tut, würde der Geist umgehend wieder übernehmen und den alten Kurs ansteuern. Kontrolle und Sicherheit sind die Aufgabe des Kopfes. Chaos bedeutet Unsicherheit und Kontrollverlust. Bedeutet genauso die Möglichkeit, neue, unbekannte Wege, Seiten, Aspekte zu entdecken und uns selbst aus bislang unbekannter Perspektive kennenzulernen. In diesem Neuentdecken steckt der Gewinn der Erkenntnis. In dem Moment, in dem ich in die Verantwortung trete, verwandelt sich der Schmerz. Der aufgewirbelte Sand legt sich und ich beginne mich umzusehen in meinem zerstörten Land, das darauf wartet, neu gestaltet zu werden.

Das sagt sich so leicht und als ich zum ersten Mal davon gehört habe, dachte ich: »Die hat doch keine Ahnung von meinem Elend. Ich kann nun wirklich nichts dafür, dass mein Mann dies oder jenes gesagt, getan oder nicht getan hat. Ich habe alles versucht. Ich habe mich so angestrengt, unsere Ehe zu retten. Ich bin unschuldig! Wofür soll ich Verantwortung übernehmen?« Zunächst einmal für mich selbst. Für meinen jetzigen Zustand. Für alle meine Zustände. Für mein Denken, für meine Gefühle und meine Bedürfnisse. Uneingeschränkt. Das ist eine ganze Menge. Und wo bleibt da die Verantwortung meines Gegenübers, der mir doch dies und das angetan hat? Dessen Verhalten mich doch erst so fühlen lässt?

Zur Vertiefung für dich: Deiner eigenen Realität Raum geben

Lass los, Schwester. Deine Gedanken kreieren die meisten deiner Gefühle. Dein Leid sitzt im Kopf. Deine Erlösung liegt im Körper.

Verabschiede dich vom Kreis des Täter-Opfer-Spiels. Wenn du das Chaos hinter dir lassen möchtest und die nächste Stufe deiner Persönlichkeitsentwicklung erklimmen willst, musst du in deinen Körper sinken, in deine eigene materielle Realität und tiefer hinab in dein weibliches Mysterium. Dein Körper, das bist du selbst. Jede einzelne Zelle, jedes Organ, jeder Bereich ist der physische Ausdruck deines eigenen Ichs.

Basis für alles, was deinen Körper betrifft, kann nur das authentische Fühlen sein. Dein Körper ist real.
Wie real sind die Gedanken, mit denen du dich tagtäglich befasst? Schreibe sie auf.
Wie viel Zeit verbringst du gedanklich in der nicht mehr zu ändernden Vergangenheit oder noch nicht stattfindenden möglichen wie unmöglichen Zukunft?
Das, was du jetzt in diesem Moment in dir spürst, ist deine Realität und die hat ihre Berechtigung. Erst wenn du dir über deine Gefühle im Klaren bist, kannst du herausfinden, woher sie kommen und was sie dir sagen wollen. Und sie wollen dir etwas sagen, denn das ist ihr Job. Sie haben nämlich jemanden in ihrem Rücken, der sie anfeuert: deine Bedürfnisse, die sich mithilfe der Gefühle bemerkbar machen und so um Erfüllung bitten.

Gefühle

Lass mich ein Bild von Thomas d'Ansembourg mit dir teilen, das mir selbst geholfen hat, zu verstehen, was Gefühle sind: In seinem Buch ***Endlich ICH sein*** vergleicht der Autor Gefühle mit roten oder grünen Leuchtsignalen auf dem Armaturenbrett eines Autos. Leuchtet alles grün, wissen wir, der Wagen rollt, wir brauchen uns keine Sorgen zu machen, es ist alles in Ordnung. Leuchtet jedoch etwas rot auf, hat unser Auto ein unerfülltes Bedürfnis. Benzin, Wasser, Reifendruck oder Öl müssen überprüft und das Defizit ausgeglichen werden. Kümmern wir uns nicht um die Ursache des roten Lämpchens, dürfen wir kurz- oder langfristig mit Komplikationen rechnen. Genauso verhält es sich mit unserem eigenen Fahrgestell und Betriebssystem. Unsere positiven Gefühle sind grün. Sie signalisieren: Alles ist, wie es sein soll. Es gibt nichts zu tun. Gefühle, die wir als positiv, also angenehm empfinden, sind die vielfältigen Varianten der Freude: Neugier, Begeisterung, Leichtigkeit, Erfüllung, Inspiration, Verbundenheit, Glück, Zufriedenheit, Erregung, Lust ... Je mehr Lebenszeit wir in diesen Zuständen verbringen, desto gesünder sind wir und desto mehr fühlt sich unser Leben stimmig und im Flow an. Freude stärkt unser Immunsystem, sie treibt uns an und lässt uns von innen strahlen.

Leuchtet unser Armaturenbrett der Befindlichkeit jedoch rot, hat das ebenso seine Berechtigung. Gefühlte Unstimmigkeit ist ein Hinweis darauf, dass wir nicht in Balance sind. Bevor wir uns daranmachen, den Mangel schnellstmöglich zu beheben, müssen wir uns die Mühe machen, die Unstimmigkeit genau zu identifizieren, um nicht an der falschen Schraube herumzuwerkeln oder den Reifendruck statt den Ölstand zu korrigieren. Das wäre vergeudete Liebesmüh oder unsinniger Aktionismus, der unser Problem nicht löst.

Erst wenn wir genau gefühlt haben, was in uns gefühlt werden möchte, wenn wir dem Gefühl Raum gegeben haben, um es durch das Erleben vollständig zu hören, erst dann können wir in die Verantwortung treten und uns um den dahinterliegenden Mangel unseres Systems kümmern.

»Es geht mir schlecht«, reicht nicht aus, wir müssen herausfinden, was genau wir fühlen, wie dieses Gefühl heißt und was unser Körper-Geist-Seele-System damit ausdrücken möchte. Denn es macht einen großen Unterschied, ob wir uns zum Beispiel traurig, verzweifelt, ängstlich, wütend, verärgert, gelangweilt, frustriert oder besorgt fühlen. Die Palette der Gefühle ist reichhaltiger und vielschichtiger als unsere Gewohnheit, sie wahrzunehmen. Entsprechend reduziert ist die sprachliche Bandbreite, mit der wir uns ausdrücken. Je differenzierter wir erspüren, welche Regung in uns ist, desto bedürfnisorientierter können wir uns nach dem Grund fragen und für den gesunden Ausgleich sorgen.

Pseudogefühle kreieren

Wir können zwischen echten und unechten Gefühlen unterscheiden. Nicht immer handelt es sich um ein Gefühl, wenn wir es als solches deklarieren. Oft interpretieren wir das Verhalten unseres Gegenübers und basteln daraus ein Pseudogefühl. »Ich fühle mich ignoriert«, impliziert die Absicht des anderen, mich nicht wahrnehmen zu wollen. Wie kann ich sicher sein, dass meine gedankliche Einordnung richtig ist? Selten fragen wir höflich nach und gehen in eine angemessene Kommunikation. Stattdessen nehmen wir die Opferhaltung ein und erzeugen durch unsere vorschnelle Interpretation eine körperliche Reaktion, die, wenn sie als unangenehm (rot) empfunden wird, auf einem der Grundgefühle basiert: Angst, Trauer, Wut, Ekel, Scham, Ärger, Einsamkeit, Stress. Statt wahrzunehmen und auszudrücken, dass wir diese empfinden, springen wir umgehend in die Verurteilung des anderen und machen ihn verantwortlich für das, was wir glauben zu fühlen.

Wie oft denken wir: »Ich fühle mich ungeliebt, enttäuscht, nicht wertgeschätzt, ausgenutzt, betrogen, nicht respektiert, unverstanden, sabotiert, provoziert, zurückgewiesen, unter Druck gesetzt, missverstanden, eingeengt.«? Dies sind Empfindungen, die alle auf unserer Vorstellung basieren, dass uns der andere durch sein Verhalten etwas antut. Und diese Idee erzeugt die Illusion des Täter- oder Opferseins. Aber es bleibt eine Illusion – und zwar unsere eigene. Denn das eigentliche Gefühl ist ein Grundgefühl, für das wir selbst die Verantwortung übernehmen dürfen. Fühlen wir uns ungeliebt, dann wird es vermutlich Trauer über die fehlende Verbindung oder Nähe zu jemandem sein. Addieren wir den Gedanken »Wenn ich keine Nähe spüre, dann bedeutet das, der andere liebt mich nicht«, haben wir den Salat. Mit Trauer können wir umgehen, sie gehört ganz zu uns. Es ist in Ordnung, traurig darüber zu sein, dass wir gerade keine Verbindung spüren. So bleiben wir handlungsfähig und können uns fragen: Was kann ich tun, um Verbindung herzustellen? Geht es hier wirklich um die Nähe zu diesem einen Menschen? Oder geht es vielleicht um die Nähe zu mir selbst? Mit dem Gefühl des Ungeliebtseins treten wir die Verantwortung an den anderen ab und glauben, uns nur dann besser fühlen zu können, wenn er/sie sich ändert.

Stimmst du mit mir überein, dass wir nur enttäuscht sein können, wenn wir zuvor eine gedankliche Erwartungshaltung aufgebaut haben? Niemand hat uns diesen Erfüllungskatalog aufgezwungen. Und ja, wenn mich mein Partner nicht so behandelt, wie ich mir das wünsche, dann bin ich enttäuscht und das ist erlaubt, aber es hilft ungemein, zu wissen, dass ich in Wirklichkeit traurig bin, weil ich dem anderen ein Korsett überstülpen wollte und nun erkenne, dass es nicht passt. Fühle ich mich nicht wertgeschätzt, dann handelt es sich vermutlich um meine eigene Angst, nicht zu genügen, die ich im Verhalten des anderen bestätigt glaube. Oder ich bin wütend, weil mein Tun nicht das gewünschte Ergebnis, nämlich Lob und Anerkennung zur Folge hat. Oder ich bin traurig, weil ich aus der fehlenden Bestätigung auch fehlendes Interesse und daher mangelnde Liebe schließe. Klingelt da etwas bei dir? Bei mir läutete es Alarm.

Es lohnt sich, tiefer hinzufühlen: Was nehme ich körperlich wahr? Wo in meinem Körper sitzt die Regung? Welche Farbe hat sie? Hat sie eine Form? Was tut sie? Was drückt sie aus? Du wirst dich wundern, was alles spürbar ist, wie viel Erkenntnis gewonnen werden kann, wenn du diese Kommunikation zwischen Kopf und Körper trainierst. Es braucht Geduld mit uns selbst und regelmäßige Übung, doch es lohnt sich, konsequent dranzubleiben.

Es ist keine Raketenwissenschaft, sondern ein in uns angelegtes Vermögen, das lediglich brachliegt, weil wir es nicht trainiert haben.

Für dich zur Vertiefung:: Fühlen üben

Du kannst dich im Fühlen üben, indem du dir täglich fünf Minuten Zeit nimmst und an einem ruhigen Ort (das kann auch das stille Örtchen sein) die Augen schließt und dich nach innen wendest.
Beginne damit, tief ein- und auszuatmen, und folge mit deiner Aufmerksamkeit dem Weg, den der Luftstrom durch deinen Mund oder die Nase hinein in deinen Körper nimmt.
Spüre die Kühle der Luft an deinen inneren Nasenflügeln, wie sie weiter hinab in deinen Hals bis in deine Lungen strömt und warm wieder ausgeatmet wird.
Komm an in deinem Körper. Atme dich nach innen. Sammle dich von außen ein.
Bemerke, wie sich dein Brustkorb hebt und senkt, deine Schultern entspannen und du mit der Zeit ruhiger wirst.
Vielleicht wirst du es auch nicht, weil bereits etwas Stärkeres an dir zerrt. Unmut, Widerwillen, Ärger, der dich ablenkt. Oder ist es Trauer, die dir auf die Brust drückt und das Atmen erschwert?
Folge dem Gefühl mit deiner Aufmerksamkeit. Lokalisiere es. Übe dich darin, zum Beobachter deiner selbst zu werden.

Die Grundgefühle

Angst, Trauer, Wut, Ekel und die Freude sind die Basis aller Gefühle, die in jedem Menschen angelegt sind. Kulturübergreifend sind sie am Gesicht des Fühlenden ablesbar und grundlegend für unser Menschsein, denn sie erfüllen einen bestimmten Zweck:

Angst hält uns davon ab, am Rand der Klippe spazieren zu gehen oder den Säbelzahntiger streicheln zu wollen. Sie warnt uns vor drohender Gefahr, will unser Überleben sichern.
Trauer ist die Möglichkeit, Verluste zu verarbeiten und uns dem achtsamen Loslassen zu widmen. Sie ruft uns nach innen, um uns selbst liebevoll-empathisch zu begegnen.
Wut versorgt uns mit Adrenalin, um in der inneren oder äußeren Not flüchten oder kämpfen zu können. Sie schenkt uns Kraft.
Ekel schützt uns vor Kontakt mit toxischen Substanzen und ruft nach klarer Abgrenzung.
Freude in ihren vielen Variationen ist unser Antrieb, ist das, was uns neugierig forschend, aufeinander zugehen, uns füreinander öffnen und miteinander verbinden lässt. Sie schenkt uns Ruhe und Frieden oder versetzt uns in Bewegung und treibt dadurch eine Entwicklung voran.

Im Folgenden beschreibe ich dir mein persönliches Erleben der Grundgefühle, so fühlen sie sich für mich an. Vielleicht kannst du dir eine ähnliche Landkarte deiner Gefühle anlegen?
Angst ist düster, sie zieht mich zusammen, sitzt mir im Nacken, lässt meine Zähne klappern und legt sich wie schwere Ketten um mein Herz. Sie schränkt mich ein in meiner Bewegungsfähigkeit bis hin zur Lähmung. Angst erzeugt einen Tunnelblick. Ich starre auf die Gefahr. Meine Lebensenergie zieht sich zurück, Hände und Füße werden kalt. Manchmal macht sie mich auch wahnsinnig kribbelig, lässt mich umhertigern und keine Ruhe finden. Ich fühle mich gefangen im Käfig, mit pochendem Herzen, aufgerissenen Augen, die den Feind suchen. Mein Körper ist bereit zum Sprung gegen die Bedrohung.

Trauer ist dunkelblau, sie drückt auf meine Brust, schnürt mir die Kehle zu, lässt Tränen fließen. Sie wiegt schwer, mein Atem stockt, fließt nicht mehr ungehindert hinab bis in meinen Bauch. Es ist eng und langsam in mir. Zwischendurch muss ich tief Luft holen und beim Ausatmen entfährt mir ein Seufzen. An anderen Tagen zeigt sie sich als stille, vertraute Freundin Melancholie, dann schimmert sie silbern und hält wachsam die Verbindung zwischen lebendiger, bunter Außenwelt und dem tiefen See meiner Innenwelt. Mit ihrer Anwesenheit überprüft sie das laute Gemenge meines mich umgebenden Jetzt auf seine Echtheit und macht mein Herz weit und weise.

Wut ist rot und wild. Sie steigt aus meinem Bauch auf, will expandieren, sich entladen. Sie versetzt mich ruckartig in Bewegung, ich atme tief ein, Adrenalin wird frei. Unterdrücke ich sie, ballen sich meine Hände zu Fäusten und mein Kiefer verbeißt sich. Lasse ich sie frei, entfährt mir lautes Gebrüll. Ich fühle mich kampfbereit, stark und manchmal außer Kontrolle. Wut drängt von unten nach oben. Sie will verändern, darum strömt sie in meine Hände und Füße, damit die loslegen und Einfluss nehmen.

Ekel fühlt sich giftgrün an, lässt mich das Gesicht verziehen. Die Lippen werden schmal, Mundwinkel gehen nach unten, meine Stirn zieht Falten. Meine gesamte Körperhaltung wendet sich ab oder zieht nach hinten. Mein Speichel verändert seinen Geschmack. Er wird unangenehm bitter und dann will die Zunge rausgestreckt werden und an die Luft. Ein Schauer läuft mir über den Rücken und schüttelt sich über meinen Nacken ab: Brrr und bäh und weiche von mir!

Und schließlich meine **Freude**, deren Gelb, Orange, Gold und manchmal strahlendes Weiß mich beflügeln. Sie richtet mich auf, lässt kindliche Energie durch mich strömen. Es lächelt in mir, das Licht geht an und automatisch heben sich meine Mundwinkel. Ich bin leicht. Freude aktiviert mich und versetzt mich in den Zustand, der unser aller Geburtsrecht ist, der weiß: So ist es richtig, mehr davon! Weiter so! Das Leben ist ein wunderbarer Spielplatz, der Himmel ist immer blau, hinter jeder Wolke scheint die Sonne! Meine Freude ist facettenreiche Lebenslust. Es gibt sie in unterschiedlichen Aggregatszuständen. Ich fühle mich inspiriert, glücklich, verliebt, neugierig, optimistisch, heiter, hellwach, froh, begeistert, berauscht, erregt, ekstatisch, friedlich, in mir ruhend, sicher, hoffnungsvoll, motiviert, selig, zufrieden, leicht, entzückt, zuversichtlich, frei ...

Varianten unserer Grundgefühle:

Grundgefühle treten nicht nur in ihrer reinen Form auf. Oft vermischen sie sich mit Gedanken, Glaubensmustern und Interpretationen und verwandeln sich dadurch zu ebenso starken menschlichen Gefühlen. Die Farben ändern lediglich ihre Tönung und sind an anderen Orten im Körper wahrnehmbar.

Scham: Wenn ich mich schäme, habe ich eigentlich Angst davor, für das, was ich getan habe, oder für das, was ich glaube zu sein, verurteilt, schlimmstenfalls ausgestoßen zu werden. Scham destabilisiert mich, ich möchte mich verstecken. Meine Wangen brennen oder ich erblasse, ein flaues Gefühl breitet sich in meinem ganzen Körper aus. Alles in mir ruft: »Du bist nicht richtig!« Es rauscht in meinem Kopf, ich schrumpfe. Manchmal ist Scham lila und brennt auf der Haut. Sie tut weh, wendet sich nach innen gegen mich selbst, sie ist zerstörerisch an meinem Herzen. Scham zeigt mir an, wenn ich glaube, mich falsch verhalten zu haben, und Gefahr laufe, Zugehörigkeit zu verlieren.

Ärger ist verkopfte Wut.
Er sagt mir, etwas ist nicht richtig, und anstatt diesem Gefühl Ausdruck zu verleihen, trage ich es mit mir herum und bemühe mich um Verdauung. Ich schlucke meine Wut herunter und sie verwandelt sich in schlecht bekömmlichen Ärger. Er sitzt in meinem Bauch wie ein faustgroßer Stein. Er stößt mir auf und rumort vor sich hin.

Einsamkeit ist die Schwester der Trauer.
Sie sagt, da ist niemand bei dir, du bist ganz allein. Einsamkeit macht leer, dumpf, still, meine körperlichen Grenzen verschwimmen. Es gibt keinen Halt und kein Echo.

Stress ist eine Kombination aus Überforderung und Angst, ausgelöst durch eine starke Disbalance zwischen der mir zur Verfügung stehenden Energie und den Anforderungen, denen ich mich gegenübersehe. Ich bin im dauerhaften Flucht- oder Kampfmodus. Stress blockiert meine Schultern und verursacht mir umgehend Verspannungen und Kurzatmigkeit. Mein Kiefer verspannt sich. Meine Energie steigt in den Kopf, der durch schnelleres Denken versucht, die Kontrolle zu erlangen. Dabei verliere ich den Körperkontakt und dadurch die Bodenhaftung. Stress ist der Feind meiner Freude und Lust. Er ist pures Gift.

Für dich zur Vertiefung: Gefühlen zuhören
Wie zeigen sich deine Grundgefühle?
Erkennst du einige der Anzeichen wieder?
Wie findest du das richtige Gefühl, wenn du es noch nicht eindeutig in deinem Körper identifizieren kannst?
Indem du dich nach deinen eigenen Gedanken und Bewertungen befragst. Ein paar Beispiele:

> *Du fühlst* **Scham**, *wenn du denkst, dass du falsch bist,* **Angst**, *wenn du denkst, dass du nicht in Sicherheit bist oder die Kontrolle verlierst,* **Wut** *oder* **Ärger**, *wenn du denkst, dass etwas falsch ist,* **Schuld**, *wenn du denkst, dass du etwas falsch gemacht hast,* **Ohnmacht**, *wenn du denkst, dass du nichts tun kannst,* **Einsamkeit**, *wenn du denkst, dass sich keiner für dich interessiert,* **Frustration**, *wenn du denkst, dass deine Bemühungen wirkungslos sind oder sein werden.* **Trauer**, *wenn du denkst, das Verlorene kommt nicht wieder zurück zu dir,* **Verzweiflung**, *wenn du denkst, dass sich die Situation nie wieder ändern wird,* **Gleichgültigkeit**, *wenn du denkst, dass du etwas oder jemanden nicht brauchst.* **Freude**, *wenn du denkst, das ist schön, richtig, genau das, was du brauchst.*
>
> *Diese Art der Gedanken beziehen sich einzig auf dich selbst und schenken dir die Freiheit, zu wählen.*
> *Du kannst dich fragen:*
> *Will ich das denken?*
> *Ist es wirklich wahr?*
> *Kann ich es auch aus einer anderen Perspektive betrachten?*
> *Worin liegt meine Verantwortung?*
> *Was kann ich ändern?*
> *Das Überprüfen deiner eigenen Gedanken versetzt dich und auch das Gefühl aus der Starre in die Bewegung und du kannst, sofern es sich um ein Pseudogefühl handelt, die Opferhaltung verlassen. Du bist nicht mehr ausgeliefert, sondern kannst aktiv gestalten. Wenn du verantwortlich bist für das, was du fühlst, kannst du auch dafür sorgen, dass du etwas anderes fühlst.*

Gefühle kommen und gehen. Sie zeichnen unser Menschsein aus, machen das Leben lebendig und sind die Sprache, durch die sich unsere Körperweisheit ausdrückt, mit der unser Körper auf unseren Geist reagiert. Entweder folgen sie auf Gedanken, die wir selbst gedacht haben, oder sie weisen uns auf ein erfülltes oder unerfülltes Bedürfnis hin. Sie entstehen in uns und werden nicht von jemandem in uns hineingepflanzt. Somit tragen wir selbst die Verantwortung.

Je eher wir den weniger willkommenen Regungen den benötigten Raum schenken, desto schneller können wir ihre Botschaft empfangen und aktiv werden, Kurskorrektur einleiten und sie auflösen. Gefühle haben nur so viel Kraft, wie sie unverstandene Informationen in sich tragen. Ignorieren wir die kleinen Messenger, beißen sie sich fest und nähren sich an uns. Sie werden größer, damit wir sie endlich hören. Und je länger sie bleiben, desto mehr verfestigen sie sich und verwandeln sich von feinschwingender Energie in grobstoffliche Materie. Sie reichern sich an, bevölkern uns. Sie stehen uns ins Gesicht geschrieben, beeinflussen unsere Körperhaltung und manifestieren sich irgendwann als Symptome von Krankheiten. Gesundheit und Freude liegen nicht außerhalb von uns. Immer findet der angestrebte Zustand seinen Ursprung in uns selbst. Die Beschaffenheit unseres Gedankengewebes spiegelt sich in unseren Körpern.

Bewusstsein für unsere Gefühlswelt erlangen

Ist das nicht spannend? Als ich diese Zusammenhänge zum ersten Mal hörte und ihre Wahrheit aus meinem Körper in meinen Kopf aufstieg, war mir, als hätte jemand das Licht angeknipst. Meine Gefühle hatten ihren Ursprung gar nicht im Außen, ich bastelte sie mir selbst durch die Qualität meiner Gedanken. Sie waren Reaktionen meines Körpers auf meinen Verstand. Warum lernen wir so etwas grundlegend Wichtiges nicht in der Schule? Und nicht genug damit, dass ich durch die verantwortungsvolle, bewusste Gestaltung meiner Gedanken Einfluss nehmen konnte, es kommt noch besser. Wenn wir Bewusstsein für unsere Gefühlswelt erlangen, können wir den unbewussten Autopiloten durch ein absichtsvolles Selbst am Steuer ersetzen. Das bedeutet, wir können selbstwirksam Einfluss nehmen auf unser Erleben, indem wir uns in emotionaler Kompetenz üben. Die Qualität unserer Gefühle hat einen enormen Einfluss auf unser Selbstbild, das wiederum unser Verhalten beeinflusst und die Art, wie wir anderen begegnen.

Es gibt keine guten und schlechten Gefühle, sondern nur solche, die wir als körperlich angenehm oder unangenehm empfinden. Ob sie gut oder schlecht sind, hängt davon ab, wie wir sie bewerten und was wir aus ihren Botschaften machen.

Plötzlich: Panik

Mit zwanzig Jahren hat mich aus dem Hinterhalt das erste Mal die Panik angefallen. Wie ein wildes Tier fuhr sie in mich ein. Nichts ahnend saß ich in einer Gondel, die mich zum Berggipfel bringen sollte, als das Gefährt seine Fahrt wegen plötzlich aufkommender Winde unterbrechen musste. Wolken zogen auf und vernebelten die Sicht, die Gondel schwankte nur leicht über dem Abhang, doch von einer Sekunde auf die andere tobte in mir der befürchtete Schneesturm. »Ich bin gefangen! Ich bin der übermächtigen Natur ausgeliefert! Ich könnte sterben!« Und das Schlimmste: »Ich kann nichts tun!«, schoss es mir durch den Kopf und Klaustrophobie breitete sich in meinem Körper aus. Sie nahm Besitz von mir.

Hattest du schon mal Panik? Kennst du das kalte Grauen, das dir den Atem raubt, dein Blut gefrieren lässt und deinen Körper lähmt? Vielleicht kennst du sie als ein schwitzendes Monster, das dich mit dem Ausfall all deiner Körpermechanismen bedroht? Oder du hattest noch nicht das Vergnügen – ich gönne es dir von Herzen. In jedem Fall ist Angst, die sich in Panik auswächst, ein durch und durch unangenehmes Gefühl. Und entsprechend tat ich ab dem Zeitpunkt, da ich wieder sicheren Boden unter den Füßen hatte, einiges, damit sie mich nicht wieder heimsuchen könnte: Ich bestieg keine Gondel mehr, lief Treppen, statt Aufzüge zu benutzen, vermied es, U-Bahnen zu nehmen, und wurde menschenmassenscheu (damit gesellte sich die Agoraphobie hinzu). Doch trotz all meiner Bemühungen, mich vor ihr zu verstecken, konnte ich ihr nicht entkommen. Immer wieder fand sie neue Wege, sich mir aufzudrängen, und als sie sich schließlich auch beim Besteigen eines Flugzeugs und während des Autofahrens in Tunneln breitmachte, wusste ich mir keinen Rat mehr und vereinbarte einen Termin bei einer Psychologin.

Angst als Kurskorrektur

Die Frau, die ich war, wollte ich doch gar nicht sein! Wo war mein unbekümmertes Selbst geblieben? Mir schien da ernsthaft etwas kaputt gegangen in meinem Oberstübchen und Seelenklempner kennen sich doch aus mit Störungen, dachte ich. So machte ich bei Frau Dr. Dohle erstmals persönlich Bekanntschaft mit der Berufsgruppe, der ich zwanzig Jahre später selbst angehören würde. Es war ein durch und durch bereicherndes Kennenlernen. Die Angst in mir hatte viel zu sagen und gab ich ihr erst eine Stimme, beschenkte sie mich großzügig mit Erkenntnissen.

Damals kamen sie einzig aus meinem Kopf und entsprechend langwierig war die Therapie, deren klassischer Ansatz sich wesentlich von dem unterschied, was die Gestalttherapeutin Gerlinde Jahre später an und mit mir praktizierte. Wer wäre ich heute ohne diese vielen Gespräche? Wer wäre ich ohne meine Angst von damals? Muss ich ihr nicht danken dafür, dass sie meine Kurskorrektur erzwungen und mich auf meinen Weg gebracht hat?

Angst zu überwinden, heißt nicht, sie auszurotten, sondern sich mit ihr vertraut zu machen, indem wir sie verstehen und den Umgang mit ihr erlernen. Bis heute kann ich sie bewusst anklopfen lassen – die Klaustrophobie –, mein Körper erinnert sich und wartet auf die Wahl meiner Gedanken, die entweder Öl ins Feuer gießen oder die Löschung des Funkens bewirken. Sie ist mir vertraut und für immer in meinem Zellgedächtnis gespeichert. Doch weiß ich heute, dass ich sie kreieren und genauso wieder loslassen kann. Ich habe die Freiheit, zu wählen.

Bedürfnisse

Gefühle sind Botschafter. Entweder reagiert unser Körper auf die Beschaffenheit unserer Gedanken (Pseudogefühle) und/oder er weist uns auf erfüllte oder unerfüllte Bedürfnisse hin (Grundgefühle).

Zuerst einmal: Jeder Mensch hat Bedürfnisse. Beginnend mit unseren grundlegenden Bedürfnissen nach Nahrung, Wasser, Unterkunft, Licht, Luft, Bewegung, Ruhe. Diese Ingredienzen bilden die Basis für unsere Existenz. Dann gibt es die Gruppe der Bedürfnisse für unsere Interdependenz, die wechselseitige Abhängigkeit. Wir alle wünschen uns und brauchen: Akzeptanz, Wertschätzung, Nähe, Geborgenheit, Gemeinschaft, Rücksichtnahme, emotionale Sicherheit, Empathie, Ehrlichkeit, Liebe, Respekt, Unterstützung, Vertrauen, Verständnis, Zugehörigkeit und Körperkontakt. Und zusätzlich brauchen wir die Möglichkeit, unserer Persönlichkeit Ausdruck zu verleihen. Darauf gründen unsere Bedürfnisse nach: Autonomie, Authentizität, Kreativität, Freude, Lust, Lachen, Sinnhaftigkeit, Selbstwert, Feiern (von Festen, Erfolgen, Verlusten), Inspiration, Frieden, Ordnung, Harmonie und Schönheit.

Was sagen unsere Gefühle über unsere dahinter liegenden Bedürfnisse aus? Beim Auto ist das einfach: Das rote Signal in Form eines Ölkännchens leuchtet auf und wir wissen, was dem System fehlt. Wir füllen Öl nach und das Auto ist zufrieden und glücklich. Menschen sind komplexer als Autos. So wie alle Menschen mit den Grundgefühlen vertraut sind, teilen wir ebenso die große Bandbreite der Bedürfnisse. Stell dir vor, jeder Mensch trägt einen unsichtbaren breiten Ledergürtel um die Hüften geschlungen, in dem viele kleine Reagenzgläser stecken – genau die aus dem Chemieunterricht. Jedes einzelne steht für ein Bedürfnis.[1] Je satter die vielen Glasröhrchen gefüllt sind, desto zufriedener und glücklicher sind wir. Jedoch kann es sein, dass manche der filigranen Gefäße Defekte aufweisen. Das eine mit der Aufschrift »Wertschätzung« hat ein kleines Loch und leert sich schneller, als es aufgefüllt werden kann, das andere mit dem Vermerk »Kreativität« ist verstopft und wieder ein anderes steckt vielleicht falsch herum in seiner Schlaufe. Der Zustand unserer einzelnen Reagenzgläser hängt von vielen Faktoren (Erziehung, Erfahrung, Genetik) ab und entsprechend unterschiedlich sind unsere Pegelstände. Zudem kann sich das, was ich heute brauche, vollkommen von dem unterscheiden, was ich gestern gebraucht habe. Und was für dich im Moment wichtig ist, ist möglicherweise zu viel oder irrelevant für jemand anderes. Wir alle teilen dieselben Bedürfnisse, jedoch im unterschiedlichen Maß und zu unterschiedlichen Zeiten.

Geht es uns gut, gibt es keinen dringlichen Grund, uns zu fragen, warum das so ist. Es sei denn, wir möchten auch in Zukunft dafür Sorge tragen, dass dieses Gefühl anhält. Denn wenn ich klar umreißen kann, was mein Wohlbefinden im Kern ausmacht, welche Bedürfnisse erfüllt sind, kann ich mit meiner Aufmerksamkeit in den Erhalt oder die Anreicherung der günstigen Umstände investieren. Fühlen wir uns hingegen schlecht, suchen wir ganz automatisch nach den Ursachen, und da wir uns einbilden, dass wir gegenseitig Schuld am Leid des anderen tragen können, ist die Versuchung groß, die Verantwortung abzuschieben. Der andere muss sich ändern. Das ist für uns einfacher, als wenn wir selbst loslegen müssen.

Gewinnbringender ist, wenn du folgendermaßen vorgehst – du kannst die Übung immer dann machen, wenn ein unliebsames Gefühl auftaucht:

Für dich zur Vertiefung: Mit unangenehmen Gefühlen umgehen

Du bemerkst ein unangenehmes Gefühl, etwas leuchtet rot auf.

1. ***Hinsehen:*** *Wann genau hat es angefangen? Was ist passiert? Wer hat was gesagt oder getan? Was habe ich darüber gedacht?*
2. ***Hinspüren:*** *Wo genau fühle ich es in meinem Körper? Sitzt es im Kopf, in meinem Denken oder ist es mit einer Körperempfindung verknüpft? Um welches Grundgefühl handelt es sich genau?*
3. ***Hinhören:*** *Was will es mir sagen? Was will ich mir sagen? Was fehlt mir? Was brauche ich, um mich besser zu fühlen?*
4. ***Handeln:*** *Was kann ich tun? Wie kümmere ich mich um die Erfüllung meines Bedürfnisses? Wie kann ich für mich und mein Wohlbefinden Sorge tragen? Wie leite ich die Kurskorrektur ein?*

Haben wir aus dem Gemenge unserer Gedanken und Gefühle erst jene identifiziert, die wirklich und wahrhaftig in unserem Körper spürbar sind, können wir uns auf die Suche nach der Botschaft machen.

Angst ruft nach Sicherheit, nach mehr Vorbereitung und Kontrolle oder nach mehr (Selbst-)Vertrauen. Wut lädt uns ein, unsere Wünsche, Vorstellungen und Bedürfnisse deutlicher zu verteidigen und für uns einzustehen. Sie zeigt unsere persönlichen Grenzen auf, derer wir uns oft erst in dem Moment, da sie überschritten wurden, bewusst werden. Wut ist eine Einladung, uns im Neinsagen zu üben. Enttäuschung ist Trauer darüber, dass unsere Erwartungen nicht erfüllt wurden. Wir dürfen uns also mit diesen Erwartungen auseinandersetzen und überprüfen, ob sie berechtigt sind und wir sie zudem klar genug kommuniziert haben.

Als meine Reagenzgläser namens Intimität und Nähe leer und auch das Glas für Bestätigung, Wertschätzung, Gesehen- und Gehörtwerden ausgetrocknet waren, hätte ich mich aufmachen können, um diese Bedürfnisse deutlich zu benennen und mich konstruktiv um Füllung zu bemühen, statt in meinem Selbstmitleid, meiner Trauer und Frustration zu versinken. Ich hätte Ursachenforschung betreiben können, indem ich mich gefragt hätte: Warum brauche ich all das von meinem Mann? Wieso glaubte ich, von ihm abhängig zu sein, als sei er der einzige Mensch auf der Welt mit einer Gießkanne in der Hand und daher verantwortlich für meinen Pegelstand? Was hielt mich davon ab, selbstverantwortlich für mich einzustehen und zu sorgen? Stattdessen verrannte ich mich in dem Glauben, dass ich mich zwischen einem Leben in Sicherheit (denn das war es, was mein begrenztes Sichtfeld als eine der letztverbliebenen Qualitäten unserer Ehe fixierte) oder einem Leben in Freude, die mir nur außerhalb unserer Beziehung zu existieren schien, entscheiden müsse. Mein persönliches ***Entweder-oder-Dilemma.*** Mit der Sicherheit ist das so eine Sache. Weil sie zur Basis unserer Bedürfnispyramide gehört und wir uns bei ihrer Bedrohung in Gefahr glauben, sind wir bereit, vieles in Kauf zu nehmen, um sie nicht zu verlieren.

Tief im Sumpf der Glaubenssätze

Anhaltender Stress, wir erinnern uns, ist mit dem Grundgefühl der Angst verbunden und erzeugt einen Tunnelblick. Ich starrte auf meine Probleme und quälte mich mit der Frage: weiter aushalten oder flüchten? Alternativen existierten in meiner Vorstellungswelt nicht und die Überzeugung, zwischen beiden Übeln wählen zu müssen, trieb mich in die Verzweiflung. Trauer ist ein Grundgefühl, das Sinn macht, weil es uns im Abschiednehmen unterstützt. Während Verzweiflung die Kombination aus Trauer und vermeintlicher Ausweglosigkeit der Situation ist. Wir überdramatisieren die Trauer durch Gedanken wie: »Es hat alles keinen Sinn mehr, es gibt keine Lösung, ich stecke in der Falle.«

Du, liebe Leserin, weißt bereits, dass solche Denkweisen nach der Frage rufen: »Ist es wirklich wahr? Oder kann ich es auch aus einer anderen Perspektive betrachten? Welchen Nutzen haben diese Gedanken? Worin liegt meine Verantwortung? Was kann ich ändern? Wie kann ich wachsen?« Ich steckte damals viel zu tief in meinen eigenen Glaubenssätzen, als dass ich diesem weisen Rat hätte folgen können. Oder war es ein im Unterbewusstsein verstecktes Nichtwollen? Mein Leid war selbstkreiert und trotz der gewonnenen Erkenntnisse und Unterstützung der Therapeutin gelang es meinem Mann und mir nicht, gemeinsam den Kurs zu ändern. Daher darf ich davon ausgehen, dass etwas in mir, in uns, die Eskalation in Form von Loslösung suchte. In meinem Fall war es das Wissen meiner Körperin um die dringend anstehende Entwicklung meiner eigenverantwortlichen Lebensgestaltung, der Ermächtigung, für mich selbst zu sorgen, anstatt in der Abhängigkeit zu verharren. Nichts eignete sich hierzu besser als eine Radikallösung wie Trennung und spätere Scheidung. Das, was mein Mr. Monkey Mind niemals gewollt hatte und glaubte, mit allen Mitteln vermeiden zu müssen, erkannte meine Körperweisheit als große Wachstumschance.

Meine Freundin Ines fasste es pragmatisch zusammen: »Nadine, wenn der Weg zu schwer ist, dann geh einen anderen.« So ist es. Wir haben immer eine Wahl. Auch dann, wenn wir uns krampfhaft einreden, es sei anders. Wer in einer langjährigen Beziehung steckt, kennt die Versuche des Verstandes, das eigene Leid kleinzureden: »Keine Ehe ist wirklich glücklich und bei allen lässt die sexuelle Anziehungskraft unweigerlich nach, was zu mittelmäßigem, langweiligem Sex führt. Das ist normal und normal klingt fast wie richtig.« Oder »In Nachbars Garten wächst das Gras immer grüner und man sollte besser zufrieden sein mit dem, was man hat.« Sicherlich kannst du die Liste fortführen. Und dann sind da noch die tief im Boden unserer Kindheit verwurzelten persönlichen Überzeugungen. Sie sind die mächtigsten und oft bleiben sie uns verborgen, weil wir sie als Wahrheit verbucht haben und ihre Demontage dem Zurücklassen eines Teils unserer Identität gleichkommen würde. Mein über allem thronender Glaubenssatz lautete: »Scheidung ist keine Option. Niemals.«

Hätte ich mich früher mir selbst gestellt und der Sprache meines Körpers gelauscht, hätte ich die Botschaften meiner Gefühle entschlüsseln und für meine Bedürfnisse einstehen können. Statt zu kritisieren, hätte ich verantwortlich klar von mir selbst sprechen und aktiv werden können und womöglich uns beiden viel Leid ersparen können. Erfüllte Partnerschaft setzt zwei selbstverantwortliche Menschen voraus, die ihr Glück nicht vom Gegenüber abhängig machen, sondern Tag für Tag selbst dafür einstehen. Wachstum ist nicht mit Leid verheiratet, es kann genauso durch Freude an Erkenntnis entstehen! Stattdessen glaubten wir beide, das Aushalten, das Martyrium sei der richtige Weg. Woher kommen solche Ideen?

Prägungen

Unsere Eltern, Erzieher und Gruppen, denen wir in unserer Kindheit angehören, bestimmen unsere Grundprägung. Wir lernen die Welt durch die Augen unserer Eltern kennen und einzuordnen. Wer ist Freund, wer ist Feind? Was ist richtig, was ist falsch? Das Muster unserer Eltern oder derjenigen, die ihren Platz eingenommen haben, ist die Blaupause für das, was wir als Beziehung abspeichern.

Ich erinnere mich, mit welcher unterschwelligen Missbilligung meine Eltern über Geschiedene (insbesondere Frauen) gesprochen haben. Das passierte vielleicht nur ein einziges Mal, aber es reichte, um mir selbst aufzubürden, dass es sich unter allen Umständen nicht gehört, als Frau eine Ehe zu verlassen. Hingegen schien es mir normal, dass eine Frau dem Mann aufgrund finanzieller Abhängigkeit unterlegen und in ihren Entscheidungen eingeschränkt ist. Und entsprechend glaubte ich, dass die Frau Konzessionen betreffend ihre eigenen Bedürfnisse machen müsste, dass sie sich hingebungsvoll um alle anderen und erst dann um sich selbst kümmert. Wie geglaubt, so getan. Es wird dich nicht überraschen, dass auch mein Mann aus einem Elternhaus mit vergleichbaren Mustern kam und diese Blaupause unbewusst mit in unsere Ehe trug.

Aus dem vielfältigen Angebot an beflügelnden und beschwerenden Blaupausen meiner Kindheit hat sich mein System instinktiv jene gewählt, die mir auf meinem Weg am dienlichsten waren. Dienlich im Sinne meiner eigenen Entwicklung hinaus aus dem Bekannten, hinein in das Mögliche.

Für dich zur Vertiefung: Wie wurde dir Liebe vorgelebt?
Was ist deine Blaupause für Beziehung?
Wie hast du die Liebe oder fehlende Liebe zwischen Menschen kennengelernt?
Was schätzt du und was verurteilst du an dem, was dir vorgelebt wurde?
Und dann schau genau hin, ob sich das Grundmuster nicht bereits in verkleideter Form in deinem Leben fortsetzt.

In unserer kindlichen Verurteilung und Abgrenzung liegt unerlöste Liebe. Wir versuchen, das Leid unserer Eltern mit allen Kräften von uns fernzuhalten, im Glauben, es anders und besser machen zu können. Und kaum haben wir uns versehen, hat sich das vehemente innere Nein in eine Identifikation im Außen manifestiert. Oh, Schreck! So wollte ich doch niemals werden! Wie konnte das passieren? Und bevor wir mit dem Schuldfinger in jemandes Richtung zeigen, sollten wir innehalten und ein Dankbarkeitsgebet sprechen. Dafür, dass sich dieser jemand für unser unerlöstes Muster zur Verfügung gestellt hat, damit wir es durchleben und wahres Mitgefühl für die Beteiligten entwickeln können. In diesem Mitgefühl mit uns selbst und allen Beteiligten liegt der Schlüssel zum Verstehen und zur Befreiung. Doch kann die Integration nur geschehen, wenn wir unseren Teil der Verantwortung übernehmen. Tun wir es nicht, wiederholt sich das Muster in unendlichen Varianten.

Eltern sind keine Heilige und Kindheit ist kein Spielplatz. Wir sind hier, um zu wachsen, um uns anhand von Erfahrung zu entwickeln, um zu werden, wer wir wirklich sind. Meine eigenen Eltern sind ein gutes Beispiel dafür, dass Entwicklung auch ohne Scheidung möglich ist. Doch damals schien es mir geradezu wie ein Befreiungsschlag, den ich auch im Namen meiner Vorfahren unternahm. Meine unerfahrene Betrachtungsweise der Ehe meiner Eltern ist einer demütig anerkennenden gewichen. Jede zwischenmenschliche Beziehung ist eine Kombination der sie gestaltenden Individuen, ein einzigartiges Lebewesen, das sich in einer unendlichen Vielfalt an Möglichkeiten entwickeln kann. Der Weg, den sie nimmt, hängt von der Qualität unserer in sie hineingegebenen Gedanken, Gefühle und Handlungen ab. Durch sie sind wir Schöpfer unserer Realität. Dem Leben ist es egal, ob wir sie bewusst oder unbewusst nutzen. Geraten wir wie von Zauberhand immer an denselben Typ Mann, denselben Typ Arbeitskollegin, Freundin etc., ist es dringend an der Zeit, uns zu fragen, welchen unbewussten Anteil in uns wir von Beziehung zu Beziehung tragen, damit er uns im Spiegel des anderen Menschen endlich ins Bewusstsein dringt. Das Leben will dich nicht strafen, sondern beschenken. Es möchte den Wunsch in dir erwecken, über die Begrenzung deines bisherigen Denkens hinaus tief in dich hineinzuwachsen!

Glaube nicht alles, was du denkst

Viele Frauen, die meine Praxis betreten, kommen als körperliche Schlafwandlerinnen. Sie bewegen ihr physisches Selbst zu mir auf den Sessel, ich frage sie, wie es ihnen jetzt gerade geht, und sie erzählen mir aus der Vergangenheit. Geschichten von gestern. Genau wie ich selbst damals, haben sie sich in ihren Kopf-Kreationen verstrickt und definieren sich vorrangig über ihr Denken. Was kann ein Ereignis von vor drei Monaten mit unserem jetzigen Befinden zu tun haben? Nur wenn wir das Vergangene durch theoretisches Repetieren am Leben erhalten, bleibt es unsere Realität, und zwar in dem Maße, in dem wir daran glauben, dass das, was wir denken, wahr ist. Unser Geist erschafft unsere Realität. Und wenn wir nur genügend an der Idee festhalten, dass wir Opfer, machtlos und unglücklich sind, manifestiert sich dieses Glaubensmuster in unserem alltäglichen Leben und irgendwann in unserem Körper bis hinein in unsere Gene.

Niemand möchte das. Und doch ist es eine sehr weit verbreitete schlechte Gewohnheit.

Wir wundern uns über die Wiederholungen in unserem Leben und erkennen nicht, dass wir uns dieses Programm mit unseren Gedanken selbst schreiben. Anders zu denken, bedeutet, sich anders zu fühlen, bedeutet, anders zu handeln, bedeutet, anders zu leben.[2] Indem wir Fühlen lernen, uns darin üben, unsere echten Gefühle von den Pseudogefühlen zu unterscheiden, machen wir den Weg frei, um die Botschaften unserer Körperweisheit zu empfangen. Bereits durch deren bloße Anerkennung nehmen wir positiv Einfluss. Denn Bedürfnisse müssen nicht zwangsläufig sofort erfüllt werden. In erster Linie wollen sie gehört werden – von uns selbst.

Gefühle passieren im Körper – nicht im Kopf. Sie passieren hier und jetzt und nirgends sonst. Sie sind fühlbare körperliche Reize, Signale, die sich auf unterschiedliche Weise, in unterschiedlicher Intensität, an unterschiedlichen Stellen ausdrücken. Wenn ich sie nicht wahrnehme, woran orientiere ich mich dann? An der Auswahl dessen, was mein Geist mir als mögliche Realität anbietet. Und das sind meist vergangene Geschichten, alte Glaubensmuster, abgespeicherte Erfahrungen mit den dazugehörigen Interpretationen. Unser Verstand ist ein mächtiges Werkzeug. Wenn wir ihn zu Rate ziehen, dann darf dies auf nützliche Weise geschehen. Anstatt die Wiederholung des bereits Gewesenen in Gang zu setzen, lernen wir doch aus der Vergangenheit, um die Zukunft zu kreieren, die wir uns wünschen.

Fühlen üben braucht Zeit, Geduld und Muße. Es ist, wie eine neue Sprache zu erlernen – die Sprache des Körpers. Doch es lohnt sich! Denn je klarer wir diese Sprache beherrschen, desto verbundener sind wir mit uns selbst, desto bewusster wird unser Körper-Ich, desto zugänglicher wird unsere Körper-Weisheit.

Alles dient der Bedürfniserfüllung

Folgst du deinen Gefühlen und erkennst deine Bedürfnisse an, wird sich dein Leben verwandeln – in ein freud- und lustvolles. Vielleicht hat dir bislang niemand laut und deutlich gesagt, dass du das Recht hast, eine glückliche, erfüllte Frau zu sein. Vielleicht wartest du noch darauf, dass dir jemand die Erlaubnis erteilt, deinen Gefühlen zu vertrauen und dich nach innen zu wenden, um herauszufinden, was du wirklich brauchst. Und vielleicht halten dich auch deine guten Gründe davon ab, deinen ureigenen Weg zu gehen. Was sind das für gute Gründe?

»Alles, was wir tun oder unterlassen, dient der Bedürfniserfüllung«, behauptete Gerlinde immer wieder und bezog sich auf den Erfinder der Gewaltfreien Kommunikation, Marshall B. Rosenberg. Eine unverschämt krasse Behauptung, fand ich. Heute unterschreibe ich sie. Ich bin keine Altruistin. Die Zeit, die ich damit verbringe, meinen Klientinnen zuzuhören, sie zu begleiten, darin zu unterstützen, ihren Weg zu sich selbst und so zu mehr Freude und Fülle zu finden, ist bestens investierte Zeit in mich selbst. Das mag widersprüchlich klingen, ist es aber ganz und gar nicht. Nicht nur ist mir mein Gegenüber auf ihre einzigartige Weise ein Spiegel, in dem ich eigene Facetten entdecke, ich lerne zudem Neues über die Welt, wie sie sich in ihr spiegelt. Frauen sind faszinierende Wesen, mit denen es nie langweilig wird. Dass sie mich ausgewählt haben, um mich in ihre Privatsphäre einzuweihen, sich mir anzuvertrauen, gehört zu werden und mir ein bisher ungelöstes Thema mitzubringen, an dessen Entschlüsselung ich mich beteiligen darf, ist mir nicht nur eine große Freude, sondern auch eine Ehre. Menschen Schritt für Schritt erblühen zu sehen, ist mein Motor, denn durch sie erblüht ein Teil von mir. Unsere Begegnungen erfüllen mein Bedürfnis nach Vertrauen, Nähe, geistiger Intimität, Abwechslung, Neugier, Forschen, Tiefe, Erfolg, Wertschätzung, Anerkennung und vor allem Sinnhaftigkeit. Meine Arbeit schenkt mir selbst so viele Momente des Glücks, dass ich verwundert reagiere, wenn andere sagen, ich müsse ein Helfersyndrom haben, denn sonst könne ich einen so anstrengenden Job nicht machen. Falsch gedacht. Mitnichten und ganz im Gegenteil.

Opfergeschichte versus Bedürfnisklärung

Mein guter Grund dafür, zu tun, was ich tue, ist der, mir meine eigenen Bedürfnisse zu erfüllen. Und das gilt für das Tun aller Menschen. Doch anstatt uns darüber bewusst zu sein, verkaufen wir uns selbst die Opfergeschichte. Wenn wir den ungeliebten Job nicht wechseln, die Beziehungen, die uns gegen den Strich gehen, nicht verändern oder beenden, unsere Zeit nicht in das investieren, was uns angeblich so am Herzen liegt, dann begründet sich das einzig darauf, dass der Status quo trotz aller Herausforderungen immer noch ein oder mehrere Bedürfnisse erfüllt, die einen größeren Stellenwert haben als unser Wohlbefinden.

Es ist nichts falsch daran, sich nicht aus der eigenen Komfortzone herauszubewegen. Aber es ist wichtig, sich über die guten Gründe im Klaren zu sein und darüber, was uns noch fehlt, um den Schritt in die Veränderung zu wagen. Ich habe Angst davor, meine Zugehörigkeit zu verlieren, Angst davor, es nicht zu schaffen, allein zu sein, zu scheitern. Mir fehlt es an Mut und Zuversicht. Ich brauche Unterstützung und Inspiration, Sicherheit und Vertrauen. Sich dieser Aspekte bewusst zu sein, wirkt bereits selbstermächtigend. Wenn ich weiß, was ich brauche, kann ich darum bitten, beten, danach suchen, mich darum bemühen, es in mir zu entwickeln, und mich darauf ausrichten.

Was für eine glückliche Welt, wenn jeder Mensch dem nachgehen würde, was ihr/ihm die größte Freude macht, sich jeder mit den Menschen umgeben würde, bei denen er oder sie sich wohl, geborgen und inspiriert fühlt und das ganze Paket an gegenseitigem Wohlwollen spürt. Sei es beruflich oder privat. Du denkst, das geht nicht? Warum? Was hält uns davon ab, uns auf den Weg zu machen, Dinge zu verändern und für all unsere Bedürfnisse einzustehen? Die Pflicht? Ist es nicht unsere Pflicht, nach dem zu streben, was uns zu der erfülltesten Version unserer selbst macht, die nur irgend möglich ist? Und wenn wir schon nicht glauben, dass wir es uns selbst schuldig sind, dann doch zumindest denen, die wir lieben! Denn sind sie nicht die Ersten, die davon profitieren, wenn es uns gut geht? Was für ein leuchtendes Beispiel können wir ihnen sein, damit auch sie sich auf ihren Weg machen? Wie viel besser können wir andere lieben, wenn wir selbst dankbar, satt und glücklich sind und unsere Lust und Freude überfließen und wir sie mit anderen teilen, weil wir gar nicht anders können! Ist unser Glück nicht auch ihr Glück?

Für dich zur Vertiefung: Welche Glaubensmuster bestätigen dir andere?

Du stimmst nicht zu?
Andere stehen deinem Glück absichtlich im Wege?
Dann frage dich, welchen Nutzen sie aus deiner Unfreiheit beziehen. Und noch viel wichtiger: welchen Nutzen du daraus ziehst, ihnen zu gestatten, dir im Wege zu stehen.
Welche Macht in dir verkörpern sie stellvertretend?
Welche inneren Glaubensmuster müssen sie dir bestätigen, bis du diese in dir aufgelöst hast?

Wer wirklich liebt, der wünscht dem anderen so viel Glück, wie er sich selbst zugesteht. »Du sollst deinen Nächsten lieben wie dich selbst«, ist in der Bibel zu lesen.[3] Meine Interpretation lautet: Je mehr wir uns darin üben, uns selbst zu lieben, desto liebender werden wir auch nach außen. Und nein, es geht nicht darum, eine egozentrische Diva zu werden, die die Bedürfnisse anderer ausblendet und die eigenen Interessen uneingeschränkt gegen jene anderer durchsetzt. Ich schreibe hier von einer tiefen Liebesbeziehung zum eigenen Selbst, die damit beginnt, sich selbst Zeit und Aufmerksamkeit zu schenken.

Weibliche Persönlichkeitsentwicklung

Selbstliebe zu üben, ist Persönlichkeitsentwicklung. Durch die bewusste Auseinandersetzung mit unseren Gefühlen und Bedürfnissen lernen wir die Frau kennen, die wir wirklich sind. Nehmen wir die Botschaften unserer Körperweisheit ernst und kümmern uns mithilfe unseres Verstandes liebevoll um das, was wir brauchen, werden wir leichter und liebender. Auf diese Weise ent-wickeln wir, also befreien wir die Version von uns, als die wir gemeint sind. Authentisch, klar und kraftvoll zeigt sich unsere wahre Schönheit und bereichert die Welt mit ihrer Einzigartigkeit. Das, was wir unseren Kindern wünschen, nämlich sich in Liebe frei zu entfalten und vollständig zu erblühen, das gilt auch für uns. Denn wie wollen wir ihnen anders ein Beispiel sein? Eine Inspiration zu sein nicht nur für unsere Kinder, sondern für jeden Menschen, dem wir begegnen, bedeutet, die Veränderung in die Welt zu bringen, die wir uns wünschen.

Es geht um Wahrheit, um deine tief in dir verborgene Wahrheit. Und ich bin sicher, dass etwas in dir ganz genau weiß, wovon ich schreibe. Wie kommst du dieser Wahrheit auf die Spur? Indem du dich nach deiner Sehnsucht fragst.

Für dich zur Vertiefung: Angst oder Liebe?

Wenn alles möglich wäre, was würdest du tun? Wer würdest du sein? Welchen Werten willst du folgen? Wofür willst du stehen? Was für ein Leben willst du gelebt haben, wenn du eines Tages auf deinem Totenbett liegst und zurückblickst?

Sind dir diese Fragen noch zu groß? Sorge dich nicht und fang im Hier und Jetzt an, beginnend mit dem Reflektieren deiner eigenen Gefühle und Bedürfnisse.

Was fühlst du jetzt? Wie möchtest du dich fühlen? Was brauchst du, um dich so zu fühlen? Wie kannst du verantwortlich für dich sorgen? Was kannst du tun, um dein Leben jeden Tag ein kleines bisschen mehr in Richtung deiner persönlichen Lust, Freude und Fülle auszurichten?

Was du im Detail tust, ist nicht entscheidend. Aus welcher Haltung heraus du es tust, ist wesentlich wichtiger. Handelst du aus der Liebe zu dir selbst oder handelst du aus der Angst? Es gibt kein Richtig oder Falsch. Nur Angst oder Liebe.

Wie geht es weiter?

Persönlichkeitsentwicklung kann auf männliche oder weibliche Art angegangen werden. Dein Kopf kann den Lead übernehmen und, wo ein Wille ist, einen Weg durchsetzen. Du kannst dir selbst aus der Distanziertheit deiner Gedanken begegnen oder du kannst den direkten Weg über deinen und mit deinem Körper gehen, indem du dir deine weibliche Superpower, deine Zyklust (wir kommen ihr näher und näher, noch ein wenig Geduld) zunutze machst.

Weibliche Persönlichkeitsentwicklung ist eine ganzheitliche Entwicklung, so wie das Wesen der Frau ein ganzheitliches, mit allem in Verbindung stehendes ist. Unser Glück finden wir nicht einfach im Erreichen eines für sich allein stehenden Ziels oder Vorhabens, das wir erfolgreich umsetzen. Unser Weg ist kein geradliniger von A nach B, sondern ein dynamischer, kreisförmiger, der alles miteinbezieht, was zu uns gehört – und das ist eine ganze Menge! Aufgrund unserer zyklischen Natur sind wir als Frau in dieses eigene große Ganze eingebettet und brauchen die harmonische Verbundenheit aller Aspekte, die uns ausmachen.

Der weibliche Zyklus ist dein maßgeschneiderter, systemintegrierter Wegweiser, der dich unmissverständlich deiner eigenen Wahrheit näherbringt, von der der Körper oft mehr weiß als unser Verstand. Dich auf diesen Weg einzulassen, lehrt dich den Umgang mit deiner eigenen inneren Polarität von männlichen und weiblichen Kräften, hellen und dunklen Gefühlen, von Kopf und Körper, von äußerer und innerer Welt. Zyklisches Bewusstsein ist Grundlage für ein ausgeglichen zyklisches Leben und der verlässlichste Weg hinein in die Magie deines Mysteriums.

Natürlich wachsen

Du musst nichts übers Knie brechen und erzwingen, sondern darfst deine Persönlichkeit in deinem Rhythmus natürlich wachsen lassen. Aus der eigenen Balance von Tun und Sein, dich abwechselnd nach innen und nach außen wenden, alles im Blick und im Gefühl halten, das Selbst und das Wir. So stellt sich gesunder, erfolgreicher Flow statt auslaugender Stress ein und wir kreisen zielsicher auf uns selbst zu, in ein lust- und freudvolles Leben hinein. Jeder Mensch ist für das eigene Glück verantwortlich und das bedeutet, dass wir zuallererst uns selbst verpflichtet sind und darum der Freude folgen müssen, anstatt uns vor den Augen derer, die wir lieben, selbst hinzurichten.

Schwester, es ist nie zu spät für einen Neubeginn. Jeder einzelne Morgen, jeder zunehmende Mond, jeder Frühling ist ein Neuanfang. Fühle dich, verstehe dich, sorge für dich. Vertraue deiner Körperweisheit und benutze deinen Geist, indem du vor dir selbst und anderen ehrlich für deine Bedürfnisse einstehst, und die Lösung wird sich zeigen. Je treuer du dir selbst bist, desto mehr Rückenwind schenkt dir das Leben. Und diese Treue beginnt mit der Anerkennung der Tatsache, dass du als Frau geboren wurdest und dein Frausein mehr als »nicht Mann« zu sein beinhaltet. Schöpferisch lustvolles Potenzial liegt deinem zyklischen Wesen zugrunde. Entdecke und nutze es!

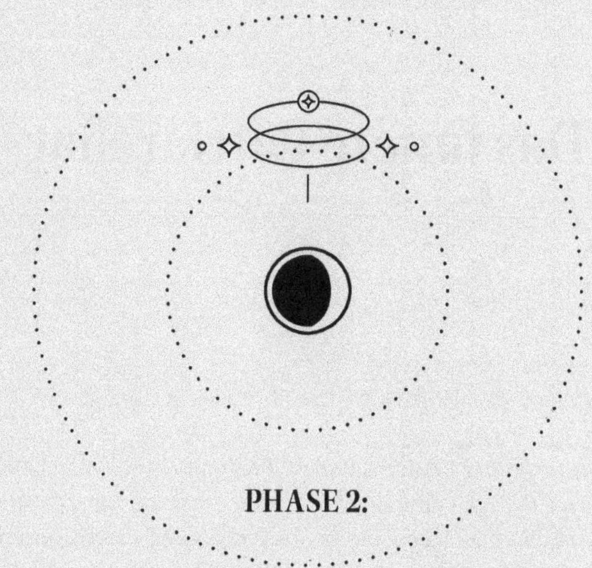

PHASE 2:

ZUNEHMENDER MOND. GO! ES WERDE LICHT.

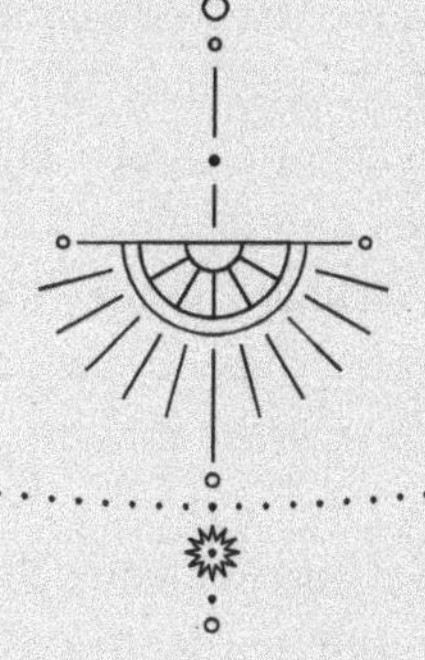

Das innere Patriarchat

Liebst du es, eine Frau zu sein?
Erlebst du deine Weiblichkeit als eine Ehre, als ein Geschenk?

Selten antworten mir Frauen auf diese Frage mit einem herzhaften oder tief aus ihrem Becken kommenden JA. Es scheint, als meinten wir immer noch, in einer Welt zu leben, die es uns nicht leicht macht, unsere Weiblichkeit als Gnade zu empfinden. Welch Irrtum! Leben ist weder für Mann noch für Frau immer einfach. Vorherige Generationen konnten der männlichen Vorherrschaft und ihrer Konsequenzen für unser Frausein die Hauptverantwortung an der fehlenden Passion für die Femininität geben. Doch liegt es heute, in der westlichen Welt, nicht mehr ausschließlich an der Dominanz der Männer, sondern an uns Frauen selbst, dass wir weder Stolz noch Zärtlichkeit für unsere Geschlechtlichkeit empfinden. Es liegt daran, dass wir an Glaubensmustern festhalten, die uns schaden. Daran, dass wir in Bezug auf uns selbst ignorant und manchmal träge sind. Daran, dass wir uns die eigene Größe verweigern, dass wir uns an äußeren Bildern statt der inneren Wahrheit orientieren. Schlicht daran, dass wir versuchen, anders zu sein, als wir sind – bessere Männer, optimierte Frauen oder etwas dazwischen. Wir strengen uns an, bemühen uns zu genügen. Wem? Wofür? Was ist der Sinn? Wir wollen glücklich sein. Wir wünschen uns ein Leben in Lust und Liebe, Freude und Fülle. Wir wollen uns in uns selbst wohlfühlen und unseren Kindern ein leuchtendes Vorbild sein. Doch wie soll das gelingen, wenn wir das, was wir von Natur aus sind, nicht wertschätzen, ehren und zutiefst lieben? Frausein unterscheidet sich vom Mannsein, und zwar wesentlich!

Anstatt uns auf die Magie des ganzheitlichen Frauseins in unserem Körper einzulassen und hieraus unsere authentische Kraft zu beziehen, um sie verantwortlich in diese Welt einzubringen, haben wir uns in unseren Gedanken verrannt. Von klein auf lernen wir, wie wichtig es ist, unseren Geist zu trainieren. Also trainieren wir, bis sich unser Kopfkino verselbstständigt und sich nicht mehr abstellen lässt. Der Verstand ist eine Maschine, die permanent auf Fehlersuche ist. »Du musst noch, du solltest doch, wäre es nicht besser, wenn ...« In den meisten Köpfen existiert eine niemals endende To-do-Liste als Maßstab des eigenen Werts. Tun über Sein. Denken über Fühlen. Kopf über Körper. Wer hat uns darauf angesetzt? Unsere Eltern, das Schulsystem, die Leistungsgesellschaft? Egal wer! Kein Raum für die Opferrolle, denn heute sind wir erwachsen und können selbst entscheiden, ob wir ein Leben gefangen im Paralleluniversum unserer Gedanken verbringen wollen, ob wir unser inneres Patriarchat weiterhin aufrechterhalten möchten oder ob wir unsere konstruierte Geistes-Realität um die sinnliche, erdverbundene feminine Realität unseres Körpers erweitern möchten. Der Geist ist in der Lage, viele Wahrheiten zu erdichten. Der Körper hingegen lügt nie.

»I'm not saying that thinking is bad – like everything else, it's useful in moderation: a good servant but a bad master.«[4] (Alan Watts) – »Ich sage nicht, dass Denken schlecht ist. Wie alles andere, ist es in Maßen nützlich. Ein guter Diener, aber ein schlechter Herr.«

Denken ist wichtig. Ohne unseren rationalen Verstand können wir im Alltag nicht funktionieren. Denken ist der Beginn von Schöpfung. Immaterielle Gedanken kreieren innere Bilder, die sich in materielle Existenzen verwandeln können, wenn wir das wollen – oder wenn wir nicht aufpassen. Unser Verstand darf dem dienen, was wir für gut und wahr und richtig halten. Dem, was unser Empfinden, unsere körperliche Wahrnehmung als gesund bestätigt. Verlieren wir uns jedoch in unserem Headquarter, entkoppeln wir uns von der Gegenwärtigkeit, die immer nur hier und jetzt in unserem Körper passiert und durch unsere Sinne erlebbar ist. Verbringst du die meiste Zeit im Kopf, verlierst du den Bezug zu deinem physischen Sein. Gelingt es dir kaum noch, deinen Geist zur Ruhe zu bringen, sind Frustration und Stress die Folgen, und beides kann im Übermaß zu Depression und Burn-out führen.

Vom Kopf in den Körper sinken

Eine Studie des Robert Koch Instituts hat ergeben, dass die Häufigkeit von Depression bei Frauen weitaus höher ist als bei Männern. Gemäß einer Studie der GEDA (Gesundheit in Deutschland aktuell) sind 11,6 Prozent der Frauen und 8,6 Prozent der Männer betroffen.[5] 5,2 Prozent der Frauen in Deutschland leiden am chronischen Erschöpfungssyndrom

(Burn-out) und bei Männern sind es gemäß RKI 3,3 Prozent.[6] Biologische Unterschiede scheinen von Bedeutung zu sein. Frauen und Männer sind verschieden, auch bei Krankheiten und demnach auch bei der Art, wie Gesundheit hergestellt oder bewahrt wird. Gemäß der WHO (Weltgesundheitsorganisation) ist Gesundheit ein Zustand des vollständigen körperlichen, geistigen und sozialen Wohlergehens und nicht nur das Fehlen von Krankheit oder Gebrechen. Im Englischen ist das Wort ***health*** (Gesundheit) von ***whole***, also ***ganz*** abgeleitet. »Heil sein« im Deutschen meint unbeschadet, unverletzt, ganz zu sein. Gesundheit impliziert somit Ganzheit. Der gesunde Mensch ist eine harmonische Einheit von Körper, Geist und Seele. Die Dominanz des Geistes gegenüber dem Körper erzeugt Disharmonie. Ebenso führt das Ausgrenzen der eigenen Essenz, Seele oder spirituellen Dimension zu einem Ungleichgewicht.

Willst du gesund und glücklich sein? Möchtest du die kraftvoll lebendige Lust-Energie spüren, die deinem Frausein zugrunde liegt? Sehnst du dich nach einem Leben im Fluss deiner eigenen Natur und möchtest du herausfinden, wie du wirklich gemeint bist? Dann lass dich ein auf die Ganzheit, die dich ausmacht! Nutze deinen Geist als Werkzeug, das deinem erfüllten, authentischen Frausein dient, anstatt dein Dasein dem Denken zu opfern. Sinke vom Kopf in den Körper. Verlagere deine Aufmerksamkeit vom Außen hinein in dein Haus, in deinen Tempel. Bewohne dich ganzheitlich und entdecke so den Zugang zu deinem Mysterium Weiblichkeit. Folge dem Rhythmus deines Zyklus, der dich in deinem Takt, Kreis für Kreis tiefer in dich selbst hineinführt, und entdecke auf dieser Reise deine Lust am Frausein.

Weibliche Privilegien

Da regt sich Widerstand. Sind wir es doch gewohnt, beim Wort »Privileg« mit dem Finger auf die Männer zu zeigen. So war es und so ist es noch. Und gleichzeitig ist es das nicht mehr, denn wir sind die Veränderung. Wenden wir also unseren Blick von außen nach innen auf unsere eigenen Privilegien, um den Mangel in Fülle zu verwandeln.

Ganz Frau zu sein, bedeutet: sich nicht nur der eigenen maskulinen, sondern auch und insbesondere der eigenen femininen Qualitäten bewusst zu sein und sich um eine gesunde Balance zwischen den inneren Polen zu bemühen. Es bedeutet außerdem, die Privilegien, die unser weiblicher Körper mit sich bringt, anzuerkennen und sich ihrer würdig zu erweisen.

Was sollen das für Privilegien sein?

Das Privileg, Leben in uns wachsen zu lassen und gebären zu können. Das Privileg, diese Schöpfung aus uns selbst heraus, durch unsere Brüste nähren zu können. Das Privileg eines tiefen Empfindungsvermögens und die dadurch erlebbare Verbundenheit mit der Natur, den Menschen und allem, was ist. Das Privileg der Verkörperung weiblicher Qualitäten wie Sinnlichkeit, Weichheit oder Wildheit. Das Privileg der Fähigkeit zur lustvollen Ekstase. Und vor allem: das grundlegende Privileg, ein zyklisch pulsierendes Wesen zu sein, das sich zwar wie ein Mann geradlinig von A nach B bewegen kann, dessen Natur es jedoch entspricht, sich in Kreisen zu entwickeln.

Und was bedeutet es, sich dieser Privilegien würdig zu erweisen? Es bedeutet, die Verantwortung zu übernehmen für die Geschenke, die uns mit auf den Weg gegeben wurden. Beginnend damit, dass wir sie überhaupt erst einmal beachten und genauer kennenlernen. Zyklus – was war das nochmal? Sinnlichkeit und lustvolle Ekstase sind uns fremd? Ein durchschnittliches Empfindungsvermögen scheint auszureichen und Verbundenheit mit uns selbst spielt keine Rolle? Wer sind wir, unsere Natur, das Wunder, das wir sind, zu ignorieren? Lustvoll und erfüllt Frau zu sein, beginnt mit Interesse und Offenheit für uns selbst. Mit dem Eintauchen in das eigene Naturell entstehen Wertschätzung, Dankbarkeit und Bewusstsein für die Verantwortung, die mit Privilegien einhergeht, nämlich sie zum Wohle aller einzusetzen. Das tun wir, indem wir das Beste in uns zum Vorschein bringen.

Das Privileg des Menstruationszyklus steht im Fokus, weil er die Basis des Frauseins bildet. Die möglichen Gefühlsebenen, die facettenreiche Verkörperung verschiedenster Qualitäten genauso wie die Mutterschaft gründen auf ihm und doch sind seine Geschenke bis heute gesellschaftlich missverstanden und von uns Frauen unerkannt und ungenutzt. Es ist unsere heilige Pflicht, dafür zu sorgen, dass ein jedes Mädchen bei ihrer ersten Blutung bereits bestens informiert und eingeweiht ist. Damit sie den Auftakt des natürlichen Rhythmus ihres erwachenden Frauenkörpers willkommen heißen kann. Anstatt sich dafür zu schämen, sich selbst zu belächeln oder zu bemitleiden, schlimmstenfalls sich vor sich selbst zu ekeln, darf sie sich der zyklischen Besonderheit bewusst sein, die sie sicher aus der Kindheit hinein in ein selbstverantwortliches Erwachsenwerden geleitet. Was sind wir für Mütter, wenn wir die mit unserem kollektiven Erbe einhergehenden Fehlinterpretationen nicht ein für alle Mal abtragen und unseren Töchtern freudvoll den Zugang zum eigenen Mysterium Weiblichkeit weisen? Damit sie zu Frauen heranwachsen, die den verwaisten Thron der Königin besteigen können. Frauen, die die weibliche Führung übernehmen und der maskulinen Sicht- und Erlebensweise die ausstehende feminine ergänzend hinzufügen können, um Balance und Harmonie zu ermöglichen – Gesundheit im persönlichen Innen sowie im gesellschaftlichen Außen.

Das Mysterium der Weiblichkeit

Das Rad des Lebens spiegelt sich im Tag-Nacht-Rhythmus, im Mondzyklus, im Jahreskreis und in dir. Als Frau verkörperst du das zyklische Wesen der Natur und hast dadurch Zugang zu einem Wissen, das nicht aus deinem Intellekt, sondern aus deinem tiefen Fühlen entsteht. Wer bist du über dein Denken hinaus? Ein Mysterium ist etwas, das sich der eindeutigen Aussagbarkeit und Erklärbarkeit prinzipiell entzieht. Es ist etwas nicht Greifbares, Verborgenes, Geheimnisvolles. Etwas Besonderes, Magisches. Heiliges. Das Mysterium Weiblichkeit ist dein dunkel fließender, sich ewig wandelnder Gegenpol zum klar definierten, hell erleuchteten männlichen Pol. Dein Mysterium lässt sich nicht durchanalysieren, aber es lässt sich spüren, ergründen und leben. Je mehr du in das Thema deiner eigenen Weiblichkeit eintauchst, desto stärker wird dein Magnetismus, desto lebendiger wird dein feminines Feuer, desto natürlicher wird die Kraft der Erde durch dich wirken.

Es ist der Seele, die einen weiblichen Körper bewohnt, vorbehalten, sich durch das weibliche Mysterium auszudrücken. Verpasse es nicht! Dieses Buch ist eine Einladung, dich tiefer auf dich selbst einzulassen. Du feminines Wunderwerk, erlaube mir, dich einzuführen in die Lust, eine Frau zu sein. Lass uns gemeinsam den weiten Weg vom Kopf in den Körper beschreiten. Beginnen wir im Kopf und erklären dem Intellekt die Grundlagen.

Weiblichkeit & Männlichkeit

Weiblichkeit drückt sich in Qualitäten und Eigenschaften aus, die dem femininen Pol zugeordnet werden. So wie sich Männlichkeit in maskulinen Qualitäten ausdrückt, die dem männlichen Pol zugeschrieben werden. Jeder Mensch trägt das männliche und das weibliche Prinzip in sich und verkörpert somit Qualitäten von beiden Polen. Jedoch mit unterschiedlichen Schwerpunkten. Wir alle sind aus demselben Material gebaut: aus Atomen, Neutronen, Protonen, Elektronen, Quanten, aus Energie. Doch ist diese Energie unterschiedlich »gepolt«. Das Spiel unseres Universums beruht auf Polarität, auf gegensätzlichen Polen, die sich anziehen und durch deren Anziehung Bewegung und stoffliche, sinnliche Prozesse initiiert werden. Polarität ist ein Ausdruck aus der Philosophie und steht für das Verhältnis sich gegenseitig bedingender Größen. Es geht nicht um einen unvereinbaren Gegensatz, sondern um ein komplementäres Verhältnis.

Eine Polarität besteht aus einem Gegensatzpaar und der Beziehung zwischen den Polen: hell – dunkel, kalt – heiß, schwarz – weiß, Liebe – Hass, arm – reich, oben – unten, krank – gesund, Mann – Frau. Dem einzelnen Pol kommt dabei keine Wertung zu. Es kann aus universeller Sicht kein »besser« oder »schlechter« geben, denn die Pole sind die zwei gegenüberliegenden Enden derselben Sache. Sie sind untrennbar zu einer Einheit verbunden und bedingen einander. Der Tag lässt sich nur im Kontrast zur Nacht definieren. Heiß und kalt sind die Pole, die das Spektrum der Temperatur bilden. Schwarz und Weiß ermöglichen das Farbspektrum, wobei Schwarz für das Nichts oder die Nicht-Farbe und Weiß für das Enthalten aller Farben steht. Gesund erklärt sich nur, wenn es auch krank gibt, und es existiert kein Weibliches ohne das Männliche.

Die Grundmelodie unseres individuellen Menschseins

Mann und Frau kommen in verschiedenen Körpern zur Welt, die einem bestimmten Geschlecht zugeordnet sind, das wiederum von verschiedenen Chromosomen und Hormonen bestimmt wird. Und diese Kombination bildet die Grundmelodie unseres individuellen Menschseins. Sie ist unsere Werkseinstellung. Der männliche Körper ist mit einer ausgeprägten maskulinen Essenz, der weibliche Körper mit einer ausgeprägten femininen Essenz ausgestattet. Essenz im Sinne eines Energiefelds, einer energetischen Matrix, die unsere Psyche und Emotionen, unser Bewusstsein, das kollektive Unbewusste und unsere Sexualität prägt.

Dem femininen Pol zugeordnete Qualitäten sind: Kommunikationstalent, Empathie, Zärtlichkeit, Anmut, Grazie, Hingabe, Sinnlichkeit, Kreativität, Leidenschaft, Zartheit, Sanftmut, Intuition, Romantik, Fantasie, Neugier, Gefühlsbetontheit, Herzlichkeit, Altruismus, Nähren, Fürsorglichkeit, Harmoniebedürfnis, Weichheit, Schönheit, Verspieltheit, Wildheit, Emotionsreichtum, die Fähigkeit zur lustvollen Ekstase, Flexibilität, Komplexität, Facettenreichtum. Klingt das nicht wunderbar?

Nun zu den wunderbaren männlichen Qualitäten: Vernunft, Klarheit, Stärke, Sachlichkeit, Disziplin, Struktur, Dominanz, Fortschritt, Zielstrebigkeit, Rationalität, Kontrolle, Ordnung, Fokussierung, Handlungsorientiertheit, Mut, Beschützerinstinkt, Planungsfreude, Umsetzungsstärke.

Vielleicht kannst du diese Zuordnung bereits nachfühlen. Und ich möchte klarstellen: Es geht hier nicht darum, wie eine Frau oder ein Mann zu sein hat, sondern um das Grundverständnis der beiden unterschiedlichen Pole von Weiblichkeit und Männlichkeit. Welche Qualitäten wir individuell verkörpern und ausleben, hängt von einer Vielzahl von Einflüssen ab. Beginnend mit unserer Genkombination, der Erziehung, unseren persönlichen Erfahrungen, Vorlieben, Interessen, Glaubensmustern, und vor allem unserer bewussten Ausrichtung.

Geben und empfangen

Zurück zur Polarität. Ich wiederhole: Das Spiel unseres Universums beruht auf Polarität, auf gegensätzlichen Polen, die sich anziehen, wodurch Bewegung und stoffliche, sinnliche Prozesse initiiert werden. Was sind das für Prozesse, die uns als Menschheit direkt betreffen? In erster Linie der Prozess der Fortpflanzung. Sexualität als Grundlage für unsere Arterhaltung. Einverstanden? Und was braucht es für eine natürliche Befruchtung? Einen männlichen und einen weiblichen funktionsfähigen Körper.

Was muss der männliche Körper für Voraussetzungen mitbringen, um erfolgreich reproduzieren zu können? Wirf einen Blick auf die maskulinen Qualitäten:

Zielstrebigkeit – er sollte eindringen wollen
Kontrolle – für eine erfolgreiche Befruchtung darf er erst in der Frau ejakulieren
Fokussierung – auf seine Lust, um nicht abgelenkt zu werden und dann zu erschlaffen
Handlungsorientiertheit – er muss sich bewegen, um die Ejakulation zu forcieren
Stärke und Kraft – braucht er in seinem erigierten Penis

Die Aufgabe des Mannes ist es, einzudringen, zu penetrieren und Spermien auszusenden, die zielstrebig, in Konkurrenz zueinander die Eizelle zu erreichen versuchen. Um seinen Nachwuchs im Bauch der Frau zu schützen und später das Heranwachsen zu begünstigen, sind Qualitäten wie territorialer Beschützerinstinkt, Mut, Disziplin, Dominanz und Tatkraft dienlich.

Klingt das in deinen Ohren genauso archaisch und irritierend wie damals in meinen, als ich es zum ersten Mal gehört habe? Warte ab, es wird noch wilder!

Welche Qualitäten bringt der weibliche Körper idealerweise mit? Die Frau empfängt den Mann in ihrem Körper. Dafür muss sie sich öffnen, entspannen, weich werden, sich hingeben können. Die Frau ist Inspiration für den Mann, das bedeutet, sie verkörpert einladende feminine Qualitäten und ist sich dieser weiblichen Präsenz selbst bewusst. Um den Geschlechtsakt gemeinsam voll genießen zu können, um darin aufzugehen und ein inneres Feuerwerk zu zünden, um die Brücke zwischen dem physischen Erleben und einer übergeordneten Dimension zu ermöglichen, bringt die Frau außerdem die Fähigkeit zur lustvollen Ekstase mit. Ekstase, multiple Höhepunkte, ganzkörperliche lustvolle Wahrnehmung und Erweiterung der sinnlichen Wahrnehmung hinein in den Bereich der Transzendenz entsprechen zutiefst deinem weiblichen Naturell und dein Zyklus lehrt dich den Weg dorthin.

Das Patriarchat in uns selbst abschaffen

In der ursprünglichen Sexualität, die auf die Fortpflanzung ausgerichtet ist, verkörpert der Mann den aktiven Part und die Frau den rezeptiven, passiven Part. Entsprechend sind dem weiblichen Pol Eigenschaften des Seins und dem männlichen Pol Eigenschaften des Tuns zugeordnet. Kinderbetreuung und das sich Kümmern und Fördern einer gesunden, warmen sozialen Struktur, in der unsere Nachkommen geborgen aufwachsen können, erfordert, neben den oben erwähnten maskulinen, auch feminine Qualitäten wie das Nähren, Fürsorglichkeit, Harmoniebedürfnis, Sanftmut, Gefühlsbetontheit, Kreativität, Altruismus, Flexibilität, Intuition, Kommunikationstalent und ganz viel Empathie.

Während die körperliche Rollenverteilung für die Zeugung nicht austauschbar ist, steht es uns bei den anschließenden Aufgaben frei, sie nach Belieben aufzuteilen. Selbst den nährenden Part kann der Mann dank Milchfläschchen übernehmen, so wie die Frau den schützenden Part zum Beispiel in Form von Sicherheit bietender finanzieller Leistungsstärke oder auch körperlicher Dominanz übernehmen kann. Wir können wählen, wer wir sein möchten, und genau das Leben führen, das uns am meisten entspricht. Doch auch wenn wir Löwenbändigerin oder Schwergewichtsboxerin, Astronautin oder Mechanikerin werden, womit auch immer wir unser äußerliches Glück finden, unsere Grundschwingung bleibt feminin. Unsere weiblichen Körper folgen ihrer ureigenen fraulichen Rhythmik, der Rhythmik des eigenen Menstruationszyklus.

Das Patriarchat im Außen stirbt aus. Sehen wir zu, dass wir es auch in uns selbst abschaffen, indem wir nicht nur für eine gleichwertige, friedvolle Balance unserer eigenen femininen und maskulinen Qualitäten sorgen, sondern auch die Grundlage schaffen für ein sich gegenseitig anfeuerndes, befruchtendes Wechselspiel unserer Pole. Damit männliche und weibliche Aspekte sich in jeder von uns intern liebesverheiraten. Damit Körper und Geist auf Augenhöhe miteinander statt gegeneinander spielen und so gemeinschaftlich der Seelenaufgabe dienen können.

Für die meisten von uns bedeutet das im ersten Schritt, die Ganzheit des eigenen Potenzials in den Blick zu nehmen. Ich bin mehr als meine Gedanken, ich bin mehr als das, was ich leiste. Ich bin denkende Kopffrau und genauso physisch erlebende Körperfrau. »Ich habe einen Körper« in »Ich bin ein Körper!« zu verwandeln. Den Fokus vom Tun auf das Sein zu erweitern. Weniger angestrengtes Kopfkino, mehr sinnliches Körpererleben. Weniger Stress, mehr Freude, mehr Lust. Mehr Zyklust.

Der weibliche Zyklus

Es geht los! Tauchen wir ein in unser systemintegriertes Wunderwerk. Technisch gesehen ist der weibliche Zyklus ein im monatlichen Rhythmus auftretender Vorgang im Körper der Frau, der sich von der Pubertät bis in die Wechseljahre etwa fünfhundertmal vollzieht. Das macht um die 35 bis vierzig Jahre aus, wenn man davon ausgeht, dass das Durchschnittsalter für die erste Periode (Menarche genannt) bei circa dreizehn Jahren liegt und die letzte Blutung (das Einsetzen der Menopause) ungefähr bei 52 Jahren.

In dieser Zeit kommt es im Körper der Frau zu hormonellen Veränderungen, die darauf ausgerichtet sind, auf verschiedenen Ebenen, insbesondere im Eierstock und in der Gebärmutter, günstige Bedingungen für eine Befruchtung und Schwangerschaft zu schaffen. Der Beginn eines Menstruationszyklus ist der erste Tag der Monatsblutung. Der Zyklus endet am Tag vor dem Einsetzen der nächsten Blutung. Dazwischen geht es darum, die Gebärmutterschleimhaut aufzubauen, eine Eizelle auf ihren Weg vom Eierstock durch den Eileiter Richtung Gebärmutter zu schicken und entweder schwanger zu werden oder nicht. Hat keine erfolgreiche Befruchtung stattgefunden, baut unser Körper die Gebärmutterschleimhaut wieder ab und blutet sie aus. Ein hochkomplexer Prozess vorab aufs Kürzeste zusammengefasst.

DER 28-TAGE-ZYKLUS

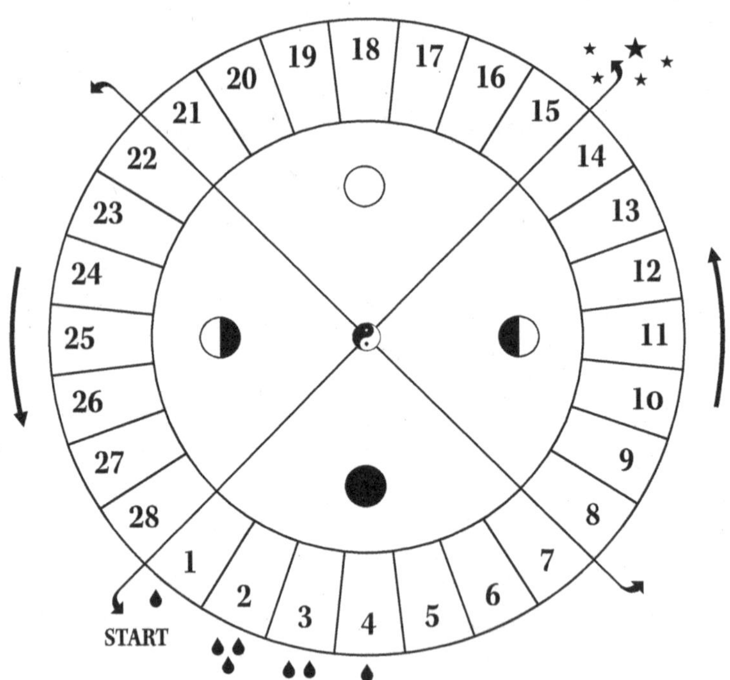

Weiblich gesehen ist der Menstruationszyklus die Grundmelodie des Frauseins. Er ist unsere natürliche Werkseinstellung. Als spiralförmiger Weg führt er dich Monat für Monat tiefer hinein in das Verstehen deiner eigenen Natur. Durch die Hingabe an deine zyklische Rhythmik, also das dich Einlassen auf die verschiedenen Phasen, erforschst du dein weibliches Wesen und die Beziehung zu dir selbst. Du lernst dich von innen kennen und entdeckst die Lust, die sich in deinem Frausein verbirgt. Diese Lust wiederum lehrt dich, zu lieben und zu ehren, was typisch feminin ist: Facettenreichtum des Fühlens, ganzheitliche Wahrnehmung und die Verbundenheit mit allen natürlichen Rhythmen.

In jeder Frau, die sich im »gebärfreudigen Alter«[7] befindet, pulsiert ein weiblicher Zyklus. Ein Kreis, der sich circa alle 28 Tage selbst schließt und neu öffnet. Manipulieren wir unser zyklisches Wesen jedoch durch eine Neumischung unseres Hormoncocktails, um nicht schwanger werden zu können, gegen unreine Haut vorzugehen, den möglichen Schmerzen der Periode zu entkommen oder die Blutung vollständig loszuwerden, verändert sich diese Grundlage massiv. Dies hat nicht nur Einfluss auf die Geschehnisse in unserem Unterleib. Aus vier Phasen werden zwei, aus einem Kreis ein Halbkreis. Und wenn du später diese vier Phasen genauer kennenlernst, wird sich kaum die Frage stellen, ob du auf nur eine einzige verzichten möchtest.

Die Pille verändert alles

In ihrem Buch ***Wie uns die Pille verändert*** erklärt Dr. Sarah E. Hill ausführlich, wie die Pille unser Denken, Fühlen und Handeln beeinflusst. Zusammengefasst: Sie verändert alles. Nicht nur haben wir es mit den bekannten Nebenwirkungen von möglicher Gewichtszunahme, einem erhöhten Risiko von Thrombose oder Schlaganfällen zu tun. Darüber hinaus kommt es zur Veränderung unserer Libido, unseres Geruchsempfindens, unserer Vorlieben hinsichtlich Partnerwahl und der Wirkung, die wir selbst auf andere haben. Östrogene und Progestine, die in den meisten Pillenpräparaten vorkommen, kommunizieren mit allen Zellen, die mit Hormonrezeptoren ausgestattet sind, die also auf den Empfang dieser Botenstoffe ausgerichtet sind. Und das sind weitaus mehr als jene, die in unserem Unterleib eine Eireifung auslösen. Unser Gehirn ist gepflastert mit Zellen, die darauf programmiert sind, Dinge zu tun oder nicht zu tun, je nachdem welches Hormon sie wann dazu auffordert. Die Evolutionspsychologin erklärt, wie unser Gehirn funktioniert, wie Hormone darauf einwirken und wie es sich durch die Pille verändert. Sie zeigt die Zusammenhänge zwischen dem nicht stattfindenden Eisprung mit den dadurch entstehenden Veränderungen in unserem femininen Wesen auf. Zusammenhänge, die wohl nur den wenigsten bewusst sind, wenn sie die Pille nehmen oder empfohlen bekommen.

Für mich war besonders spannend, dass Dr. Hill fachkundig bestätigt, was die Tantrikerinnen behauptet hatten und ich am eigenen Leib fühlen lernte: Die Zeit um den Eisprung ist die unumstritten leichteste und lustvollste und ihre Unterdrückung führt zu einer Lustverknappung, die sich auf viele Bereiche unseres Erlebens auswirkt. Der Eingriff in unseren Hormonhaushalt sorgt für gravierende Veränderungen auf physischer, emotionaler und energetischer Ebene. Also stellt sich die Frage: Was, wenn wir ohne ihn eigentlich ganz anders sind?

Wenn wir uns schon darin üben, bewusster und tiefer zu fühlen, wäre es nicht lohnend, uns auf unsere Originalversion zu beziehen – auf die natürliche Werkseinstellung unseres Körpers, so wie wir gemeint sind?

Die wenigsten Frauen sind vertraut mit dem Kreis, der die Basis ihres Frauseins bildet, der den wesentlichen Unterschied zum Mannsein ausdrückt. Die wenigsten kennen ihren genauen Rhythmus, also die Dauer ihres Zyklus und die damit verbundenen vier unterschiedlichen Phasen, in denen so wunderbare Nuancen unterschiedlichster lustvoller Gefühle stecken. Statt uns mit uns selbst zu beschäftigen und den Pulsschlag unseres Körpers zu verstehen, behelfen wir uns mit Schmerztabletten vor und während der Menstruation, verurteilen uns und unsere herausfordernden Emotionen, haben keinen Schimmer, wann unser Eisprung ist, planen unseren Alltag, als seien wir Männer mit einem 24-Stunden-Rhythmus. Was uns entgeht, ist das tiefe Verständnis dafür, wer wir wirklich sind.

Ich lade dich ein, an dieser Stelle kurz über deinen Zyklus und deine innere Haltung zu ihm zu reflektieren:

Zur Vertiefung für dich: Deine Beziehung zu deinem Zyklus

Liebes Frauenwesen,
auf einer Skala von 1 –10, wie steht es um die Beziehung zwischen dir und deinem Zyklus?
1 bedeutet: Ihr seid euch fremd oder steht auf Kriegsfuß.
10 heißt: Ihr seid die besten Freundinnen, versteht euch blind, seid ein Herz und eine Seele.
Welche Zahl kommt dir spontan in den Sinn?

Hätte man mir diese Frage in meinen Dreißigern gestellt, ich hätte vermutlich abschätzig die Augenbrauen gehoben und gedacht: »Achtung, esoterisches Minenfeld. Wozu die Frage? Ich nehme die Pille und gut ist. Mit meinem Zyklus habe ich nichts zu tun und das passt mir wunderbar – also wohl eine satte eins.« Es war mir schleierhaft, wie sich eine Frau freiwillig mehr als nötig mit ihrer Blutung und dem Drum und Dran beschäftigen könnte. Je weniger ich davon mitbekam, desto besser. Ich war stolz darauf, die Pille so gut zu vertragen, dass ich mir über den Zyklus keine Gedanken machen musste.

Alles zu seiner Zeit

Wir werden uns im vierten Kapitel auch mit dem Lebenskreis und unseren verschiedenen weiblichen Archetypen beschäftigen. Jede Phase bringt andere Aufgaben hinsichtlich unserer Entwicklung mit sich. Mit zunehmendem Alter reichern wir Erfahrung und Wissen an und ihre reflektierte Kreuzung macht uns weiser. Zunächst müssen wir die ersten beiden sammeln, dann können wir darüber nachdenken, vergleichen und persönliche Schlüsse ziehen. Bewusste Persönlichkeitsentwicklung beginnt bei der einen früher, der anderen später, manch eine umgeht sie ein Leben lang.

Du steckst mit dem Lesen dieses Buches vermutlich mittendrin und ich wünsche dir von Herzen, den Facettenreichtum deines zyklischen Wesens in dir zu entdecken! Ob du diesen Weg als spirituelle Praxis oder Forschungsreise nach innen betrachtest, die Erkenntnis darüber, welches Potenzial in dir lebt, wer du wirklich bist und wie du beides miteinander verknüpft im Außen ausdrücken kannst, ist dein Weg zum Glück. Denn wer sich selbst versteht und weiß, was sie braucht, kann selbstverantwortlich für sich sorgen und ihre eigene Wahrheit in die Welt gebären. Wo willst du sie finden, wenn nicht in dir selbst?

Nutze deine Zeit.

Das Privileg, eine Frau zu sein, beinhaltet die Fähigkeit des tiefen Empfindungsvermögens. Als Frau hast du Zugang zu einer Spannweite unterschiedlichster Lustvarianten, die nach meinem Wissensstand um ein Vielfaches reicher ist und tiefer geht als das Lusterleben des Mannes.[8] Als Frau lebst du in einem feminin gepolten Körper, der zyklisch pulsiert wie ein ein- und ausatmendes Wesen. Deine Essenz, deine Natur, deine Werkseinstellung – wie auch immer du es nennen möchtest – ist zyklisch. Monat für Monat durchläuft dein Gesamt-Ich eine wiederkehrende Transformation.

Transformation bedeutet eine deutliche Veränderung in Form, Natur oder Aussehen. Die Raupe transformiert zum Schmetterling. Das tut sie vermutlich nicht leichtfertig. Sie gebärt sich selbst unter Anstrengung und Herausforderungen und heraus kommt das inspirierende Flattergeschöpf.

Wir verwandeln uns auf verschiedenen Ebenen: physisch von der Eizelle zum Fötus, zum Mädchen, zur Frau, zur alten Weisen, zu Staub. Geistig transformiert das unwissende Baby in ein lernendes Kind, wird zur lehrenden Erwachsenen, zur verlernenden Alten.

Leben bedeutet Tod, Geburt, wieder Tod und Wiedergeburt im ewigen Kreislauf, Aufbau, Wendepunkt, Abbau, Wendepunkt. Ein unaufhörliches Pendeln zwischen den Polen. Nichts bleibt, wie es war. Wandlung ist die Natur aller Dinge. Dein Monatszyklus symbolisiert nicht weniger als das: die tiefe Weisheit vom Leben und Sterben. Und je mehr wir das Sterben in dieser todesverneinenden Gesellschaft anerkennen, das Enge, Schwere, Anstrengende annehmen und für uns nutzen, desto süßer offenbart sich uns das Leben.

Wenn wir die funktionalen Vorgänge in unserem Körper grundsätzlich verstehen, können wir im nächsten Schritt die verschiedenen Dynamiken bewusster erleben und uns tiefer auf sie einlassen. Kultivieren wir also die Beziehung zu unserem Schoßraum, dem Ort, wo alles Leben beginnt. Lernen wir zunächst den Schauplatz selbst und dann seinen Puls genauer kennen.

Der Schoßraum

Wenn du jetzt deine Augen schließt und deine Aufmerksamkeit auf deinen Unterleib richtest, was kannst du wahrnehmen? Was fühlst du? Die Kunst, bis dort unten hineinzuspüren, will gelernt sein. Wundere dich nicht allzu sehr, wenn du weder Kontakt aufnehmen kannst noch eine Vorstellung davon hast, was sich in deinem Becken abspielt. Nach diesem Kapitel hat dein Kopf ein klares Bild der Zauberkräfte, die in dir wirken. Und ist die potenzreiche Kraft deines Unterleibs erst in deinem Bewusstsein angekommen, öffnet sich automatisch der Zugang zur körperlichen Wahrnehmung und Bildern folgen Gefühle.

Schoßraum- und Vulvameditationen sind ein hilfreiches Werkzeug, um dich absichtsvoll mit deinem zyklischen Wesen zu verbinden. Sie sind wie eine Kontaktaufnahme, ein Telefonat ans andere Ende deiner Welt, das mit ein wenig Routine zur Standleitung ausgebaut werden kann. Im nächsten Kapitel stelle ich dir eine solche Übung vor.

Die inneren Geschlechtsorgane

Im Zentrum deines Beckens, eingekuschelt zwischen Harnblase und Enddarm, den beiden Verabschiedungsorten des Körpers, befindet sich auch der Empfangssaal allen Lebens, das Herzstück deiner Weiblichkeit: deine Gebärmutter. Diese Schöpferhöhle besteht aus Muskeln, deren Form an eine umgedrehte Birne erinnern. Sieben bis zehn Zentimeter lang, sitzt sie mittig, leicht oberhalb deines Schambeins, gehalten vom Netz deines Beckenbodens und gehört zu den inneren Geschlechtsteilen – wie auch die links und rechts deiner Gebärmutter liegenden beiden mandelförmigen Eierstöcke, die beiden Eileiter und die Vagina. Die Vagina bezeichnet einzig den Muskelschlauch, in den du deinen Finger einführen kannst oder der Mann seinen Penis. Sie ist nicht zu verwechseln mit der Vulva – ihr widmen wir gleich ein eigenes Kapitel.

Die Gebärmutter (auch Uterus genannt) besteht aus zwei Abschnitten: dem oberen, dickeren Gebärmutterkörper, in den links und rechts jeweils ein Eileiter münden, und dem unteren, schmaleren Bereich, der als Gebärmutterhals bezeichnet wird. Im Falle einer Schwangerschaft wächst und dehnt sich der Gebärmutterkörper, um Platz für das Baby, die Plazenta und das Fruchtwasser zu bieten.

Der Gebärmutterhals (Zervix), das untere Drittel des Uterus, ist die Verbindung zur Vagina, ein sich verengender Tunnel voller Drüsen, die den Zervixschleim produzieren und durch den die winzigen Spermien (aber kein Penis!) von der Vagina in den Uterus und weiter in die Eileiter gelangen können, um dort zu ganz bestimmten Zeiten auf eine empfangsbereite reife Eizelle zu treffen. Wenn Magie passiert und es zu einer Verschmelzung von Eizelle und Samenzelle kommt, wandert die befruchtete Eizelle, die nun Zygote heißt, in die Gebärmutter und bemüht sich, in der eigens für sie frisch aufgebauten Gebärmutterschleimhaut anzudocken. In der Abbildung auf Seite 74 siehst du einen Überblick über die Lage der Organe in deinem Unterleib.

Nicht immer gelingt die Einnistung, genauso wenig wie nicht bei jedem Eisprung und anwesenden Spermien eine Befruchtung stattfindet. Forscher mutmaßen noch, was eine Eizelle dazu bewegt, das eine Spermium abzuweisen und ein anderes aufzunehmen. Dachte man bis vor nicht allzu langer Zeit, der Schnellste würde das Rennen machen, nähren neue

Studien die Idee, dass die Eizelle wählerisch ist und auf zauberhafte Weise das aus ihrer Sicht passende Genmaterial auswählt und anderes ignoriert. Nicht der Zufall, sondern eine Gesetzmäßigkeit – ein Schöpfungsgesetz – scheint über die Kompatibilität der Ingredienzen für ein neues Menschenleben zu entscheiden. Ich liebe diesen Gedanken!

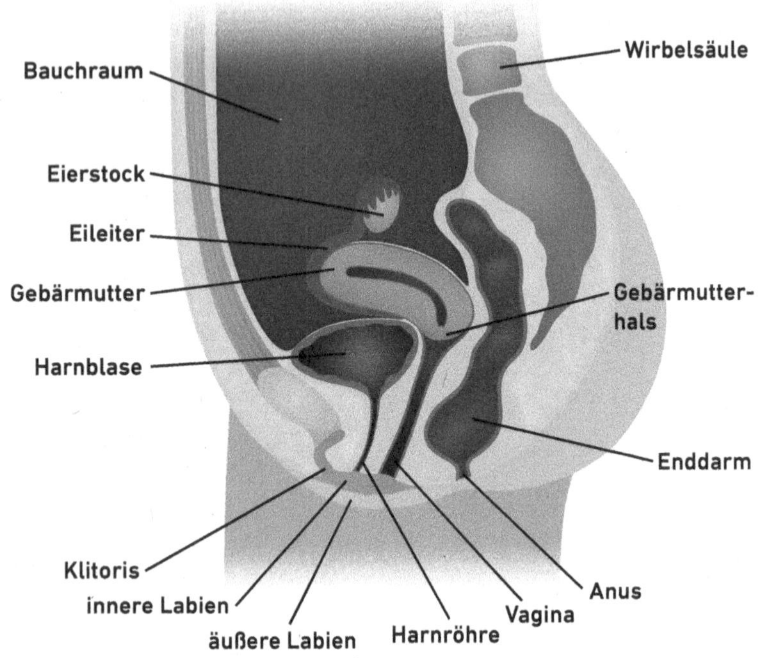

Die inneren Geschlechtsorgane der Frau

Tennisball im Fußballstadion

Außerdem möchte ich dich auf ein weiteres Wunder hinweisen: die Fusion zweier Zellkerne! Die riesige Eizelle ist mehrere Zehntausend Mal größer als das Spermium – das entspricht in der Relation einem Tennisball in einem Fußballstadion. Die Eizelle lässt ein einziges kleines Spermium in sich eindringen und sogleich schließt sich ihre Zellhülle wieder. Das männliche Erbmaterial vermischt sich im Zellkern mit dem weiblichen, es formen sich 23 Chromosomenpaare und der Bauplan eines neuen, einzigartigen Menschen ist bereit zur Zellteilung und billionenfachen Vermehrung. All das passiert wie in einem Paralleluniversum, während wir vielleicht gerade unseren Kaffee schlürfen oder den Müll rausbringen. Ist doch nicht zu fassen! Da wäre doch ein Gongschlag oder ein goldener Konfettiregen angemessen!

Deine Eizellen sind die mit Abstand größten Zellen deines Körpers und mit 0,14 mm gerade noch mit dem Auge erkennbar. Als Mädchen wirst du mit einer bestimmten Anzahl an Eizellen geboren. Angeblich sind es bei der Geburt um die zwei Millionen Primärfollikel (Vorstadium der Eizelle), die in unserem linken, und nochmals zwei Millionen, die in unserem rechten Eierstock wie in einem kleinen Nestchen vorrätig angelegt sind. Schwer vorstellbar. Ihre Anzahl reduziert sich bis zur Pubertät auf »nur« noch 300 000 bis 500 000. Die Natur ist doch sonst so effizient, was passiert mit dem restlichen Potenzial? Nur etwa ein Prozent der verbliebenen Primärfollikel reift zu vollwertigen Eizellen heran, die dann eine nach der anderen, Zyklus um Zyklus befruchtungsfreudig vom Eierstock in den Eileiter hüpfen und sich auf den Weg Richtung Uterus machen. Diesen Sprung nennen wir Ovulation – Eisprung!

Mal springt ein Ei aus dem rechten, mal eines aus dem linken Eierstock. Und sie springen ins Leere! Auch hier ist unklar, wie die Eizelle vom Eileiter aufgefangen wird, denn Eierstock und Eileiter bilden kein abgedichtetes Tunnelsystem. Die Eileiter enden in trichterförmigen, beweglichen Fimbrien (fadenförmigen Anhängseln) nahe dem Eierstock und sie fangen das Ei auf oder sammeln es ein. Dann transportieren sie es mithilfe von minimalen Muskelkontraktionen und der Unterstützung von Flimmerhärchen Richtung Uterus.

24 entscheidende Stunden

Die Uhr läuft, denn die Bereitschaft der Eizelle zur Befruchtung ist auf gerade mal 24 Stunden begrenzt. Hingegen beträgt die Haltbarkeit der Spermien, die es bis in den Eileiter geschafft haben, bis zu fünf Tage. Das heißt, eine Befruchtung kann auch noch nach dem Zeitpunkt des Geschlechtsverkehrs stattfinden. Die kleinen Schwimmer machen es sich im Milieu des Eileiters gemütlich und hoffen auf ihre Chance – den einsetzenden Eisprung. Kommt es zu einer Befruchtung, beginnt die Zygote nach einem Tag mit der Zellteilung und braucht insgesamt drei bis fünf Tage, bis sie in der Gebärmutter angekommen ist und sich in deren Schleimhaut einnistet. Dann erst spricht man von einer Schwangerschaft.

Ob eine Eizelle oder Spermien enttäuscht sind, wenn sie niemanden antreffen? Was passiert mit all den ungenutzten Eizellen, deren Heranreifen zwanzig Jahre lang durch meinen Pillenkonsum verhindert wurde?

Die Gebärmutterschleimhaut (das Endometrium) besteht aus zwei Schichten, einer bleibenden basalen Schicht und darüber einer sich Monat für Monat neu aufbauenden Schicht, die bei ausbleibender Befruchtung wieder gelöst und abgestoßen wird. Durch die Kontraktionen der Gebärmutter während der Periode wird das Gewebe ausgeblutet. Unsere Periode ist also der Anfang eines neuen und das Ende eines vergangenen Zyklus. Das Alpha und das Omega. Kommt es zu einer erfolgreichen Einnistung der befruchteten Eizelle, setzt die Regelblutung über den Zeitraum der Schwangerschaft und eine gewisse Zeit danach aus. Die Zygote wird über das Endometrium mit Nährstoffen und Sauerstoff der Mutter versorgt und kann heranwachsen.

Auch spannend: Zwillinge entstehen entweder, wenn sich ausnahmsweise zwei Eizellen gleichzeitig auf den Weg gemacht haben und zudem beide ein passendes Spermium angetroffen haben (dann gibt es zweieiige Zwillinge), oder wenn sich die befruchtete Eizelle bei der ersten Teilung komplett in zwei neue Eizellen getrennt hat. Dann entstehen eineiige Zwillinge, die sich gleichen wie ein Ei dem anderen.

Woher weiß ein Ei, wann es sich bereit machen darf, um zu springen? Woher weiß die Gebärmutter, dass es Zeit ist, die bestehende Schleimhaut zu lösen und auszubluten? Hormone sind die Kommunikatoren unseres Zyklus. Sie sind kleine Wächter, die in unseren endokrinen Drüsen gebildet werden und über das Blut Informationen von A nach B transportieren. Östrogen und Progesteron sind die beiden wichtigsten weiblichen Geschlechtshormone. Sie werden sowohl in unseren Eierstöcken als auch zu einem geringen Teil in den Nebennierenrinden produziert. Gemeinschaftlich orchestrieren diese Botenstoffe, fein aufeinander abgestimmt, das Zusammenspiel in unserem Schoßraum.

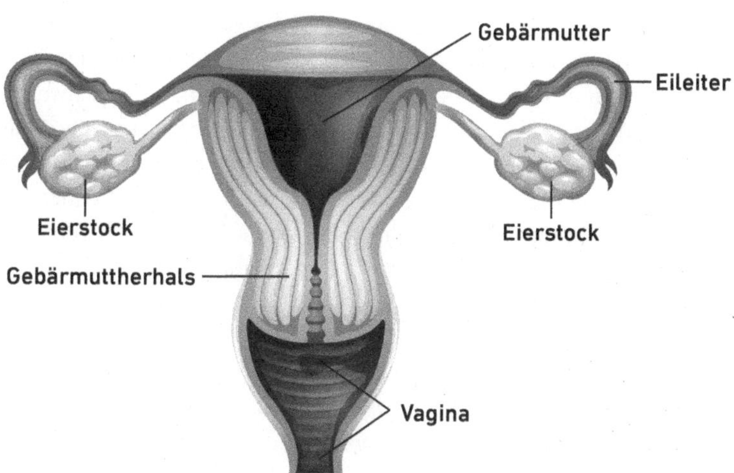

Der Schoßraum

Worte sind wichtig

Zu unserem Schoßraum gehören nicht nur die inneren Geschlechtsorgane, sondern auch die äußeren. Unsere Vulva spielt in Bezug auf unsere funktionelle, also auf die Fortpflanzung bezogene Sexualität die Hauptrolle. Sie ist das Tor vom Außen ins Innen und andersherum. Sie empfängt und gebärt und beherbergt das zentrale Lustorgan der Frau – die Klitoris.

Als ich das Wort Vulva zum ersten Mal bewusst hörte, fand ich es sperrig. Es kam mir schwer über die Lippen, denn von Kind an hieß das weibliche Geschlechtsorgan für mich entweder Scheide (der Name, den meine Mutter mir beigebracht hatte) oder abschätzig Muschi, Möse, Pussy, da unten, und manchmal hörte ich jemanden das böse F-Wort benutzen: Fotze. In meinen Workshops biete ich eine Liste von dreißig Betitelungen an und es werden mit jeder neuen Gruppe mehr. So umfangreich der Wortschatz scheint, handelt es sich doch meistens um schambesetzte Worte, die hinter vorgehaltener Hand oder kichernd ausgesprochen werden. Lediglich drei Namen bleiben übrig, um sie neutral zu benennen:

1. Das weibliche Geschlecht
2. Scheide
3. Vulva

Ersteres klingt distanziert und anonym. Es ist allgemein und hat nichts mit mir und meinem Körper zu tun. Scheide wäre in Ordnung, wenn sich nicht das Bild einer solchen, deren Zweck die Aufnahme eines Schwertes ist, in uns bilden würde. Worte sind wichtig. Wir können sie nicht beliebig einsetzen. Unser äußerlich sichtbares Geschlecht umfasst wesentlich mehr als nur den Eingang zur Vagina, den Muskelschlauch, den du gerne Scheide nennen kannst. Wenn es aber um den Körperbereich geht, der sichtbar ist, wenn du dich nackt zeigst, dann bleibt nur die Bezeichnung Vulva. Denn ihre Komplexität geht weit über die Möglichkeit, einen Penis in ihrer Vagina aufzunehmen, hinaus.

Für dich zur Vertiefung: Wie nennst du dein »da unten«?
Welches Wort benutzt du in deinem Kopf, wenn du an sie, deine Vulva, denkst?
Hast du diesen Namen bewusst gewählt oder ist er das Erbe voriger Generationen?
Gefällt er dir?
Oder besteht Bedarf an einer Neu-Betitelung?

Dass im Hinblick auf unseren Schoßraum ein weit verbreitetes Unwissen herrscht, ist wenig überraschend, da es sich ja um innere Organe und innere Abläufe handelt. Wenn es jedoch um unsere Vulva geht, könnte man meinen, dass eine Frau sich selbst kennt. Doch weit gefehlt. Nach wie vor herrscht ein großes Dunkel, wenn es um die eigene Vulva geht. Darum, wie sie im Detail aussieht, wie ihre unterschiedlichen Bereiche benannt werden, wie sie funktioniert und wozu sie alles fähig ist. Und entsprechend entfremdet ist das Beziehungsverhältnis. Wenn ich nicht weiß, wer meine Vulva ist, kann ich auch keine Beziehung zu diesem Teil meines Körpers aufbauen.

Wie ist dieses kollektive Wegschauen in einer so aufgeklärten und sexualisierten Gesellschaft wie der unseren überhaupt möglich? Und wie kommt es, dass wir Frauen so eifrig nicken, wenn es um Selbstliebe und Selfcare geht, wir unsere Vulva jedoch wie selbstverständlich übergehen?

Ich frage dich: Wie sollen wir ermächtigte Bewohnerinnen unseres Körpers sein, wenn wir nicht einmal wissen, wie wir dort unten aussehen? Wie können wir unsere individuelle, lustvolle Sexualität entdecken, wenn wir nicht genau darüber informiert sind, wie das dazu benötigte Lustorgan funktioniert? Was bedeutet unser Frausein, wenn wir das, was uns zur Frau macht, nicht erfassen, begreifen, nicht wertschätzen, ehren, zutiefst lieben – und dazu gehört unser zyklisches Wesen inklusive unserer einmaligen Vulva?

Das haarige Dreieck meiner Mutter

Als Mädchen und junge Frauen wurden die wenigsten von uns dazu ermutigt, ihre Vulva anzuschauen, geschweige denn, sich mit ihr auseinanderzusetzen. Ich habe weder meiner Mutter noch Freundinnen zwischen die gespreizten Beine gesehen – du etwa? Zu keiner Zeit gab es eine Zusammenkunft meiner weiblichen Familienmitglieder, um mich in die natürliche Verwandlung einer Vulva einzuführen und mir so Scham und Angst von vorneherein zu nehmen. Weder zum Zeitpunkt meiner ersten Periode – der Menarche – noch später gab es für mich eine angemessene Unterweisung. Ich war vollkommen orientierungslos. Die einzigen Hinweise darauf, wie es da unten sein sollte, hatte ich von heimlich gesichteten Pornobildern. Außerdem war ich eifrige *Bravo*-Leserin – Gott sei Dank gab es diese Zeitschrift!

Weitere Anhaltspunkte lieferten die Zeichnungen des Sexualkundeunterrichts, dem ich, wie meine Mitschüler, notgedrungen und peinlich berührt beiwohnte, ohne allzu interessiert zu wirken. Und nicht zuletzt gab es da noch das haarige Dreieck meiner Mutter. Ein Sammelsurium aus Eindrücken, doch weit und breit keine Klarheit, keine Offenheit und darum keine Freiheit.

Diese Lektion holen wir jetzt nach, erst einmal für uns selbst und vielleicht auch, um unser Wissen eines Tages an unsere Nachkommen weiterzugeben.

Deine Vulva umfasst den Venushügel, die äußeren und inneren Labien, die Klitorisperle, die Harnröhrenöffnung, das Vestibulum und den Scheideneingang.

Lass mich dir zunächst mit der Abbildung auf der nächsten Seite und dann einen detaillierteren Überblick geben.

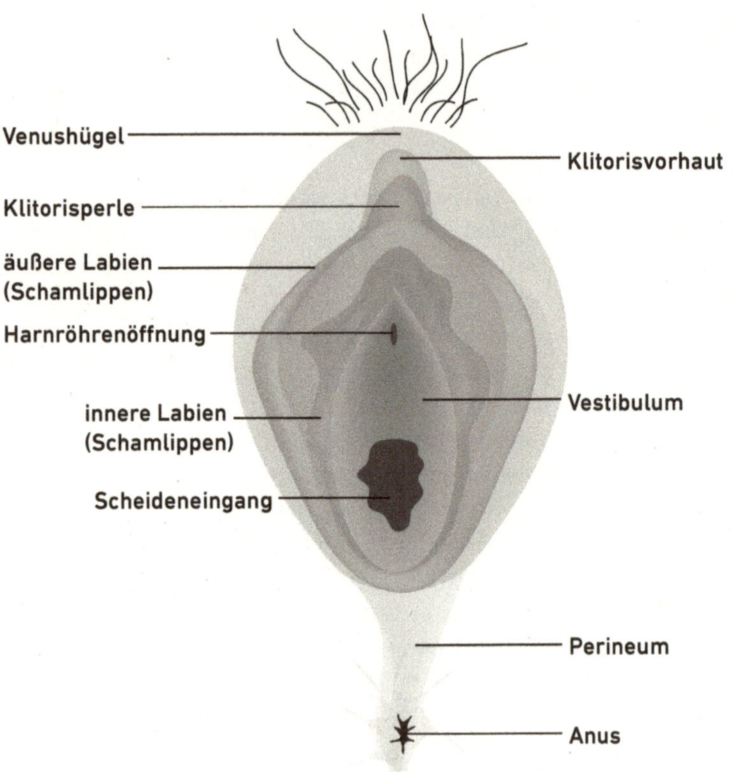
Venushügel
Klitorisvorhaut
Klitorisperle
äußere Labien
(Schamlippen)
Harnröhrenöffnung
Vestibulum
innere Labien
(Schamlippen)
Scheideneingang
Perineum
Anus

Die Vulva

Viva la Vulva

Der Venushügel ist der gepolsterte Bereich über deinem Schambeinknochen. Deine Labien sind die Schamlippen, nur dass es da nichts zu schämen gibt. Und genauso wie der mittelalterliche Begriff »weibliche Scham« längst überholt ist, dürfen wir ebenso das Wort Schamlippen durch Vulvalippen oder Labien ersetzen. Du hast äußere und innere Labien und vor allem die inneren können ganz verschieden aussehen: kurz, lang, dick, dünn, gekräuselt, glatt, von hellrosa bis dunkelrot oder sogar bläulich schimmernd. Überhaupt ist jede Vulva so einzigartig wie ein Fingerabdruck. Keine Blume gleicht der anderen und jede ist auf ihre eigene Weise schön. Nicht nur die Labien gibt es in den unterschiedlichsten Ausführungen, das gilt auch für unsere Klitorisperle, manche nennen sie Kitzler. Dabei handelt es sich um den kleinen Knopf, der sich häufig unter einer Hautfalte der Ausläufer unserer Labien versteckt. Wusstest du, dass sie nur die Spitze des Eisbergs unseres zentralen Lustorgans ist? Deine Klitoris ist viel mehr! Sie ist größer und komplexer als die kleine sichtbare Perle, in der sich 8000 Nervenenden einzig zum Zwecke deiner Lust treffen. Beim Penis sind es übrigens nur halb so viele, die sich in der Peniseichel treffen. Ist das nicht vielversprechend?

Bis zu zehn Zentimeter reicht dieser dem männlichen Penis ähnliche Schwellkörper in unser Becken hinein und umschließt mit seinen beiden Schenkeln unsere G-Zone der Vagina, die, nicht vergessen, zu unseren inneren Geschlechtsorganen gehört. Die G-Zone ist ein bei vielen Frauen sehr empfindsamer Bereich innerhalb der Vagina. Du findest sie, indem du deinen Zeigefinger bis zum zweiten Glied einführst und leicht nach oben drückst. Dort fühlst du ein etwas geriffeltes, bei Erregung anschwellendes Gewebe. Das ist die G-Zone.

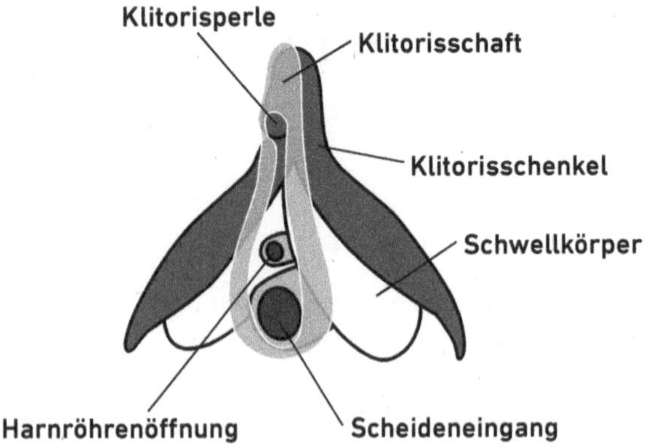

Die Klitoris

Der Ausgang der Harnröhre, auch Urethra genannt, ist die Öffnung, aus der wir urinieren. Sie liegt zwischen Klitorisperle und Scheideneingang. Im Gegensatz zum Mann haben wir für unser Wasserlassen einen separaten Ausgang. Unser Urin kommt NICHT aus der Vagina! Und abschließend ist das Vestibulum zu nennen, das als Scheidenvorhof sozusagen das Entree rund um den Scheideneingang bildet.

All das, was du mit deiner Hand abdecken kannst, gehört zu deiner Vulva. Und genauso, wie wir unseren Bauch nicht Magen nennen, unseren Hals nicht Speiseröhre oder unsere Brust nicht Herz oder Lunge, so heißt unser äußeres Geschlechtsteil nicht Vagina, sondern Vulva.

Warum ist es so wichtig, dass wir Frauen uns in Bezug auf unsere Vulva bestens auskennen?
Aus drei Gründen:

1. Weil Anerkennung und Gleichwertigkeit bei uns selbst beginnen. Zu wissen, worin der Unterschied zwischen einem Penis und den Hoden liegt und darüber hinaus deren verschiedene Funktionen zu kennen, ist selbstverständlich. Uns selbst gegenüber blind und ignorant zu sein, ist in der Folge keine Option.
2. Weil wir in der Lage sein wollen, uns differenziert auszudrücken, wenn wir zum Beispiel unserem Partner mitteilen möchten, welche

Vorlieben wir haben. Oder wenn es darum geht, unsere Töchter aufzuklären und einzuweihen. Oder wenn wir uns unter Frauen austauschen, um voneinander zu lernen. Wenn ich die Verantwortung für meinen Körper übernehme, inklusive meiner Sexualität, dann liegt es in meinem Interesse, Verwechslungen auszuschließen.
3. Weil nur existiert, was einen Namen hat. Am Anfang war das Wort. Amen.

Vielen kleinen Mädchen wird heute noch, wie mir damals, das Wort Vagina oder Scheide beigebracht. Das ist und bleibt – um deutlich zu sein – schlichtweg falsch. Wenn wir nur von der Vagina sprechen, reduzieren wir unser Geschlecht auf den Muskelschlauch, die Scheide, deren Zweck es ist, ein Schwert aufzunehmen, und wir schweigen über den Bereich, der uns die eigentliche Lust schenkt, unsere Klitoris, und verbannen sie ins Niemandsland. Die Vulva ist das Portal, das Tor eines jeden menschlichen Lebens – Kaiserschnitte ausgenommen – in diese Welt und sie verdient es, nicht nur richtig betitelt zu werden, sondern auch viel mehr in den Mittelpunkt unserer Aufmerksamkeit zu gelangen.

Unser heiliger Ort

Damals im Kreis der Frauen, während des Tantra-Retreats, sprach unsere Lehrerin stets von einem heiligen Ort, wenn es um ihre Yoni ging. Yoni ist der tantrische Begriff für unsere inneren und äußeren Geschlechtsteile – also das gesamte Da-unten unseres Schoßraums. Ich fand das nicht nur massiv übertrieben, sondern es machte sich in mir auch eine feine Empörung bemerkbar. Komm mal runter, dachte ich, wir sprechen hier immer noch nur von einem Körperteil. Kein Grund, daraus gleich einen Tempel zu bauen.

Wirklich nicht? Woher dann meine Reaktion? War meine Verärgerung nicht eher getarnter Neid, dem eine Etage tiefer Trauer zugrunde lag? Die Traurigkeit darüber, selbst keine so innige Liebesbeziehung zu meinem Unterleib zu haben? Es war meine stille Sehnsucht, zu fühlen, was sie fühlte. Ich kann nur hoffen, liebe Leserin, dass es dir wie mir damals geht und sich auch in dir, während du diese Zeilen liest, Gefühle regen, die dir signalisieren: Ich will das auch!

Deine Körperin ist ein Tempel

Es ist dein Geburtsrecht, eine tiefe Liebesbeziehung zu dir selbst und deinem gesamten Körper-Ich zu feiern. Und um den heiligen Bereich unserer Vulva nicht auszugrenzen, müssen wir ihn oder besser sie erst kennenlernen, indem wir sie erforschen, mit dem Kopf verstehen und körperlich wahrnehmen lernen. Daher verstehe dieses Kapitel als eine Einladung, die Beziehung zu deiner Vulva zu vertiefen. Verliebe dich in den sanftesten, heiligsten Ort deines Tempels. Ja, auch dein weiblicher Körper, deine Körperin, ist ein Tempel und du hast die Ehre, sie vollständig bewohnen zu dürfen. Nicht nur das Headquarter da oben, sondern alle Räume, bis in die verborgensten Winkel.

Selbstwahrnehmung ist frei gestaltbar wie die Kleidung, die wir am Leib tragen. Sie ist eine Frage der bewussten Ausrichtung und Entscheidung. Betrachtest du dein physisches Selbst als »nur Körper«, hast du nicht mehr zu erwarten als »nur Körper«: Ursache und Wirkung, Funktionen und Abläufe, tust du A, bekommst du B. Betrachtest du dich darüber hinaus als Körper-Geist-Seele-System, deinen Körper / deine Körperin als den materiellen Ausdruck deiner femininen Energie, öffnen sich dir neue Ebenen der Wahrnehmung. Meine Lehrerin hatte ganz recht, ihrer Yoni so viel Wertschätzung entgegenzubringen. Noch einmal: Deine Aufmerksamkeit lenkt deine Energie. Und genau das ist unser Ziel, Energien in Fluss zu bringen! Wie sonst sollen wir unser sexuelles Potenzial entdecken? Wie sonst können sich unsere Schoßräume für den Facettenreichtum an möglichen Orgasmen öffnen und gleichzeitig den Weg frei machen, unsere frauliche Liebes- und Lebenslust in alle Bereiche unseres Seins strömen zu lassen?

Die Art unserer Lust hängt enorm von der Gefühlslage ab, in der wir uns gerade befinden. Diese steht wiederum mit vielen (ich möchte am liebsten sagen: allen) anderen Parametern unseres Lebens im Zusammenhang. Bevor wir uns dem Thema Lust nähern, lernen wir den Zyklus im Detail kennen.

Die vier Zyklusphasen

Das, was sich Monat für Monat in uns bewegt, beziehungsweise was uns Monat für Monat bewegt, hat Einfluss auf unsere emotionale Dynamik. Denn zu glauben, dass sich die durch starke Hormonschwankungen ausgelösten Vorgänge in unserem Schoßraum nicht über dessen Grenzen auswirken würden, wäre dem Gedanken, dass alles mit allem verbunden ist, entgegengesetzt. Wir sind keine Baukästen, sondern höchst individuelle Gesamtsysteme, in denen Milliarden von Verbindungen auf unterschiedlichsten Ebenen bestehen. Gedanken beeinflussen Gefühle, Gefühle beeinflussen unser Wohlbefinden, das sich wiederum auf unsere Physis auswirkt. Und das Ganze ist keine Einbahnstraße. Tun wir unserem Körper Gutes, wirkt sich das positiv auf unsere Gefühle aus, und die verändern unser Denken. Und obendrauf oder besser untendrunter liegt auch noch unsere zyklische Grundprogrammierung, von der ich behaupte, dass sie unserem lebendigen Entwicklungsprozess zutiefst dienlich ist, wenn wir lernen, ihr zu vertrauen und zu folgen. Nicht annähernd haben unsere Wissenschaften einen vollständigen Überblick darüber, welche Magie in uns wirkt. Doch das Nichtwissen des Verstandes lässt Raum zu fühlen, körperlich zu erfahren und dadurch letztendlich doch zu wissen.

Phase 1: Blutung

Wenn wir unser inneres Kreisspiel in seiner Komplexität anschauen, liegt es nahe, dass wir uns in den vier unterschiedlichen Phasen nicht immer gleich fühlen können. Beginnend mit Phase eins, der Zeit der Blutung, ist unser System mit dem Ausleiten und Verabschieden, dem Loslassen von etwas beschäftigt, das wir zuvor haben entstehen lassen. Auf der körperlichen Ebene handelt es sich um die Gebärmutterschleimhaut, emotional gesehen der Möglichkeit, neues Leben entstehen zu lassen. Es ist anstrengend und lässt uns verletzlich fühlen. Wir sind tendenziell introvertiert, verlangsamt, sentimental, empfindsam, manchmal traurig oder auch schutzbedürftig. Kaum eine Frau verspürt jetzt große Lust, sich nach außen zu wenden. Stattdessen sehnen wir uns nach Ruhe und Rückzug. In uns herrscht Winter, Dunkelheit und Nacht. Phase eins ist dem sich verbergenden Neumond gleichzusetzen. Er steht für die Erneuerung. Und so düster sich Phase eins anfühlen kann, bereitet sich während des Ausscheidens des Alten in einem unserer Eierstöcke unbemerkt ein neuer Follikel auf den nächsten Sprung vor. In der Dunkelheit verbirgt sich das neue Leben. Daher ist das Ende vielmehr der Anfang und die Menstruation der Auftakt unserer Follikelphase, die sich in Phase eins (Blutung) und Phase zwei, den Aufbau einer neuen Schleimhaut, unterteilt.

Phase 2: Aufbau

Phase zwei gleicht dem frühlingshaften Erwachen unseres Körpers. Die Säfte steigen auf, Energie kehrt zurück, alles ist im Aufbau, Aufschwung, um das monatliche Feuerwerk unseres Eisprungs vorzubereiten, auf den wir uns in Phase zwei zubewegen. In dieser Zeit fühlen wir uns energiegeladen, werden mit jedem Tag lebendiger und mutiger als noch zuvor. Wir sind offen für Neues, regelrecht jungfräulich, verspielt und fühlen uns zunehmend attraktiver.

Unser Körper-Ich ist so gewieft, dass unser steigender Magnetismus nicht nur für uns selbst spürbar ist, sondern auch deutlich erkennbar für die Bienchen, die der Honig anziehen soll. In einer Studie haben Wissenschaftler der Universität Bern herausgefunden, dass ein optisches Muster existiert, Frauen also um ihren Eisprung herum anders aussehen als an ihren unfruchtbaren Tagen. Und das Spannende daran ist, dass Männer diese feinen Unterschiede auf vergleichenden Fotos nicht nur erkennen, sondern jene Bilder, die an den fruchtbaren Tagen aufgenommen wurden, als attraktiver einstuften.[9]

Wenn es nach den meisten Frauen ginge, würden wir gerne für immer in Phase zwei verweilen und diese inspirierende Energie 24/7 für uns nutzen. Sie entspricht dem Tatendrang, dem überschäumenden Wollen und Können. Jetzt gelingt uns mühelos, was wir in der vorigen Phase als beschwerlich empfunden haben. Der Alltag geht uns leicht von der Hand. Jobpräsentation, Steuererklärung, Frühlingsputz, Multitasking. Alles ein Kinderspiel. Dabei fühlen wir uns sexy und lustvoll, geradezu unwiderstehlich für uns selbst, das Leben und andere. Unsere Energie entspricht der einer jungen Blume, deren sich öffnende Blüte die bewundernden Blicke der Welt auf sich zieht. Und so muss es sein. Denn wären wir noch dieselbe wie während der Menstruation, würden sich merklich weniger Frauen auf das Liebemachen einlassen und die Geburtenrate würde drastisch sinken.

Phase zwei ist dem Frühling, dem Morgen und dem zunehmenden Mond zugeordnet. Dein natürlicher Zyklus folgt der schöpferischen Rhythmik einer universellen Ordnung, die ich noch genauer erklären werde. Diese lebendige zweite Phase erleben wir nicht, wenn wir mit der Pille verhüten. Denn sie unterbindet den Eisprung und trennt uns somit auch von unserem inneren Frühling ab.

Manche Frauen können den Moment ihres Eisprungs physisch wahrnehmen. Ein leichtes Ziehen, links oder rechts, je nachdem, wo die Eizelle springt. Jede Frau kann lernen, ihn zu erspüren, indem sie sich in emotionaler Selbstreflexion übt und sich ein paar Kreise lang einen Überblick über ihre Rhythmik verschafft. Eisprung bedeutet für die meisten Frauen Bestform. Wir befinden uns auf dem energetischen Zenit unseres Zyklus. Der 21. Juni auf der Nordhalbkugel, Sommersonnenwende, Mittagszeit. All das, um Leben zu kreieren, um Schöpferin zu sein, um die Potenz der Möglichkeiten zu verkörpern, als Spiegel des sich ewig wiederholenden Kreislaufs der Natur. Leben und sterben. Jetzt ist leben!

Phase 3: Fülle

Und diese Energie hält noch weiter an, denn Phase drei, die mit dem Eisprung eingeläutet wird, steht für den Erhalt, für die Fülle und Reife – für den Sommer, den Nachmittag, den Vollmond. Während die Eizelle auf Befruchtung wartet, sich möglicherweise Leben in uns einnistet, wird es in uns ruhiger, doch die Kraft bleibt uns noch erhalten. Der aktiven Aufgeregtheit oder Erregtheit folgt eine tiefe, satte Zufriedenheit. Mütterliche Gefühle machen sich breit. Wir fühlen uns erfüllt, stark und gleiten entspannt durch unseren Alltag. Wir strahlen auf andere Weise als in der vorigen Phase. Die Power-Energie der Jungfräulichkeit verwandelt sich in einen liebevollen, auf das Kollektiv ausgerichteten Glanz.

Entweder haben eine erfolgreiche Befruchtung und Einnistung neuen Lebens stattgefunden – dann verlängert sich die dritte Phase der Mutterschaft um vierzig weitere Wochen, bis wir ein Kind gebären. Oder unser System nimmt das Absterben der unbefruchteten Eizelle zur Kenntnis und veranlasst leise das Einsetzen der Lutealphase, auch Gelbkörperphase genannt.

Nach dem Eisprung, für den in erster Linie das Ansteigen des Östrogenspiegels zuständig ist, bildet sich aus dem Follikel, der im Eierstock zurückgelassenen leeren Hülle der Eizelle, der Gelbkörper, der wiederum vermehrt Progesteron (Gelbkörperhormon) produziert, um die Optimierung der Gebärmutterschleimhaut zu dirigieren. Während das Östrogen für die angenehmen Aspekte unserer Befindlichkeit rund um den Eisprung sorgt, geht es dem Progesteron um das angemessene Fühlen und Verhalten für den Fall einer Schwangerschaft. Es veranlasst uns, entspannter und ruhiger zu werden. Des Weiteren fördert Progesteron den Stoffwechsel und so kommt es im Frauenkörper in der Lutealphase zu einem Temperaturanstieg von 0,3 bis 0,5 Grad Celsius.

Die Lutealphase umfasst Phase drei und vier unseres Zyklus und dauert bei einem regelmäßigen, gesunden Zyklus circa vierzehn Tage. Das bedeutet, dein Eisprung ist nicht nur ablesbar anhand deiner Gefühlsdynamik, sondern auch ausrechenbar, sofern du deine Zyklusdauer genau kennst, und zudem messbar anhand deiner Körpertemperaturschwankung. Und sollte dies nicht ausreichen, hat uns die Natur obendrein noch mit einem sich verändernden Zervixschleim ausgestattet.

Was für ein unsexy Wort für ein so schönes Sekret, das mal zäh und klebrig, mal feucht und cremig, mal als dehnbare Flüssigkeit unsere Vagina verlässt und signalisiert, welche Zauberkräfte gerade in uns wirksam sind. Bleibt der Zervixschleim aus, bist du in deiner unfruchtbaren Phase. Ist dein Vulvasekret dick und zähflüssig, verschließt du damit den Zugang zu deiner Gebärmutter und hinderst sowohl Spermien als auch Keime, tiefer in dich einzudringen. Dein Körper bereitet sich auf eine mögliche Befruchtung vor. Zeigt sich dein Vulvasekret in cremiger oder sogar flüssiger Form und verhält sich wie dehnbares rohes Eiweiß, weist dies auf deine Fähigkeit hin, Spermien zu filtern und zu leiten. Du befindest dich in deiner fruchtbaren Phase. Je mehr Signale du auf den verschiedenen Ebenen wahrnimmst, desto klarer kannst du deine Phase bestimmen.

Phase 4: Abbau

Mit dem einsetzenden Abbau des Gelbkörpers sinkt unser Progesteronspiegel drastisch ab, der Herbst setzt ein und es kann stürmisch werden. So wie Phase zwei die ersehnte ist, ist die gegenüberliegende Phase vier die gefürchtete. PMS, das prämenstruelle Syndrom, ist weit verbreitet. Spannungsgefühle in den Brüsten, Kopf-, Glieder-, Unterleibsschmerzen, darüber hinaus Schlafstörungen oder Heißhunger sind mögliche unliebsame Signale, die den natürlichen Abbau und die nächste Menstruation ankündigen. Frau kann stimmungsreich und wechselhaft wie das Wetter werden. Die Säfte der Natur fließen abwärts, das Leben zieht sich langsam in die Erde zurück und uns geht es genauso. Schwindende Kräfte, erneute Verwandlung. Der Nachmittag verwandelt sich in den Abend, der Vollmond in den abnehmenden Mond. Wir fühlen die absteigende Energie nicht nur in unserem Körper, wir sehen sie auch im Spiegel. Das Strahlen schwindet. Manche Frauen neigen in dieser Zeit zu Wassereinlagerungen oder Hautunreinheiten. Hormone sorgen nicht nur für den Rückbau und Zerfall des Gelbkörpers in unserem Eierstock, sondern auch für die Umwandlung unserer Gebärmutterschleimhaut. Indem sich ihre Gefäße zusammenziehen, wird sie weniger durchblutet, bis es zur Ablösung kommt.

Der Kreis schließt sich und öffnet sich erneut. Du verwandelst dich immerfort, bist nie dieselbe. Lediglich dein Rhythmus bleibt und bietet dir Kreis um Kreis die Chance, tiefer in jene Facette deines weiblichen Archetypus einzutauchen, die sich durch deine jeweilige Phase offenbart. Alles ist im Fluss. Panta rhei.

DIE VIER ZYKLUSPHASEN

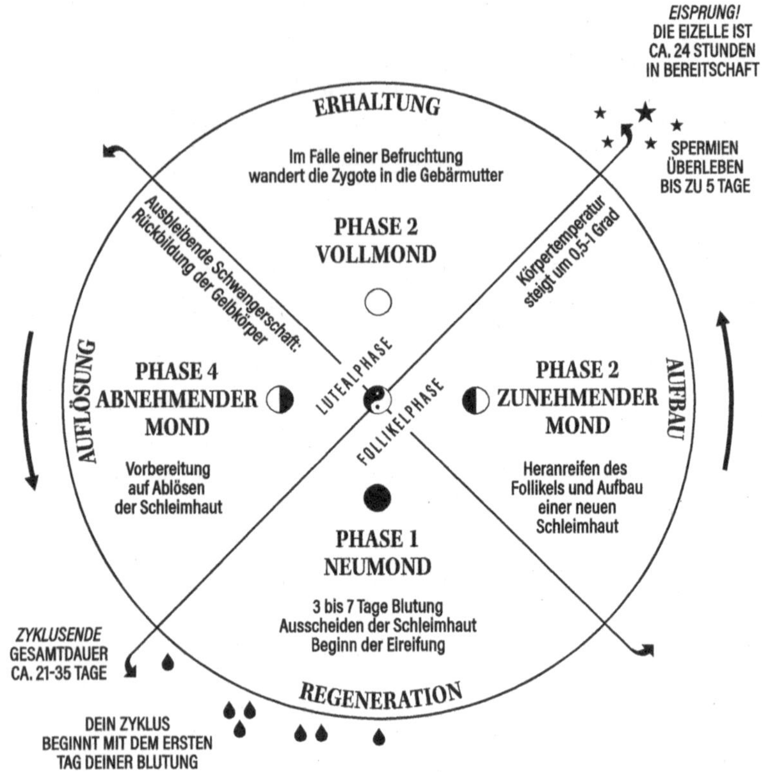

Sonne, Mond und Sterne

Unser gregorianischer Jahreskalender ist ein Sonnenkalender und orientiert sich an der Dauer, die unsere Erde braucht, um einmal um die Sonne zu kreisen. Er startet zwar offiziell im Januar, beziehen wir uns jedoch auf die Jahreszeiten, beginnt der Winter am 21. Dezember und dauert bis zum Frühlingsäquinoktium am 21. März. Der Frühling umfasst die drei Monate bis zum Sonnenhochstand am 21. Juni, dem längsten Tag des Jahres, der sich schablonenartig mit unserem Eisprung deckt. Es folgen die drei Sommermonate, bis am 21. September der Herbst einsetzt und es merklich kühler wird und schließlich der Winter erneut anbricht.

Auch unser Tag-Nacht-Rhythmus folgt demselben Muster. Aus der dunklen Nacht heraus erwachen wir frisch in den Morgen, der sich auf den Sonnenhöchststand, den Mittag, zubewegt und in einen Nachmittag hinübergleitet, um sich mit abnehmendem Licht in den Abend zu verdunkeln und durch eine neue Nacht in einen neuen Morgen zu verwandeln.

29 Tage benötigt der Mond im Durchschnitt für die Vollendung seines Zyklus, um einmal die Erde zu umkreisen. Der Monats-/Mondzyklus der Frau dauert ähnlich lange. Der Richtwert liegt bei durchschnittlich 28 Tagen, dies ist von Frau zu Frau individuell verschieden. Der Kreis beginnt am ersten Tag der Blutung im energetischen Neumond und Winter und endet am letzten Tag vor Einsetzen der nächsten Blutung.

Das universale Gesetz vom Leben und Sterben

Zufall? Wohl eher das universale Gesetz vom Leben und Sterben und erneut Leben. Wie nahe liegt da der Gedanke der Wiedergeburt – auf welcher Ebene auch immer. Nichts vergeht, es verwandelt lediglich seine Form. Begreife deinen Zyklus als dein Eingebettetsein in ein großes Ganzes. Lerne die Gesetzmäßigkeiten der äußeren Natur in deiner inneren kennen. So verstehst du dein zyklisches Wesen als ein kosmisches Geschenk, das dir die Möglichkeit eröffnet, tiefer und tiefer in das Geheimnis vom Leben und Sterben einzutauchen.

Alle natürlichen Rhythmen folgen einer Ordnung, die in sich logisch aufgebaut ist. Niemand würde auf die Idee kommen, im Herbst auszusäen und im Winter zu ernten. Jedes Kind weiß, dass die Nacht zum Schlafen gemacht ist und der Tag zum Wachen. Alles hat seine Zeit. So auch in uns. Immer mehr Frauen erkennen die wahrhaftige Ursprünglichkeit ihrer inneren Gezeiten und verstehen, dass Energien produktiv und sinnvoll genutzt werden können und genauso kontraproduktiv und sinnlos vergeudet werden können. Wer um ihre Rhythmen weiß, kann davon profitieren, indem sie auf ihre Gefühle und Bedürfnisse der jeweiligen Phase eingeht, indem sie längerfristig dafür sorgt, ihr Außen dem inneren Takt anzupassen statt andersherum.

Keine Umdrehung ist in ihrer erzählerischen Diversität identisch mit der anderen. Lediglich ihr innewohnender Rhythmus wiederholt sich wie eine tragende Welle, auf der sich der Inhalt deiner persönlichen Lebensge-

DIE NATÜRLICHEN RHYTHMEN

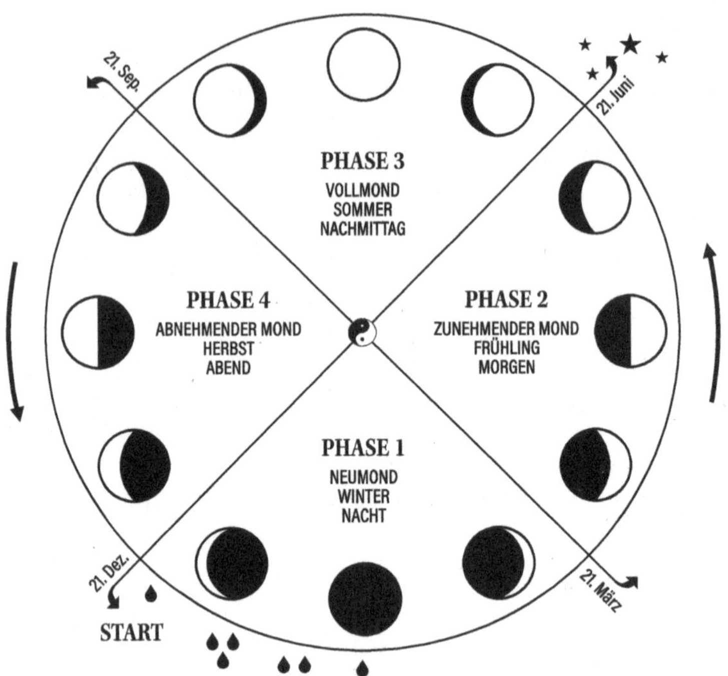

schichte abspielt. Es geht zuverlässig auf und ab. Surfe mit der Welle statt gegen sie. Betrachte deine zyklischen Kreise wie einen spiralförmigen Weg, der dich tiefer und tiefer in dein Mysterium führt. Du erkundest deine Gefühle, Bedürfnisse, Wahrnehmungen, machst Notizen und freust dich, wenn du in der nächsten Runde Übereinstimmungen findest. Mit jedem weiteren Zyklus entdeckst du neue Zusammenhänge und es entsteht eine Landkarte deiner Innenwelt. So gelingt es dir, dich auf die Energien deiner internen Bewegungen einzustellen, und irgendwann beginnst du, das, was dir möglich ist, diesem Takt anzupassen. Was macht wann am meisten Sinn? Du kannst darauf vertrauen, dass sich mit deiner persönlichen Entwicklung nicht nur innere Türen öffnen, sondern dein Außen auf magische Weise spiegeln wird, was sich in dir harmonisiert hat.

Wir sind aus der Dunkelheit meines und vielleicht auch deines Nichtwissens, dem Neumond, gestartet und haben mit dem zunehmenden Mond Licht ins Dunkel gebracht. Wir haben uns mit Wissen und Ideen angereichert. Dein persönlicher Aha-Moment war dein Eisprung. Vielleicht hast du ihn bewusst erlebt oder er ging unmerklich vonstatten. Und ob es mir gelingt, dich zu befruchten, wird sich noch zeigen. Gleiten wir nun in den Hochsommer. Phase drei, der Vollmond, steht für die Fülle unserer Weiblichkeit, den Facettenreichtum unserer weiblichen Lust.

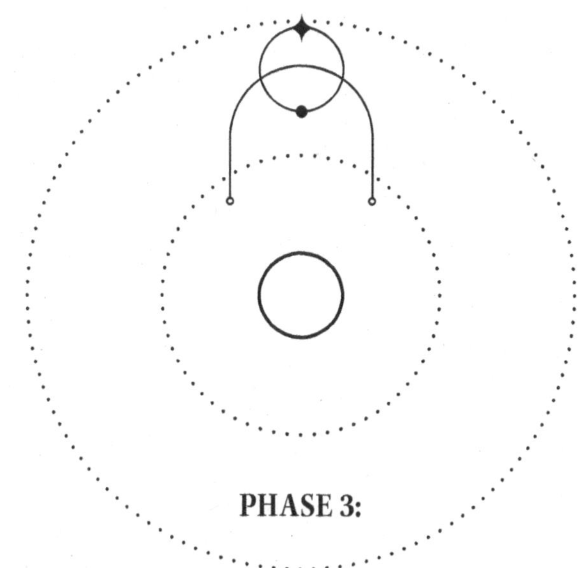

PHASE 3:

VOLLMOND. WE. FÜLLE DEINER WEIBLICHKEIT.

Von der Lust

Was assoziierst du mit dem Wort LUST? Reduzierst du es auf deine Libido, dein sexuelles Begehren, deine Wollust? Oder gibt es andere Lebensfelder, in denen du die pure Lebenslust als physisch wahrnehmbare Energie, als Körperlust durch deine Adern fließen fühlst? Wann hast du das letzte Mal einen Hauch oder sogar einen Orkan von Lust empfunden? Beim sinnlichen Liebesspiel? Beim hemmungslosen Sex? Beim Lesen, Hören oder Anschauen von erotischem Gedankenfutter? Vielleicht auch beim genussvollen Schokoladeessen?

Sex und Essen – Bauch und Becken, das liegt nahe beieinander. Was ist mit der Lust, die aktiviert wird, wenn du tust, was du am liebsten tust? Was tust du am liebsten? Was ist deine Passion? Vielleicht ist deine Lieblingsbeschäftigung mit deinem Beruf im Sinne einer Berufung verknüpft. Oder du lebst diese Seite von dir in einem Hobby aus? Schreiben, Singen, Tanzen, Stricken, Malen, Backen, Blumenstecken? Freundinnen treffen, auf Reisen gehen, Muscheln sammeln, stundenlang die Wellen des Ozeans beobachten? Oder es sind die maskulineren Energien, die deine Lust entfachen – beim Kickboxen, Rennradfahren, Bergebesteigen oder im Bootcamp? Was auch immer deins ist, kennst du die Energie, die deinem Becken entspringt und sich im ganzen Körper ausbreitet? Diese tiefe, erdige Liebeslust, die, vollkommen unabhängig von sexuellen Handlungen, puren Genuss des Lebendigseins signalisiert? Das pulsierende Gefühl der Erfülltheit, von körperlicher Präsenz, von Intimität zwischen dir und dem Leben selbst?

Ich kannte sie nicht.

Beim Tanzen loderte manchmal dieses berauschende Gefühl in mir auf. Impulshaft. Als sei da eine Tür, die ich gerne aufstoßen würde. Das Bedürfnis nach loslassen wollen. Grenzen sprengen. Mich umstülpen. Mein Kopf etikettierte es mit sportlicher Dopaminausschüttung und verwies es vorsorglich in seine Schranken. Nie wollte ich dieser ungestümen Kraft erlauben, sich in mir breitzumachen. Das war mit Angst verknüpft, denn als Kopffrau war der Kontrollverlust das Letzte, was ich mir gewünscht hätte, erinnerte es mich doch, wenn auch in angenehmer Version, an die Verselbstständigung meiner Panik von einst. Was ich nicht kannte, musste in Schach gehalten werden, damit es mich nicht überwältigen konnte. Sicherheit über alles! Körperliche Hingabe und Vertrauen hatte mir niemand beigebracht. Also lenkte ich meine Aufmerksamkeit gekonnt auf anderes. Und diese Selbstbegrenzung vollzog sich in nahezu allen lustbringenden Bereichen meines Lebens. Auch in der Sexualität.

Doch wozu hat uns die Natur mit fünf herrlichen Sinnen ausgestattet, wenn nicht, um diese körperliche Existenz so lustvoll zu erleben, wie es uns nur möglich ist? Indem wir uns selbst und unsere Umgebung sinnlich wahr- und in uns aufnehmen und uns mit ihr auf die Weise vermischen, die uns Lust erleben lässt. Je mehr, desto besser! Wie sträflich, wenn wir das Sehen, Hören, Riechen, Schmecken, Fühlen nur als Filter für unsere Kopfherrschaft nutzen, einzig um die Welt rational einzuordnen, uns vor Gefahren zu schützen und unsere nächsten Schritte abzuwägen. Und was ist mit den weiteren Sinnen? Dem sechsten und siebten und achten?

Freude oder Lust?

Kopflust, damit war ich vertraut, darin war ich gut. Leichtigkeit im Kopf, wenn mein Geist mein Tun und Sein als gut und richtig, als sinnvoll, effektiv und nützlich einstufte. Und selbstverständlich hieß dieses Gefühl nicht Kopflust, sondern Zufriedenheit, und im gesteigerten Maße: Freude.

Worin unterscheidet sich die Lust von der Freude? In meinem System breitet sich Freude von oben nach unten aus, wohingegen meine Lust entgegengesetzt von unten nach oben fließt. Kopffreude empfinden wir, wenn wir zum Beispiel eine Prüfung bestanden haben und einen großen Haken hinter ein uns wichtiges To-do setzen können. Zuerst entspannt sich unser Kiefer, vielleicht folgt ein Lächeln und dann löst sich unser Schulter- und Nackenbereich. Erleichterung und Entspannung breiten sich abwärtsfließend in unserem ganzen System aus. Die noch leise Freude sickert in unseren Brustraum. Wir atmen auf und tief ein. Es ist vollbracht.

Wir sind in Sicherheit. Manchmal weicht der vorangegangenen Anspannung eine angenehme Ermattung oder ein ungläubiges »Ich fasse es nicht, wie herrlich ist das denn?«. Ein Rauschen, das sich beschleunigt und weiter in unserem Körper ausbreiten kann, bis es uns in dankbare Glückseligkeit katapultiert. Doch viele Menschen belassen es bei der Erleichterung und dem Abhaken, anstatt sich dem Freudefluss vollkommen hinzugeben, ihm zu gestatten, sich auszubreiten und das, was im Kopf seinen Ursprung fand, im Körper bewusst zu erleben. Mr. Monkey Mind langweilt sich bekanntlich schnell und bevor wir uns die Mühe gemacht haben, die Schleusen nach unten zu öffnen, beschäftigt sich unser Geist bereits wieder mit dem nächsten To-do auf der Liste.

Für dich zur Vertiefung: Erfolge feiern!

Wie feierst du deine kleinen und großen Erfolge?
Nimmst du dir Zeit, um ausgiebig innezuhalten und dich dem Glückstaumel hinzugeben?
Oder klopfst du dir kurz auf die Schulter und rennst weiter?
Wie wäre es, die eingerosteten Schleusen wieder zu öffnen?

Kopffreude kann auch die Begeisterung für eine Thematik sein. Wir lesen ein Buch, führen ein Gespräch, dessen Inhalt unsere Neuronen anfeuert. Diese Art der Kopffreude hat mit der Erfüllung unseres Bedürfnisses nach Erfolg, Anerkennung, Stolz, Interesse, Hoffnung, Motivation, Inspiration oder Bestätigung zu tun.

Herzfreude wohnt eine Etage tiefer und drückt sich zum Beispiel durch einen überraschenden Herzsprung aus, wenn uns etwas unerwartet Schönes passiert. Wir bekommen wildes Herzklopfen, wenn wir aufgeregt verliebt sind oder freudig nervös, wenn wir das Glück auf uns zu galoppieren sehen. Ein freudvolles, entspanntes Herzweiten erleben wir, wenn uns tiefe Liebe durchströmt, wenn unser Bedürfnis nach Zugehörigkeit, Gemeinschaft oder Sinnhaftigkeit erfüllt ist, während wir zum Beispiel unseren Kindern beim Schlafen zusehen oder mit den besten Freunden zu Abend essen.

Freude entspringt dem Kopf oder Herzen und breitet sich von dort so weit aus, wie wir es zulassen können. Nicht nur abwärts, sondern auch wellenförmig nach außen. Wenn wir Freude empfinden, beginnen wir zu leuchten, unsere Augen strahlen, unsere ganze Erscheinung verändert sich. Freude drückt sich durch unsere Körperhaltung und energetische Schwingung/Frequenz aus. Sie ist für das empfindsame Gegenüber deutlich wahrnehmbar.

Lust wohnt in den unteren Etagen

Im Gegensatz zur Freude, die in unseren oberen Stockwerken zu Hause ist, wohnt die Lust in unseren unteren Etagen, vor allem in unserem Becken. Von dort aus nimmt sie den umgekehrten Weg aufwärts, ebenfalls so weit, wie wir gelernt haben, es zuzulassen. Zudem schlägt sie ihre Wellen nicht nach außen, sondern nach innen und verstärkt dadurch unseren Magnetismus auf eine dunklere, erdigere Weise, als es die lichte Freude tut. Lustempfinden ist Intimität zwischen meinem Körper-Ich und dem, auf das ich mich beziehe. Das kann eine Person, ein Gedanke, eine Sache, ich selbst, einfach alles sein. Lust ist sozusagen ein körperlich positiver Impuls. Ein Bejahen und Wollen und Willkommen-Heißen, ein Sich-Hingezogen-Fühlen und Sich-Öffnen.

Lust verdichtet uns nach innen. So als würden eben noch schlafende Zellen geweckt, die sich erwärmen und aufplustern und dadurch näher zusammenrücken und zum Leiter dieser sinnlichen Energie quer durch unseren Körper werden. Lust gehört aus meiner Sicht genau wie die im zunehmenden Mond erklärte Angst, Trauer, Wut, Ekel und Freude zu den Basisgefühlen eines jeden Menschen. Uns Frauen zeigt sie sich vielschichtig und facettenreich. Je nachdem, in welcher Zyklusphase wir uns befinden, bieten sich uns verschiedene Zugänge an. Je mehr Variationen der Lust wir in uns kultivieren – ja genau, kultivieren im Sinne von üben und bewusstmachen, entwickeln und verfeinern –, desto ganzheitlicher, voller, berauschender und gleichzeitig klarer wird unser Leben. Lust an Sexualität zu fesseln, bedeutet, sie zu beschränken und sich damit selbst zu limitieren.

Wenn du Übung darin hast, gutes Essen zu genießen, kennst du die Rückkopplung der Reize deines Geruchs- und Geschmackssinns mit deinem Bauchgefühl. Nahrungsaufnahme kann so lustvoll sein, dass sie unsere tiefe Beckenlust vollkommen legitim aktivieren kann, denn in solchen Momenten ist sie nicht sexuell, sondern gesellschaftlich neutral, weil kulinarisch besetzt. Ich darf »hmmm« stöhnen und »oh, wie köstlich« fühlen, ohne dass ich jemanden oder mich selbst überfordere. Es geht schließlich um das Essen und Trinken.

Doch passiert hier nichts anderes, als dass unsere natürliche Lust aktiviert wird, indem sich unser Becken mit jedem genussvollen Bissen, Kauen, Schmecken, Fühlen, Schlucken, Aufnehmen, Mit-uns-Vermischen tief entspannt und in Schwingung gerät. Kennst du den Spruch: Essen ist besser als Sex? Warum einen Unterschied machen? Wo beginnt dieses Feld Sex? Wo endet es? Ein Gedanke, ein Geruch, ein Blick, eine Berührung. Ein Wort, ein Geschmack, ein Gefühl – alles kann sexualisiert werden, also in Bezug zu sexuellen Handlungen gesetzt werden, wenn du es willst; muss es aber nicht, wenn es dich beengt. Du allein entscheidest über die Etikette, die du deinem Empfinden zuschreiben möchtest. Nicht von Anfang an, aber von dem Moment an, in dem du dir die Erlaubnis dafür erteilst und dich selbstverantwortlich auf die Erforschung deiner Gefühlswahrnehmung einlässt.

Von der eigenen Lust entfremdet

Lust hat kein Interesse daran, sich nur auf unsere sexuellen Handlungen zu begrenzen. Sind wir nicht in jedem Moment unseres Lebens intim mit der uns umgebenden Luft, die in uns ein- und ausströmt? Intim mit den Dingen, die wir berühren, den Kleidern, die wir auf der Haut tragen, der Nahrung, die wir in uns aufnehmen, die wir zu einem Teil unseres physischen Selbst werden lassen? Lust existiert als eine freie Energie. Sie ist ein Gefühl, das uns unabhängig von einem menschlichen Gegenüber oder einer sexuellen Absicht mit uns selbst und der Welt verbindet, uns beglückend durchströmt, unser ganzes Sein fluten möchte. Lust ist Liebe, die aus unserem Becken strömt. Sie möchte uns inspirieren in allen Bereichen unseres Lebens. Darf sie aber nicht.

Jahrhundertelang wurden Frauen darauf trainiert, sich zu limitieren und ihre Lust gefangen zu halten. In der Dunkelheit unseres Beckens, unserer Schlafzimmer, in der Engmaschigkeit dessen, was sich für eine Frau gehört. Wir haben sie separiert, normiert, tabuisiert. Wir wurden von unserer eigenen Lust entfremdet. Uns wurde die Lust entzogen. Und mit uns meine ich unsere Mütter, Großmütter und Ahninnen, die in nicht allzu ferner Vergangenheit Gefahr liefen, als schamlos, unanständig, unangemessen, nymphomanisch, lächerlich verurteilt zu werden und, gehen wir noch einen kleinen Schritt weiter zurück, möglicherweise als Hexen verbrannt zu werden.

Eine Frau hat so und so zu sein. Sie darf nicht too much, zu viel, sein. Weder zu wild noch zu laut und schon gar nicht zu lustvoll. Du fragst dich, was das mit dir zu tun haben soll? Wer hat dich erzogen? Wer hat dich eingeweiht in dein Frausein, dir deinen Körper erklärt, dich angeleitet, wie du mit den Themen Lust, Sinnlichkeit, Genuss, Körperlichkeit oder Sexualität umgehen kannst? Deine Vorfahren. Hast du deine Mutter als lustvolles, freies, ihren eigenen Körper liebendes, sich an sich selbst und die Welt hingebendes, feminines, genussvolles Wesen erlebt? Wenn dem so ist, dann schätze dich glücklich! Doch in den wenigsten Fällen konnten Freiheit und Fülle vorgelebt werden. In den wenigsten Fällen wurde überhaupt über Körper und Lust gesprochen. Stattdessen haben wir zwischen den Zeilen gelernt und unbewusst übernommen, was uns vorgelebt wurde. Das peinliche Berührtsein unserer Lehrerinnen, wenn es um das Körperliche ging, hat auch uns peinlich berührt. Die Verklemmtheit oder das Unwissen unserer Mütter und Tanten oder die Angst und Traumatisierung unserer Großmütter hat sich auf uns übertragen. Da können wir in einer noch so angeblich freien Gesellschaft leben, die eigene Sippe hat den größten Einfluss. Doch im Gegensatz zu unseren Vorfahrinnen haben wir heute die Freiheit, selbst zu entscheiden, ob wir uns die Magie unserer weiblichen Körperlust zurückerobern oder in der sicheren Distanziertheit zu unserem Körper-Ich verharren wollen.

Ich verstehe die Freiheit, wählen zu können, wer wir sein möchten und wie wir leben möchten, auch als eine Verantwortung. Für viele Frauen weltweit ist diese Freiheit noch immer keine Selbstverständlichkeit. Umso mehr ist es unsere Pflicht, diese Freiheit zu nutzen: uns einzusetzen für Meinungsfreiheit, Gleichberechtigung, Freiheit der Berufswahl, Religionsfreiheit, Freiheit des sexuellen Ausdrucks. Ebenso für Themen unserer inneren Freiheit: uns selbst zu erforschen und zu vertiefen, was anderen verboten ist, in den Fokus zu nehmen. Uns zu fragen: Wo stehe ich als Frau? Bin ich mir meiner geistigen und körperlichen Freiheit bewusst? Setze ich sie verantwortlich und auf heilsame Weise ein? Wo schneide ich mich von mir selbst ab? Was kann ich tun, um ganz zu werden? Welche Art des Frauseins möchte ich meiner Tochter und meinem Sohn vorleben?

Du, liebes Frauenwesen, ob du es glaubst oder nicht, steckst voller Körperlust-Magie. Holen wir sie in dein Bewusstsein! Für deine eigene Lust, eine Frau zu sein, und für alle die, die nach dir kommen.

Zyklust – Weg der Königin

Krise und Drama, Gefühle und Bedürfnisse, Erkenntnis und Persönlichkeitsentwicklung, Freude und Lust. Aus der Kreuzung meiner Not und meiner Sehnsucht hat sich mir ein Weg offenbart, der die Lösung für die Nöte vieler Frauen sein wird.

Der weibliche Zyklus ist ein über alle Maßen missverstandenes Geschenk, das der weiblichen Orientierung dient. Folgen wir ihm, führt er uns aus dem angestrengten Funktionieren hinein in das vertrauensvolle Mitfließen, aus der Kopfenge in die Körperweite, aus der Begrenztheit dessen, wer wir glauben zu sein, hinein in ein ganzheitliches, lustvolles, authentisches Leben.

Zyklust ist die Lust, die sich im rhythmischen Einklang von Tun und Sein, von Kopf und Körper in deinem System ausbreitet. Folgst du dem Puls deiner inneren Gezeiten, bringt er dich auf vielschichtige Weise in Kontakt mit deiner körperlich erlebbaren sinnlichen Urenergie. Um sie spüren zu können, darfst du dich darin üben, mit deiner Aufmerksamkeit im Körper präsent zu sein und zu lernen, bis hinab in dein Becken zu fühlen. Denn hier, tief aus deinem Mysterium heraus wird deine Lust geboren. Und von hier aus verteilt sie sich in deinem Körper, belichtet und erfrischt deine Zellen und heiligt den Moment. Wozu leben, wenn nicht dafür, diese Reise mit unbestimmtem Ausgang auszukosten, dich selbst zu genießen und über diesen Weg der körperlichen Freude herauszufinden, wer du ganzheitlich bist und noch sein kannst? Gib dich niemals mit weniger zufrieden, Schwester! Du bist Frau, um lustvoll du selbst zu sein, um dich Monat für Monat selbst neu zu gebären, bis du die Königin lebst, die du wirklich bist. Die Königin ist der mächtigste Archetypus in unserem Lebensrad und mit mächtig ist die bewusste, absichtsvolle Herrschaft über ihre eigenen Energien gemeint. Die Königin vereint Kopf- und Körperland und lebt als leuchtendes Beispiel verantwortlich für sich selbst und inspiriert jene, die ihrem Reich angehören.

Spürst du, wie sie nach dir ruft?

Vielleicht ist es noch ein Flüstern, das von den Einwürfen des Äffchens übertönt wird. Geht es dir wie mir damals? Du verhütest hormonell und fragst dich, ob dir dieses ganze Zyklusdings für immer verschlossen bleiben wird, weil du dir Sorgen machst, ohne die chemischen Helferlein doch ungewollt schwanger zu werden. Ich verstehe deine Bedenken nur zu gut und du allein kennst die Anforderungen und Umstände deines Lebens, die heute den Rahmen für deine Wahlmöglichkeiten bilden. Es gibt sinnvolle Alternativen, die die Zeit, bis sich dein Zyklus eingependelt hat und du mit deiner eigenen Rhythmik und den dazugehörigen körperlichen Signalen bestens vertraut bist, überbrücken können, zum Beispiel Kondome, Diaphragmas oder FemCaps. Wer nicht wagt, der nicht gewinnt! Gleichzeitig möchte ich dich beruhigen, denn Stress ist Gift für uns. Du fühlst, wenn deine Zeit für die Hingabe an dein feminines Naturell gekommen ist.

Es lohnt sich jedoch, nicht allzu lange zu warten. Gerade und besonders, wenn du die vierzig schon erreicht hast, solltest du dir darüber bewusst sein, dass deine Fruchtbarkeit bereits drastisch gesunken ist und dir nur wenige Jahre verbleiben, die du für das Selbststudium deiner zyklischen Natur nutzen kannst, bevor die Wechseljahre einsetzen und sich die Königin in eine Priesterin verwandeln möchte. Ich wünsche dir, dich selbst kennenzulernen, so wie du als Frau gemeint bist, bevor sich dieses Fenster schließt und du nicht einmal einen Blick hineingeworfen hast in die kosmische Ordnung, die deinem weiblichen Naturell zugrunde liegt.

Wie auch immer dein persönlicher Weg aussieht, lade ich dich ein, dich für die Sprache deiner Körperin, so wie sie jetzt ist, zu öffnen.

Wie geht das – dich auf dein Körper-Ich einlassen? Wie kannst du bis in dein Becken hineinspüren? Worauf unsere Aufmerksamkeit gerichtet ist, dorthin fließt unsere Energie. Täglich fünf Minuten reichen aus, um dich in der körperlichen Selbstwahrnehmung zu üben. Zum Beispiel mit der folgenden Übung:

Für dich zur Vertiefung: Selbstwahrnehmung üben

Setze dich auf einen Stuhl oder leg dich hin.
Mach es dir gemütlich.
Öffne deine Beine so weit, wie es sich gut anfühlt.
Forme mit deinen Händen ein Vulva-Dreieck.
Deine Daumen und Zeigefinger berühren einander.
Lege deine Handinnenflächen auf deinen Unterbauch.
Deine Fingerspitzen zeigen zu deiner Klitoris.
Dein Kiefer und deine Schultern sind entspannt und locker.
Schließe deine Augen.
Als Auftakt atme dreimal tief ein und aus.
Folge dem Luftstrom mit deiner Aufmerksamkeit.
In die Nase hinein – spüre die Kühle der Luft an deinen Nasenflügeln.
Deine Lungen füllend – spüre, wie sich dein Brustkorb hebt.
Deinen Bauchraum einnehmend – spüre, wie er sich weitet.
Halte diese Fülle für einen Moment, bevor du wieder ausatmest, dein Bauch zurücksinkt, sich dein Brustkorb senkt.
Du wirst leer.
Halte diese Leere für einen Moment, bis du wieder einatmest.
Folge dem Ein und Aus und wenn du so weit bist (das muss nicht gleich beim ersten Mal so sein!), dann stell dir vor, wie dein Atem über den Bauchraum hinaus auch in deinen Schoß fließt.
Gib leichten Druck auf deine Hände und atme sanft dagegen.
Beim Einatmen weitet sich dein Becken.
Beim Ausatmen entspannt es sich.

Dein Atemkreislauf spiegelt den Rhythmus deines zyklischen Wesens von ansteigenden, haltenden und absteigenden Energien.

Magst du es versuchen? Jetzt?

Mit dieser Übung bringst du Leben in deine inneren und äußeren Geschlechtsorgane und je geübter du wirst, desto besser wirst du darin, dich auch im Alltag bewusst in dein Becken hineinzuentspannen. Du wirst sehen, mit der Zeit öffnest du dich dir ganz von selbst. Deine Energien kommen in Fluss, dein Becken in Schwingung. Falls du den Zugang jetzt noch nicht spürst, zweifle nicht an dir. Nimm es zur Kenntnis und erlaube dir dein eigenes Tempo. Dein Körper hat immer recht. Stress dich nicht mit komplizierten Überlegungen. Gehe sanft und geduldig Schritt für Schritt deinen Weg und die Magie des weiblichen Körpers, der und die du bist, wird sich dir offenbaren.

Lust steht für dich in allen Schattierungen bereit. Unschuldig reine, tiefe und dunkle, wilde wie sanfte, Altes verbrennende und neu erschaffende Lebenslust. Sie existiert in vielen Varianten und das bewusste Erleben deines Zyklus bringt dich ihr Umdrehung für Umdrehung näher.

Also los, entdecken und erforschen wir deine persönliche Werkseinstellung. Frausein bedeutet zu fühlen, im Körper präsent zu sein, ganz zu sein. Wer sich selbst nicht spürt, kann andere nicht spüren. Wer mit sich selbst wenig liebevoll und empathisch ist, kann es auch nicht mit anderen sein. Andersherum, je mehr wir mit uns selbst eins sind, desto mehr spüren wir andere und anderes, und hieraus erwachen unsere Sinne, die über unseren fünften hinaus gehen und allgemein mit der Intuition gleichgesetzt werden. Dabei lohnt es sich, differenzierter hinzuschauen. Hellfühligkeit, Hellhörigkeit, Hellsichtigkeit sind angelegte Antennen, die auf ihre Entwicklungschance warten. Je tiefer du dich mit dir selbst verbindest, desto angebundener wirst du nach oben und außen. Mehr Kopf, mehr analytische Intelligenz allein wird dich nicht glücklich machen. Mehr Verbindung, mehr Empathie und ganzheitliches Sein durchaus und diese Qualitäten wohnen im Körper. Ich fühle mich – ich fühle dich.

Du kannst dich für immer in der quadratisch-praktischen, scheinbar kontrollierbaren Welt deines Headquarters aufhalten, dich dem Machen und Tun verschreiben und dein Leben wie ein Zuschauer aus der sicheren Distanz deines Verstandes wahrnehmen. Oder du kannst direkt und unmittelbar daran teilnehmen, dich auf dein Körper-Ich einlassen und alles, was sich dir anbietet, lustvoll durch deine Physis entdecken. Statt Kopf über Körper zu stellen und anzunehmen, dass es dein Verstand besser weiß als deine Körperweisheit, erlaube dir, dich selbst ganzheitlich beglückend zu leben, indem du Kopffreude und Körperlust gleichermaßen kultivierst. Tauche ein in dein feminines Wesen und erforsche es mithilfe deines Verstandes. Finde heraus, wer du über dein Denken hinaus bist: Körperfrau! Du bist sinnliche, lebendige, lustvolle Weiblichkeit – nicht nur in der Abstraktion deiner Vorstellung, sondern als materiell erlebbarer Ausdruck. Lerne, dich selbst zu lieben, denn alles andere ist bedeutungslos. Wir können das Leben nur dann voll schmecken, riechen, hören, fühlen und wahrnehmen, wenn wir uns ganzheitlich bewohnen und eins sind mit uns selbst. Suche die Freude in der bewussten Entwicklung deiner Persönlichkeit und die Lust in der Intimität mit dir selbst und der zyklischen Umsetzung dessen, was dich ruft – deine Sehnsucht. So näherst du dich der Version von dir, die dir dein persönliches Glück beschert.

Kein mühsames Erarbeiten!

Deine Kopf-Aufgabe hierbei ist es, die unterschiedlichen Energien der vier Phasen zu erlauben, indem du dich darin übst, sie wahrzunehmen und zu durchfühlen. Statt rücksichtslos umzusetzen, was Mr. Monkey Mind für richtig hält, höre deinem Körper-Ich, deinen Gefühlen und Bedürfnissen zu. Statt gegen sie vorzugehen, fließe mit ihnen, sorge für ihre Erfüllung, damit du dich immer tiefer in dich hinein entspannen kannst. Das bedeutet nicht, dass du von heute auf morgen dein ganzes Leben umstellen musst. Vergiss das! Du startest mit Leichtigkeit und Neugier und implementierst jedem Monat neue lustbringende Aspekte, weiter nichts. Kein mühsames Erarbeiten, sondern lustvolles Erforschen und Erleben.

Wir haben deine vier Zyklusphasen unter dem Aspekt der körperlich-biologischen Vorgänge und den damit verbundenen Gefühlsveränderungen betrachtet und sie energetisch mit den vier Phasen des Mondes, der Jahreszeiten und des Tag-Nacht-Zyklus gleichgesetzt.

Phase eins:
Blutung – Neumond | Winter | Nacht
Phase zwei:
Aufbau Schleimhaut und Eisprung – zunehmender Mond | Frühling | Morgen & Mittag
Phase drei:
Schwangerschaft oder Gelbkörperabbau – Vollmond | Sommer | Nachmittag
Phase vier:
Absinken des Hormonspiegels, Umbau Gebärmutterschleimhaut – abnehmender Mond | Herbst | Abend

Schauen wir uns als nächstes die unterschiedlichen Phasen in Bezug auf unsere Freude und körperliche Lust im Innen und Außen an. Die weibliche Grundprogrammierung fördert in ihrer Abfolge auf optimale Weise die Entfaltung unseres Potenzials. Persönlichkeitsentwicklung ist ein andauernder Prozess. Von der Geburt bis zum Tod verändern wir uns auf vielen Ebenen. Unser Körper verändert sich, unser Geist, unsere Interessen, Überzeugungen und Prioritäten und entsprechend verändert sich unsere Sprache, unser Verhalten und Aussehen, unsere gesamte Energie, die wir ausstrahlen. Auf drei Aspekte unseres Startersets haben wir aus unserer jetzigen Perspektive keinen Einfluss:

1. Die von unseren Eltern abhängige Genkombination
2. Unsere Familie samt ihrer Geschichte
3. Die Zeit, in die unsere Lebensspanne eingebettet ist

Auf alle anderen Felder können wir einwirken und es ist uns überlassen, ob und inwiefern wir diesen Spielraum nutzen. Wir können uns wie ein Blatt im Wind hin- und hertreiben lassen und unsere Entwicklung dem sogenannten Zufall oder anderen, stärkeren Willenskräften überlassen. Oder wir können uns fragen: »Wenn ich schon hier bin, wer würde ich gerne sein? Was bereitet mir Freude und worauf habe ich Lust? Welcher Sehnsucht möchte ich folgen? Welche Ziele will ich anstreben, worauf mich einlassen, um herauszufinden, was alles möglich ist, und die Frau zu werden, die ihr Potenzial entfaltet?«

Absichten setzen

Die klarste Absicht im Raum gewinnt. Überlass das Feld nicht den anderen. Dein Leben gehört dir und ich wünsche dir ein strahlendes, zufriedenes, erfülltes Lächeln, wenn du auf deinem Totenbett liegst. Ich wünsche dir, dass du zurückschaust und zutiefst erfüllt bist, weil du stolz sagen kannst: »Ich habe mein Leben gelebt, ich bin mir selbst gefolgt, ich habe mich mutig eingelassen auf das, was mir mein Herz und mein Schoß zugeflüstert haben.«

Durch die Wiederholung der Phasen kommt es bei bewusster Betrachtung zur Vertiefung und Entwicklung dessen, was ich deine Essenz nenne. Sowohl durch die Freude am aktiven Tun als auch durch das lustvolle Auskosten unseres Seins, jeweils im sich abwechselnden Rhythmus, einmal nach innen und einmal nach außen gerichtet. Das Ziel sind wir selbst. Auf dem Weg der sich drehenden Spirale nähern wir uns Kreis um Kreis der Version von uns, die sich in unserem Kern verbirgt und darauf wartet, entdeckt und gelebt zu werden: die Königin. Sie zu gebären, sie aus uns selbst heraus zu entwickeln, ist ideale Voraussetzung, um gelassen in die Wechseljahre zu transformieren.

Dein zykLUSTischer Prozess ist ein sich abwechselndes Einatmen, Fülle-Halten und Ausatmen, Leere-Halten. Das Pendeln vom nach innen gewandten Halten des in der Ruhe und Stille mit sich selbst Seins (Phase eins: ME-Time), hin zum Einatmen durch das nach außen gerichtete aktive Tun (Phase zwei: GO-Time), über das im außen bleibende Halten und Sein der dritten Phase (WE-Time), hin zum ausatmenden, nach innen orientierten Tun der vierten Phase (NO-Time). Unser Körper ist das kreisende, schwingende Pendel. Geben wir uns der Richtung, die es nimmt, hin, indem wir die universelle Energie durch uns durchschwingen, strömen, fließen lassen, erleben wir die maximale Lust der Hingabe an unser eigenes Wesen.

Deine Essenz ist feminin, doch drückt sie sich in ihrer Bewegung sowohl durch weibliche (passive) als auch durch männliche (aktive) Kräfte aus. So wie eine Frau Töchter und Söhne gebären kann, liegen ihrem Wesen beide Kräfte zugrunde. In der ausbalancierten Abwechslung ihrer Energien, durch deren Polarisierung das Pendel gleichmäßig schwingt, liegt die optimale Entwicklung der Frau.

Alles hängt mit allem zusammen. Findet eine innere Phase keine äußere Berücksichtigung, stolpert der Bewegungsfluss des Pendels, und entsprechend schlägt es übermäßig aus, auf der Suche nach Ausgeglichenheit. Jede Menstruation ist die Einladung zum Reset. Zurück auf null, um uns neu auf die Bewegung des Pendels einzulassen.

DER ZYKLUSTISCHE PROZESS

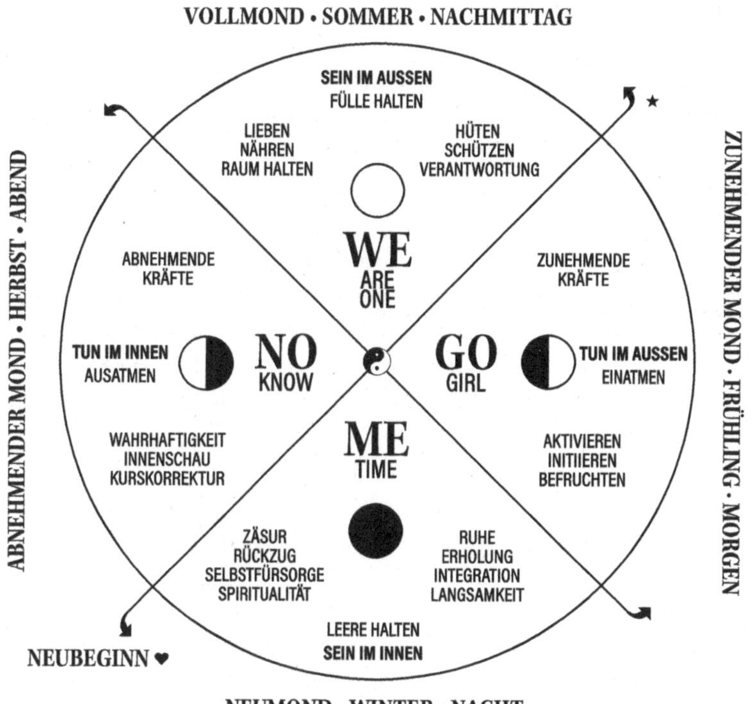

Fazit

Sind wir in Balance mit unseren zyklischen Schwingungen und gestatten uns, sie zu leben, ist Lust in ihrem Facettenreichtum die Grundschwingung des femininen Körpers.

Wenn du schon bereit bist, dann ist dies der Zeitpunkt, dir ein Zyklustagebuch anzuschaffen. Die nun folgenden detaillierten Beschreibungen der vier Zyklusphasen darfst du am eigenen Leibe nachvollziehen und dir Notizen machen. Vermerke alles, was dir wichtig erscheint. Von der Dauer deiner Blutung über den sich verändernden Zervixschleim bis hin zur Gesamtdauer deines Kreises. Aber vor allem verfolge deine Gefühle und

Bedürfnisse und setze sie in den Kontext deiner Aktivitäten in der Außenwelt. Was passt, was geht dir gegen den Strich? Ich werde dir viele unterschiedliche Bilder, Ideen und Übungen anbieten, die dich darin unterstützen werden, tiefer in die Lust deiner Phasen einzutauchen.

Brauchst du noch Zeit und weitere gute Gründe, um dich nicht nur gedanklich, sondern auch körperlich auf dein zyklisches Wesen einzulassen, dann füttere deinen Kopf mit dem folgenden Inhalt und lass dich entspannt inspirieren. Nichts muss, alles kann.

Für dich zur Vertiefung: Zyklustagebuch
Du kannst dir ein Zyklustagebuch zulegen oder dir auf meiner Webseite den Zykluskreis herunterladen und ausdrucken (Adresse siehe Anhang). Die nun folgenden detaillierten Beschreibungen der vier Zyklusphasen darfst du am eigenen Leibe nachvollziehen und dir Notizen machen.

Übersicht der Phasen

Phase eins: ME-Time
Gefühle rot: überreizt, überfordert, müde, verletzlich, traurig, missverstanden, hilflos, depressiv, kontaktscheu, erschöpft, zerstreut, vergesslich
Gefühle grün: verbunden, empfindsam, sinnlich, introvertiert, langsam, still, sanft, achtsam, zärtlich, gemütlich, gefühlvoll, durchlässig, angebunden
Bedürfnisse/Thema: Zäsur, Rückzug, Selbstfürsorge, Erholung, Integration
Lust: an uns selbst, an Ruhe und Langsamkeit, an Spiritualität und innerem Präsentsein

Phase zwei: GO-Time
Gefühle rot: gestresst, verzettelt, orientierungslos, blockiert, unbefriedigt
Gefühle grün: offen, empfänglich, mutig, jugendlich, schäumend, bewegt, aufstrebend, lockend, leuchtend, kraftvoll, leidenschaftlich, ungestüm, neugierig, zuversichtlich, tatkräftig, fröhlich, inspiriert
Bedürfnisse/Thema: Aktivieren, Initiieren, Befruchten
Lust: am Gegenüber, an der Welt, am Vorwärtsstreben und äußeren Erschaffen

Phase drei: WE-Time
Gefühle rot: einsam, orientierungslos, nutzlos, verloren
Gefühle grün: empathisch, großzügig, mütterlich, hingebungsvoll, entspannt, warm, weich, wohlwollend, verbunden, sanftmütig, gelassen, ruhig, reif, fraulich, großzügig, besonnen, klar, zufrieden, erfüllt, vertrauensvoll
Bedürfnisse/Thema: Verantwortung, Lieben, Schützen, Hüten, Nähren, Raumhalten
Lust: an Gemeinschaft, am großen Ganzen, am ruhigen, äußeren Präsentsein

Phase vier: NO-Time
Gefühle rot: widersprüchlich, ambivalent, launisch, kritisch, schmerzgeplagt, hart, streng, niedergeschlagen, frustriert, verbittert, entmutigt, zornig, wütend, aggressiv, depressiv, verzweifelt, ängstlich, verunsichert
Gefühle grün: klar, stark, mutig, wild, ehrlich, authentisch, mächtig, entflammt, königinnenlich, dankbar
Bedürfnisse/Thema: Innenschau, Wahrhaftigkeit, Verstehen, Kurskorrektur, Selbstwirksamkeit
Lust: an Authentizität, an Entwicklung, am inneren Tun

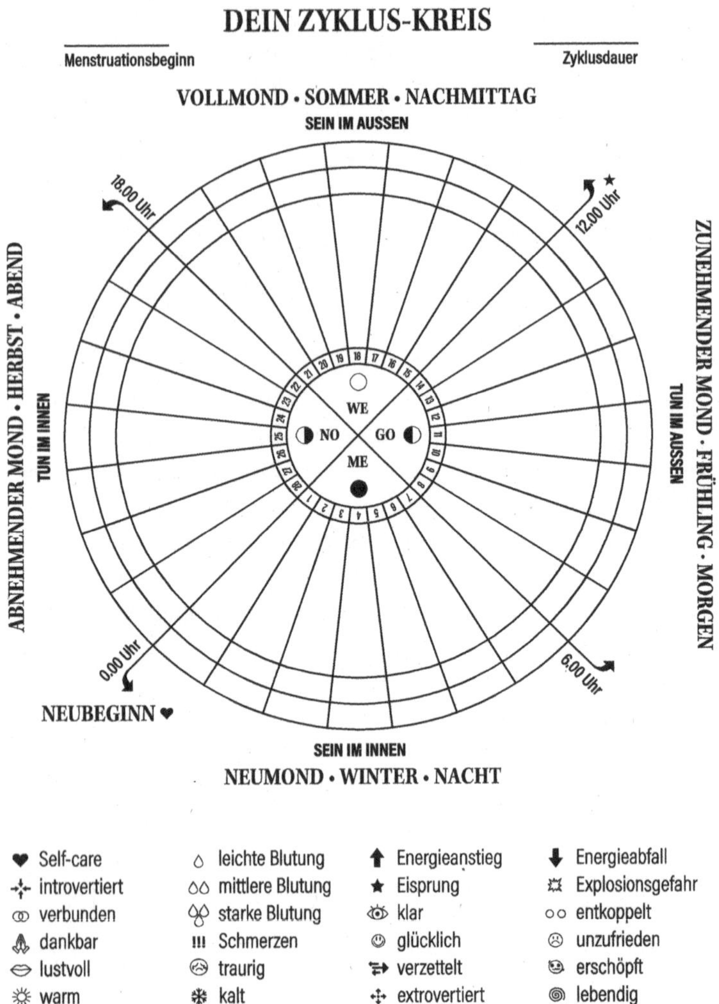

Es ist so weit. Im Folgenden stelle ich dir jede einzelne der vier Phasen detailliert vor und fasse das Wesentliche abschließend in einer »Take-Away-Box« für dich zusammen. So kannst du sie als kompakte Version schnell nachschlagen.

ME-Time

Phase eins: Die stille, sanfte Lust

Dein Kreis öffnet sich mit dem Beginn deiner Menstruation.
Statt sie auszuhalten und hinter dich zu bringen, bist du eingeladen, innezuhalten und dich selbst zu genießen. ME bedeutet ich, mich, mir, mein. Du drehst dich um dich selbst.

Das Rote Zelt

Hätten Frauen die Möglichkeit, immer genau das zu tun, wonach sie sich fühlen, würden viele während der Zeit ihrer Menstruation liebend gerne das rote Zelt aufsuchen. Menstruationszelte waren gemäß Mythen und mündlicher Überlieferungen matriarchalischer Kulturen Orte, an die sich Frauen in alten Zeiten – vor unserer Zeitrechnung und vor dem Beginn des Patriarchats – während ihrer Blutung zurückziehen konnten. Im Kreis anderer Frauen kümmerten sie sich um ihre Bedürfnisse nach Rückzug, Ruhe, Regeneration, Innenschau und Spiritualität. Was für eine verlockende Vorstellung, diese Zeit des Monats geborgen im Kreis Gleichgesinnter zu feiern. Gemäß Matriarchatsforscherinnen wurde die Menstruation nicht als störend, krankhaft, unrein oder für das männliche Geschlecht bedrohlich angesehen (wie es in späteren Zeiten von vielen Religionen dargestellt wurde), sondern ganz im Gegenteil als etwas Heiliges. Die menstruierende Frau symbolisierte Schöpfungspotenzial und hatte magische Kräfte. Entsprechend waren die Zelte nicht zur Ausgrenzung gedacht, sondern zum Schutz.

Auch heute würden viele Frauen diese Art der Abgrenzung vor Stress, Alltäglichkeiten, Anforderungen und Funktionieren-Müssen sehr begrüßen. Vor allem als Schutz vor sich selbst. Denn wie oft sind wir unsere eigene Antreiberin, die unserem Körper-Ich abverlangt, über seine Grenzen zu gehen? Manchmal haben wir keine Wahl. Wir müssen funktionieren, stark sein, durchhalten und weitermachen wie eine Maschine. Doch jedes Mal, wenn wir eine Wahl haben, gewinnt, wenn wir nicht achtsam sind, die Gewohnheit und wir laufen weiter im Modus Hochleistung, als würden wir uns im anhaltenden Dauerzustand unserer zweiten Phase befinden. Der

Job, die Kinder, der Partner, die Gesellschaft und wir selbst erwarten, dass der Laden läuft. Und wir haben gelernt, uns dafür zu verurteilen, wenn unser Körper-Ich den Anforderungen unseres Geistes nicht folgt und stattdessen auf die Bremse tritt. Die gute Nachricht: Ein Muster hat nur so lange eine Chance, wie es unentdeckt bleibt. Reflektiere hier kurz:

Für dich zur Vertiefung: Dein rotes Zelt

Wenn alles möglich wäre, wie würdest du dein rotes Zelt ausstatten?
Welche Dinge würdest du für dich bereitlegen?
Was sollte im Kühlschrank sein?
Welche Kleidung würde auf dich warten?
Welche Menschen sollten Bereitschaftsdienst haben, um dich in dieser Zeit zu unterstützen, damit du genießen kannst, was sich dir jetzt bietet?
Was sind die Grundvoraussetzungen für dich, um deine Menstruation genussvoll erleben zu können?
Und wenn dir das im Moment noch zu weit weg ist, starte einfach mit der Frage, was wichtig wäre, um diese Zeit »entspannter zu erleben«. Von dort aus kannst du das rote Zelt Monat für Monat weiter ausbauen.

Ist es nicht verrückt, dass sich die wenigsten Frauen diese Fragen je gestellt haben? Meine Klientinnen berichten von Menstruationsschmerzen, die schon ihre Mutter und Großmutter geplagt haben, ohne zu hinterfragen, ob auch ein schmerzfreies Bluten für sie in Ordnung wäre. Als sei es eine vererbte Gegebenheit, die ertragen werden müsse, ein stilles, generationenübergreifendes Übereinkommen, dass Blutung und Lust einander diametral gegenüberstünden. Warum es dir anders ergehen sollte? Weil du die Weiterentwicklung voriger Generationen bist und dir die Freiheit des tieferen Verstehens und Eintauchens gegeben ist. Weil du eine Wahl hast!

Menstruationsbeschwerden können viele verschiedene Ursachen haben. Oft beginnen sie als PMS (prämenstruelles Syndrom), bevor die Periode einsetzt. Vielleicht bist du eine Frau, die ihre Tage sehr unregelmäßig oder gar nicht bekommt. Vielleicht ist deine Blutung besonders stark und langanhaltend oder sie fällt sehr schwach aus. Alles, was dir ungewöhnlich erscheint oder sich nicht gut anfühlt, sollte zunächst von einer Gynäkologin untersucht und abgeklärt werden. Von der falschen Ernährung bis hin zu Dauerstress gibt es viele Gründe für die Reaktion unseres physischen Selbst. Wir dürfen davon ausgehen, dass die Ausdrucksweise, die Art, wie sich unser Körper-Ich bemerkbar macht, wohlmeinend ist im Sinne einer Botschaft, die unsere Kopfaufmerksamkeit einfordert.

Bei Schmerzen lohnt es sich, dich zu fragen: In welchen Situationen tauchen sie auf? Was für eine Art Schmerz ist das? Verhält er sich stichelnd und stechend oder wild und wütend oder eher unterschwellig penetrant? Wie fühlst du ihn kommen? Was beruhigt ihn? Wenn dieser Schmerz eine Nachricht deines weisen Körpers an dein Headquarter ist, was könntest du dir damit selbst mitteilen wollen? Auf das Thema Schmerzen gehe ich später noch ausführlicher ein.

Beschwerden als Folge innerer Haltung

Was, wenn viele der so verbreiteten Menstruationsbeschwerden und Unregelmäßigkeiten vor allem darauf zurückzuführen sind, dass die Frau sich innerlich gegen sich selbst wendet? Das Ignorieren der eigenen Bedürfnisse, Selbstekel, Selbstverurteilung sind Kampf gegen die eigene Natur und führen zu Disbalance, die wiederum zu Krankheit führen kann. Oft bleibt die eigene Haltung gegenüber dem bewohnten weiblichen Körper unentdeckt, weil sie von Kindesbeinen an mit der Muttermilch als Normalität aufgesogen wurde. Ein System, das sich selbst bekämpft, kann nicht im Fluss sein, und da reicht es bereits, wenn der Kopf den Körper still verurteilt. Wie reagiert ein unschuldiges Kind, wenn wir es über Jahre subtil wissen lassen, dass es unerwünscht, verabscheuenswürdig, falsch, schmutzig und störend ist? Es wendet sich gegen sich selbst. Wie soll es sich dabei natürlich, stark und lustvoll entwickeln?

Die Art, wie wir über unsere Periode denken und sprechen, beeinflusst unsere Haltung ihr gegenüber und umgekehrt. Wie oft hören wir: »Oh je, ich habe wieder meine Periode.«? Und ist diese Aussage nicht absurd? Wir alle wünschen uns einhellig Gesundheit und Jugend, Vitalität und die meisten Frauen außerdem Fruchtbarkeit. Das Symbol für all das ist unsere Menstruation. Ihr Einsetzen könnte also genauso ein Grund zum Feiern sein. Ein Grund, uns selbst eingeladen zu fühlen, unser Körper-Ich zu ehren. Um diese Blut-Lust am Frausein zu fühlen, müssen wir nur die richtigen Umstände schaffen und uns auf uns selbst einlassen.

Balance finden

Es ist eine Kunst, tief mit sich selbst verbunden zu sein und gleichzeitig am äußeren Geschehen teilzunehmen. Du kannst sie erlernen. Während der Menstruation suchen wir nicht die laute, wilde, aktive, nach außen gerichtete Lust des Tuns, sondern die stille, nach innen orientierte Lust des Seins. Bedeutet im Klartext: weniger machen und mehr ruhen. Sein ist der Gegenpol des Tuns, also das Nicht-Tun, und dabei zu spüren, welchen Gefühlen diese Leere, Stille, Bewegungslosigkeit in uns Raum bietet. Sein ist passives Regenerieren bei gleichzeitigem Integrieren dessen, was zuvor gedacht, gefühlt und getan wurde. Deine Menstruation ist die Chance, die Aktivitäten und Erfahrungen des vergangenen Zyklus in Humus für den neuen zu verwandeln und eine Umdrehung tiefer in dich hineinzugleiten.

Auch wenn wir uns nicht eine Woche frei nehmen können, um sieben Tage im Wellness-Bereich eines Luxushotels zu verbringen, gibt es doch so viele Möglichkeiten, die Freiheit, die wir haben, für uns zu nutzen. Deine erste Zyklusphase ist die ideale ME-Time. Selbstfürsorge steht an erster Stelle. Dafür darfst du entschleunigen und sei das auch nur, indem du damit beginnst, dir während der Arbeit mehr Pausen zu gönnen. Vielleicht ziehst du dich für ein paar Minuten auf die Abgeschiedenheit eines stillen Örtchens zurück, um tief ein- und auszuatmen, ein Glas Wasser zu trinken, auf das du einen Zettel mit deinem Lieblingsmantra geklebt hast und das dich daran erinnert, in welcher empfindsamen Zeit du dich befindest. Am Ende dieses Kapitels findest du ein paar Ideen dazu. Es gibt in jedem Alltag Nischen, die wir bewusst nutzen können. Finde die deinen und gestalte sie nach deinem Geschmack. Schneide ab, was nicht von höchster Dringlichkeit ist. Stelle dich an erste Stelle. Gönne dir all das, was du deiner besten Freundin empfehlen würdest. Sei deine eigene beste Freundin und ermutige dich, auf dich selbst zu hören.

Der Körper spricht immer Wahrheit und so ruft uns der Energieabfall der ersten Phase nach innen. Je langsamer und bewusster wir den Beginn des Kreises gestalten, desto kraftvoller werden wir den Energieansturm in der nächsten Phase spüren, der uns ganz natürlich wieder nach außen wenden lässt.

Fällt deine Blutung auf ein Wochenende, bedeutet das: Ergreife die Chance und lege einen Selbstliebe-Tag ein. Einen ganzen Tag, an dem sich alles um dich und deine Wünsche dreht. Sorge dafür, dass, wenn du im Verlauf des Monats an deine Periode zurückdenkst, angenehme Gefühle auftauchen, damit du dich auf die nächste freuen kannst. Geht nicht, gibt es nicht. Hast du dir dein Leben bisher so gestaltet, dass es sich nur um die Bedürfnisse anderer dreht, dann frage dich, ob du diesen Weg weitergehen möchtest. Ob du weiterhin eine Nebenrolle in deinem Film besetzen möchtest oder du dir gestatten möchtest, herauszufinden, wie es sich anfühlt, die Hauptrolle zu spielen. Es kommt niemand vorbei, der dir diese Rolle aufdrängen wird, und ebenso niemand, der dir die Verantwortung – gut für dich selbst zu sorgen – abnehmen kann. Du entscheidest, ob du Opfer deiner selbstmitgestalteten Umstände bist oder Täter deines eigenen Lebens wirst. Jede Reise beginnt mit einem ersten Schritt.

Hier kommen ein paar Impulse:

Für dich zur Vertiefung: Lass deine ME-Time beginnen

Wenn du das nächste Mal die ersten Blutstropfen entdeckst: Schwester, höre die Glocken klingen. Erkenne diesen Moment bewusst als den Auftakt deines neuen Zyklus. Halte inne. Schließe die Augen (ja genau, während du auf der Toilette sitzt oder egal in welcher weltlichen, unheiligen Situation du dich befindest), lächle liebevoll in dich hinein und ehre deinen gesunden, schöpfungspotenten femininen Körper.

Yesssss, ich bin ein weibliches Wesen in der Blüte ihrer Fruchtbarkeit! Erlaube dir das Gefühl der Dankbarkeit dafür, eine junge, lebendige Frau zu sein. Es werden andere Zeiten kommen. Jetzt bist du hier und blutest.

Lege deine Hände auf deinen Schoß, atme dreimal tief ein und aus … du kennst die Übung. Setze jedem alten Genervtsein oder jedem bisherigen Gedanken, der in Richtung »Oh nein, es ist wieder so weit!« geht, ein offenes »Dieses Mal werde ich mir erlauben, mich anders zu erleben. Ich heiße meine Blutung willkommen und werde sie auf meine Art feiern« entgegen. Du kannst es und du schaffst das!

Blut ist Leben

Selbst wenn du deine neuen inneren Gespräche am Anfang als wenig authentisch empfindest, übe dich in der Korrektur deines Kopfkinos. Gedankenautobahnen, die jahrelang blind befahren wurden, lassen sich nicht von heut auf morgen ignorieren. Ihre Rillen sind tief. Wir spuren entweder automatisch in Altbekanntes ein oder entscheiden uns bewusst und absichtsvoll für neue Pfade. Dafür ist eine Machete hilfreich, die gnadenlos niedersäbelt, was uns im Weg steht: alte Betrachtungsweisen und Selbstverurteilungen, Gedanken wie »Blut ist eklig, Menstruieren bedeutet, Schmerzen zu haben, ich muss mich zusammenreißen«. Ersetze das Alte durch Neues: »Blut ist Leben. Mein Blut ist Symbol für mein fruchtbares Frausein. Ich darf mich für meine Menstruation begeistern und sie dadurch anders, bewusster, wertschätzender erleben, als ich es bisher getan habe. Ich anerkenne den Neumond, die Nacht, den Winter in mir – die Menstruation als gleichwertigen Teil meines natürlichen Zyklus. Ich öffne mich für mein Mysterium.«

Schreib es dir auf. Finde die Worte, die dich bestärken. Wähle weise, denn dein Pfad kann für oder gegen dein Naturell sein. Es gibt kein dazwischen. Jedes »ja, aber« ist ein Nein. Alles, was nicht dafür ist, ist dagegen.

Phase eins ist eine Einladung, dich mit der sanften, stillen Lust deiner erdigen Körperlichkeit zu befassen. Setze dich mit deinem Blut auseinander. Ignoriere es nicht, indem du dich durchgehend mit Tampons verstopfst. Lass es fließen – zum Beispiel beim Duschen – und werde dir darüber bewusst, was gerade in der Dunkelheit deines Körperinneren passiert.

Vielleicht probierst du Alternativen wie eine Menstruationstasse aus Silikon, Binden, Naturschwämme oder Menstruationsunterwäsche aus. Finde heraus, was sich wie anfühlt und womit du dich wann am wohlsten fühlst.

Bereite eine Rote-Zelt-Liste von Dingen vor, die dir in dieser Zeit guttun. Worin liegt die Lust der nächtlichen Dunkelheit, des kalten Winters, des unsichtbaren Neumonds? Einkuscheln und Feuer anzünden ist angesagt! Komm rein, ruft es. Wende dich ab von der Außenwelt und verbinde dich mit der Magie deiner Innenwelt, den Träumen, der Anderswelt.

Übe dich in der Selbstempathie. Wonach sehnst du dich? Was brauchst du, um dich JETZT wohlzufühlen?

Vielleicht inspirieren dich ein paar Punkte meiner Selfcare-Liste:

ME-Time-Inspirationen

Reinigung: Baden bei Kerzenlicht

Ich liebe den Moment, wenn mein Körper in die Wärme des Wassers eintaucht und sich in Sekundenschnelle all meine Muskeln entspannen. Aaaaaah, wie herrlich ist das! Duftender Badezusatz und sanfte Musik von meinem Handy – Katie Melua oder meine persönliche ME-Time-Playlist, und schon bin ich in meinem eigenen Spa. Wasser kann Mittel zur Reinigung oder Durstlöscher sein, aber es kann genauso als etwas Lebendiges, Zärtliches wahrgenommen werden. Ich vermische mich mit dem Wasser, es trägt mich, umspült mich, weicht mich auf, dringt in mich ein. Das ist so intim und, wenn du es erlaubst, lustbringend! Tür zu, jetzt darf dich niemand stören. Schließe auch deine Augen und fühle, wie sich jede deiner Poren öffnet und sich Millionen von Mikropartikeln des Alten von dir ablösen. Aller Stress, alle Sorgen, alles Vergangene, alles Fremde spült der Geist des Wassers aus dir heraus. Liebe einatmen, Stress ausatmen. Liebe einatmen, Erschöpfung ausweinen. Liebe einatmen, Frustration ausstöhnen. Bis sich eine tiefe Entspanntheit in dir ausbreitet.

Stille: Allein zu Hause sein und nichts tun

So gerne bin ich mit mir allein in der vertrauten Sicherheit meines Zuhauses. Nur von mir selbst umgeben, niemand, dessen Vibrationen mich von mir selbst ablenken könnten. Untätigsein ist jedoch eine schwierige Übung für mich, denn wohin ich schaue, gibt es immer etwas, das mich daran erinnert, was noch zu tun ist. Überall lauern To-dos. Die Kunst ist es, sie auszublenden und das Flüstern des Sofas zu hören, das mir zuraunt: »Auch ich habe eine Aufgabe, dich aufzunehmen und mit Weichheit zu verwöhnen. Komm her zu mir, es ist Zeit! Gib mir einen tieferen Sinn. Leg dich auf mich, vertraue mir dein Körper-Selbst an, damit ich dich tragen und dir Ruhe schenken kann.« Ich bin sicher, auch bei dir zu Hause gibt es so ein Flüstern.

Vielleicht bist du ein Naturtalent in Sachen Abschalten. Oder es geht dir wie mir und diese Übung gelingt dir besser, wenn du allein bist. Sobald meine Kinder im Haus sind, ist die Energie eine andere – meine Energie, denn ein Teil von mir startet automatisch in den Mutter-Modus. Ich bin ansprechbar, das kann schon latent stressig sein. Wenn mein Mann um mich ist, bezieht sich ebenfalls ein Teil auf ihn. Ich bin ein Beziehungsmensch und in Anwesenheit anderer Menschen verbindet sich etwas in mir automatisch mit ihnen. Soll es nur um mich gehen, funktioniert das am besten, wenn ich vollkommen allein bin, wenn mein Zuhause zu meinem erweiterten Körper wird, den ich mit niemandem teile. Ich kann mich tief bis in die letzten Winkel meiner Räume entspannen und mir selbst nachspüren.

Probiere es aus. Erträgst du dich selbst am helllichten Tag in der Unbeweglichkeit? Was kommt auf? Selbstkritik? Meldet sich die Antreiberin und verhöhnt dich als faules, nichtsnutziges Frauenzimmer? Frag dich, wessen Stimme du da hörst. Ist es deine eigene oder vielleicht die deiner Mutter, deines Vaters, anderer dir nahestehender Menschen? Sprechen sie aus der Liebe heraus oder aus dem eigenen Schmerz, sich selbst keine Ruhe gönnen zu können – nicht genug zu sein? Wer entscheidet, was gut für dich ist? Nur wer zur rechten Zeit zu regenerieren lernt, kann sein volles Tun-Potenzial zu anderer Zeit ausschöpfen. Du strebst ein Leben in Balance an. Das bedeutet, dich jetzt darin zu üben, dir aus dem passiven Sein deinen Drang zum Tun genauer anzuschauen, ohne ihm zu verfallen. Innenschau ist die Voraussetzung für Selbsterkenntnis, die dich in die machtvolle Position bringt, bewusst wählen zu können, was wann wie gut für dich ist.

Katharsis: In eine große weiche Decke eingepackt großzügig Serien konsumieren

... bevorzugt Filme mit weiblicher Hauptrolle und einer Portion Romantik oder auch gerne Dramen – falls ich Katharsis-mäßig Reste abzuweinen habe, die mein Unterbewusstsein unter den Teppich gekehrt hat. Filme und Serien öffnen fremde Welten oder spiegeln uns unsere eigene. Tränen fließen viel leichter, wenn sie sich mit der Traurigkeit anderer Geschichten verbinden dürfen und dabei eigene Altlasten ausspülen können. Es kann ein großes

Vergnügen sein, mich dieser externen Bild- und Gefühlswelt vollkommen hinzugeben. Wie einen Verstärker wähle ich das Programm, das ich brauche. Wichtig ist, dass ich mir kein zusätzliches Gift reinziehe, sondern Türen öffne, die mir Zugang zu meinen Gefühlen verschaffen. Während der Menstruation bin ich empfindsamer als sonst und nehme äußere Eindrücke tiefer in mich auf als in den anderen Phasen. Ich bin durchlässiger und muss weise wählen, welche Energien mir dienlich sind und welche nicht. Krimis und Agentenmaterial gibt es für mich erst ab Phase zwei. Jetzt brauche ich entweder Leichtigkeit oder Geschichten, die die Tiefe, Wahrheit und Schönheit des Lebens feiern. Spiegel, die mich mit meiner Liebe, Trauer, meinem Schmerz in Kontakt bringen. Genauso kann ich ein Buch lesen und innere Bildwelten entstehen lassen. Bücher sind langsamer, dafür ist die Verfilmung, die durch sie in unserem Geist entsteht, individueller und für uns maßgeschneidert.

Nähe: Massagen, Berührung und Zärtlichkeit

Massagen sind meine Abkürzung zur tiefen Entspannungslust. Alle paar Wochen finde ich mich unter den fachkundigen Händen meiner Regine oder Anna wieder. Sie wissen, welche Musik ich gerne habe und welche Körperpartien wie massiert werden möchten, sodass ich mich anschließend jedes Mal wie liebevoll auseinandergebaut und frisch zusammengesetzt fühle.

Kennst du das Gefühl, wenn es Knack macht in deinem Rücken und du spürst, wie die Energie wieder ungehindert fließt, wo eben noch eine Blockade war, die du gar nicht richtig bemerkt hast? Es gibt für mich kaum etwas Schöneres als eine gute, achtsame Massage. Und es muss gar nicht immer ein Profi sein. Wofür haben wir Freundinnen? Nicht jede ist bereit für körperliche Nähe – doch meine beste Freundin ist eine hingebungsvolle Masseurin, Kopfstreichlerin und Rückenkraulerin. Unsere Zärtlichkeiten haben etwas vollkommen Natürliches und ich wünsche jeder Frau, diese Nähe mit anderen Frauen zu entdecken. Hier liegen so viel Wärme, Geborgenheit und schwesterliche Verbindung abholbereit. Zudem entlastet es unsere partnerschaftlichen Beziehungen. Frauen sehnen sich gerade in der Zeit ihrer Menstruation nach mehr Zärtlichkeit oder »nur Kuscheln«, aber wer sagt, dass diese körperliche Zuwendung einzig von einem Mann kommen darf? Wer steckt die Grenzen?

Mir wurde körperliche Nähe zwischen Frauen in die Wiege gelegt. In meiner Kindheit, als ich zwischen meinen vielen Tanten am sonntäglichen Kaffee-Kuchen-Tisch bei Oma und Opa saß, gab es immer eine liebevolle Hand, die wie selbstverständlich meinen Rücken streichelte oder meine Haare ziepte. Im Gymnasium waren wir eine fast reine Mädchenklasse und es war für uns das Natürlichste der Welt, wenn wir unserer Sitznachbarin während der Schulstunde eine Handmassage gaben oder während eines Films einander den Arm oder Rücken kraulten. Ich frage mich, wie das für die Lehrer war, und bin dankbar, dass sie uns nicht eingeschränkt haben. Auch nach der Schulzeit haben einige von uns diese Körperlichkeit beibehalten und wir verhalten uns bis heute bedarfsweise wie Katzen, wenn wir miteinander sind.
Kannst du dir vorstellen, die vertrauensvolle Nähe mit manchen deiner Freundinnen auch körperlich zu erleben? Beginnend mit einer Umarmung, die Herz an Herz ein wenig länger dauert, als es unser anerzogenes Schutzsystem gestatten möchte? Wenn dir das verlockend erscheint, dann ermutige ich dich, deinen »Nicht-zu-viel-sein-wollen-Alarm« zu ignorieren, um mutig deinen Tribe, deine Gleichgesinnten, deine Schwestern zu finden, die bereit sind für eine liebevolle Beziehungsvertiefung. Wir gehen später noch genauer darauf ein.

Erdung: Mich um mein Blumenbeet kümmern und mit den Pflanzen reden

Mit nackten Füßen hocke ich in meinem Blumenbeet und grabe meine Finger tief in die Erde. Ich pflanze, grabe um, schneide zurück und ernte. Ich frage die Pflanzen, wie es ihnen geht, was sie brauchen. Ich lobe sie für ihr Wachstum und ihre Schönheit und natürlich antworten sie auf ihre Art. Hier kommen die Sinne zum Einsatz, die über die üblichen fünf hinaus gehen. Ich bin nicht nur aus dem Kopf heraus überzeugt, sondern erlebe es immer wieder, dass alles Lebendige im Universum auf seine Weise spricht und wir mit ausreichend Sinnen ausgestattet sind, um die diversen Sprachen zu verstehen. Wir sind komplexe Sender und Empfänger, deren verschiedene Antennen meist sehr einseitig trainiert und genutzt werden. In der Zeit der Menstruation sind meine (auch deine!) Kanäle geöffneter als sonst und erdige Dinge helfen uns, sie zu aktivieren. Früher habe ich meine Mutter beobachtet, als sie sich um ihre Topfpflanzen gekümmert hat, und dabei verständnislos und ein bisschen abfällig den Kopf geschüttelt. Heute verstehe ich sie nur allzu gut. Es liegt eine tiefe Befriedigung darin, sich mit Boden, Pflanzen, Kräutern, Natur zu beschäftigen, die so gar nichts mit unserem weltlichen Stress und Leistungsanspruch zu tun haben. Alles atmet und lebt und bewegt sich im genau richtigen Rhythmus, im Einklang mit dem natürlichen Rhythmus von Tag und Nacht und im Zyklus der Jahreszeiten. Während es mich verlangsamt und meine Aufmerksamkeit ins Hier und Jetzt lenkt, geht etwas in mir in Resonanz mit den Schwingungen der Pflanzen, als würde ich zu einer von ihnen werden. Mich selbst als Teil des großen Natur-Orchesters zu erleben, in dem jedes Lebewesen seinen Platz hat, ist unfassbar beruhigend und relativierend. Meine Kopftöne werden leiser und meine Körpertöne intensiver.

Falls du es noch nicht selbst erlebt hast, probiere es unbedingt aus! Besorge dir ein paar Kräutertöpfchen und kümmere dich um ihr Gedeihen, indem du ihnen mehr Aufmerksamkeit und Liebe schenkst als das notwendige Gießen und Sonnenlicht. Sie werden es dir danken, deine Nahrung mit ihrer besten Energie, ihrer Liebe bereichern und dich ihre Sprache lehren. Es steht für mich außer Frage, dass das Lebewesen, das mit Liebe überschüttet wird, am besten gedeiht. Das gilt für jedes Lebewesen und mit Liebe meine ich die höchstmögliche feinstoffliche Frequenz, die sich durch wohlmeinende Gedanken, sanfte, ermutigende Worte, zärtliche, achtsame Berührung ausdrücken kann. Übe dich in der Liebe, wenn du dich deinen Pflanzen widmest.

Synchronisierung: Im Wald spazieren gehen und Bäume umarmen

Was habe ich herzlich gelacht, als ich das erste Mal davon hörte, dass es Menschen gibt, die Bäume umarmen. Wie irre kann man sein? Was soll das bringen? Als ich jedoch bemerkt habe, wie lebendig meine Kräuter auf dem Balkon sind und wie viel länger meine Rosen blühen, wenn ich ihre Schönheit anerkennend bewundere, mit ihnen spreche und sie sogar streichle – ja, ich weiß, wie das klingt –, lag es plötzlich nahe, mich auch der Präsenz eines Baumes auf andere Weise zu nähern. Ich habe Dokumentationen über die Kommunikation von Bäumen geschaut. »Fast wie unsere Meere scheinen sie auf den Zyklus des Mondes zu reagieren« und »Jeder Baum hat seinen eigenen individuellen Duft«, heißt es dort. Ich interessierte mich für die Welt der Pilze. »Pilze sind kein Gemüse und kein Tier, sondern etwas dazwischen.«[10] Es gibt da draußen so viel Faszinierendes und ich bin ein Teil davon. Genauso wie du und jedes andere organische Lebewesen auf diesem Planeten. Alle sind wir aus demselben Material gebaut, uns allen ist Leben eingehaucht. Wir sind nicht nur, was wir essen, tun, sagen und denken, sondern vermischen uns mit dem, was wir berühren und was wir einatmen, vielleicht sogar mit dem, was wir betrachten. Sehne ich mich nach der Kraft und Ruhe und tiefen Verwurzelung eines Baumes, kann ich hingehen und ihn bitten, mich zu synchronisieren. So einfach. Mit der Zeit entwickeln wir ein Gespür für den richtigen Baum, die passenden Pflanzen etc. Alles beginnt mit der Vorstellung, dass es möglich ist, Energien anderer Lebewesen in uns aufzunehmen.

Es ist nicht allzu lange her, als mir diese Welten fremd waren, und ich verstehe jede kritische Haltung nur zu gut. Doch ist es unser Geist, der an Rationalität, die er mit Realität gleichsetzt, festhalten will und uns dadurch davon abhält, den Schleier zu lüften. Wenn du erst in Kontakt mit der Magie der Natur gekommen bist, gibt es kein Zurück mehr. Nirgends können wir uns tiefer in uns selbst hineinentspannen als im Wald, am Meer, im Kornfeld, auf einer Bergspitze. Ich stelle mir vor, wie ich in einem Spätsommerwald sterbe. Getragen von weichem Moos und über mir sehe ich die sich wiegenden Baumwipfel, dazwischen den tiefblauen Himmel, und meine Seele wechselt sanft den Raum. Mein Körper zerfällt mit dem Herbst und Winter und wird zu Humus, der anderes Leben nährt. Das ist ein so friedvolles, beruhigendes Bild.

Kreativität: umräumen, etwas neugestalten oder basteln
Meine Kopffrau liebt Ordnung, Struktur und Kontrolle. Alles soll bleiben, wie es ist. Meine Körperfrau liebt Abwechslung, Buntheit und intuitives Gestalten. Sie treffen sich, wenn sie gemeinsam ein Visionboard basteln oder Dinge in einem Regal neu anordnen, wenn sie hundert Zettel mit italienischen Wörtern in meiner Küche aufhängen oder Möbel in einem Zimmer umstellen. Erst entsteht ein großes, wildes, intuitives Wirrwarr, das in mir eine mulmige Körperlust aufsteigen lässt. Dann wird eine neue Ordnung erkennbar und zum Schluss macht alles Sinn und ich begeistere mich für die neue Ausdrucksform. Der Schaffenslust folgt Kopffreude. Mein Winter ist die perfekte Zeit, um Kreativität im Außen oder Innen fließen zu lassen.
Als ich vor drei Jahren entschieden habe, ein Buch zu schreiben, habe ich mit einem Visionboard begonnen. Zig Zeitschriften habe ich nach Inspirationsbildern und Worten durchforstet und ohne nachzudenken alles herausgerissen und freigeschnitten, was mir Lust bereitete. Nicht mein Kopf war Zensor, sondern mein Becken, mein Gaumen, mein Bauchgefühl. Wenn mir das Wasser im Mund zusammenlief, die Zunge schnalzte, sich mein Magen leicht zusammenzog oder mein Becken zu surren begann, dann war die Seite bereits aus ihrem Zusammenhang gerissen und ins Chaos meines Entstehungsprozesses geworfen. Es hat Tage gedauert, bis ich meine diversen gehorteten Zeitschriftenstapel durchgesehen hatte und die Phase des Puzzelns beginnen konnte. Was gehört ins Bild, was ist überflüssig? Ich zeichnete, klebte, stellte um, addierte und verwarf, bis sich ein stimmiges DIN-A2-großes Bild ergab, das meinem noch unbestimmten inneren Bild eine äußere Klarheit schenkte.

Jetzt, in diesem Moment, während ich schreibe, schaue ich auf das Plakat von damals und bin nicht wirklich überrascht, wie deutlich ich mein Baby schon vor dem ersten geschriebenen Satz selbst kannte.

Wie drückst du deine Kreativität aus? Welcher Schöpfungsprozess verschafft dir Lust und Freude? Wann hast du dieser so femininen Facette deiner Persönlichkeit zuletzt Raum gegeben? Es liegt viel Befriedigung im künstlerischen, fantasievollen Gestalten verborgen. Probiere es aus!

Innenschau: Journaling

Seit ich zehn bin und mein erstes Tagebuch geschenkt bekommen habe, journale ich durch meine Jahre. Von ursprünglich detaillierten Beschreibungen meines Alltags (dem Tagebuchschreiben) haben sich meine Aufzeichnungen zu einer Art Schreibtherapie (Journaling) in Form von datierten Gedanken-Fragmenten, Ideen, Diagrammen und Bildern entwickelt. Während es in meiner Kindheit und Jugend für mich wichtig war, das äußere Geschehen festzuhalten, geht es seit meinen Zwanzigern darum, das innere Erleben zu reflektieren und mir selbst beim verlangsamten Denken zuzuhören. Ich liebe es, damit zu beginnen, mich zu fragen, wo in meinem Leben ich mich gerade befinde. Meine Kopffrau sucht den Überblick, um sich dann aus der Sicherheit des Verstehens ihrer Position auf die intuitive Suche nach mehr einzulassen. Ein kleiner Kreis in der Mitte des Blattes ist der Beginn – das bin ich. Was ist mir nah, was lebt entfernter von mir? Ich füge Menschen, Themen, Ereignisse, Wünsche und Ziele hinzu und verbinde sie so, wie sie sich anfühlen. Es entsteht eine Momentaufnahme mit so vielen wichtigen Hinweisen, die mein System in keiner Phase intuitiver ausdrücken und erfassen kann als während der Zeit meiner Blutung. Alles hat einen Sinn. Wer oder was steht links von mir (Gefühlsseite – Yin – feminin), wer oder was befindet sich auf meiner rechten, rationalen, männlichen Seite? Was ist zu nah, was zu weit weg? Wohin sind aller Augen gerichtet? Was ist vorne (Zukunft), was liegt hinter mir

(Vergangenheit)? Wo im Körper meines Jetzt befinde ich mich? Im Hals, meiner Kehle, im stimmlichen Ausdruck – wie stimmig! Diese Art der Standortbestimmung wirst du im Kapitel über die dritte Phase noch genauer kennenlernen.

Deine Menstruation, deine ME-Time, öffnet dich für dich selbst. Lass diese Phase nicht grau verstreichen. Finde deinen Pfad nach innen, um Kontakt zu deiner Seele aufzunehmen. Seele, Mysterium, innere Wahrheit, höheres oder tieferes Selbst. Du bist mehr als die Stimme in deinem Kopf, mehr als dein Tun. Achte auf die Zeichen. Lausche deiner sich jetzt offenbarenden Empfindsamkeit und erlaube ihr, Vermittlerin zwischen Körper, Geist und Seele zu sein.

Nacktheit: Vulvisches Sonnentanken und der liebevolle Blick auf uns selbst

Welche Vulva hat noch das Vergnügen, direkt von den Strahlen der Sonne berührt zu werden? Wir sind es gewohnt, unsere Scham, die keine ist, zu verhüllen – sogar vor uns selbst. Dabei ist es so schön, ganzkörperlich und besonders mit unserem Unterleib die Leuchtenergie aufzunehmen. Lösend, entspannend, befreiend, wenn wir sicher sein können, dass keine Drohne über uns schwirrt oder die Nachbarschaft mit ihren Augen anwesend ist. Meinen Körper nackt der Sonne zu servieren, bereitet mir tiefe, entspannende Lust, die sich allzu gerne in mir ausbreitet. Es fühlt sich an wie eine Übung in Hingabe. Küss mich, Sonne! Dring in mich ein, Licht! Erwärme und erleuchte mich. Als Nebenwirkung gibt es kostenloses Vitamin D.

Auch sonst tut es mir gut, so wenig wie möglich am Leib zu tragen, vor allem einengende BHs abzuwerfen, Schuhe und Socken abzustreifen und mich spätestens, sobald ich meine eigenen vier Wände betrete, so befreit wie möglich zu bewegen. Mein nacktes Körperselbst ist mir wohlvertraut. Jeden Winkel kenne und fühle ich. Das war nicht immer so und durfte gelernt werden.

Wann und wo genießt du es, dich hüllenlos zu erleben? Gibt es Räume außerhalb deiner Sexualität, in denen du dein Körper-Ich freilässt? Wann standst du zuletzt nackt vor dem Spiegel und hast den zu Materie gewordenen Ausdruck deines Selbst in Ruhe betrachtet? Was kommt in dir auf, wenn du dich dir selbst unverhüllt zeigst? Was fällt dir zuerst ins Auge? Wo bleibt dein Blick hängen? Bei deinen Vorzügen oder den vermeintlichen Mängeln? Lass mich raten: Es sind die Mängel, die der verkopfte kritische Blick in den Fokus nimmt, und wenn du nicht gut aufpasst, lässt dieser Blick kein gutes Haar an dir. Zeig mir die Frau, der das fremd ist. »Ich bin zu dick, ich bin zu dünn, meine Brüste sind zu groß oder zu klein, zu weich, zu ungleich, mein Po ist zu fett, zu flach, zu breit, zu was-auch-immer.« An wem messen wir uns? Wenn überhaupt, dann hoffentlich an unserem eigenen natürlichen, besten Selbst. Meistens jedoch an utopischen fremden Idealen, die nichts mit dem individuellen Ausdruck unserer eigenen Version von Weiblichkeit zu tun haben. Auch hier dürfen und müssen wir uns in der rigorosen Korrektur unserer eingefahrenen Gedankenautomatismen üben, Gnade walten lassen, wenn wir uns dabei ertappen, wie wir uns runtermachen, kritisieren und verurteilen.

Dein Körper hört jedes Wort, das du denkst. Dein Körper, der du bist, verdient es, beschützt, wertgeschätzt, geehrt und geliebt – und sicher niemals beleidigt zu werden. Was wir uns selbst entgegendenken, würden wir niemals zu einer Freundin sagen. Und würde sie in der Weise über sich sprechen, es bräche uns das Herz. Genauso brechen wir uns das Herz, wenn wir unbewusst verbale Gewalt gegen uns selbst anwenden. Nichts ist lohnender, als sich in uneingeschränkter Selbstliebe zu üben. Wofür schätzt du dich? Was magst du an dir? Zähle es laut auf. Die inneren und äußeren Attribute der Person, die du glaubst zu sein. Stehe nackt und pur vor dem Spiegel und sage es dir in deine Augen hinein: »Ich bin eine gute Frau. Ich bin freundlich, klug, fleißig, liebevoll. Ich bin lebensfroh, lustig, zuverlässig, ehrlich, wohlmeinend, empathisch, engagiert. Ich bin ein facettenreiches Unikat und darum auf meine ganz eigene Weise schön.«

Verstehe, dass jedes Äußere der materielle Ausdruck deines Inneren ist. Respektiere und achte deine Ganzheit. Übernimm liebevoll Verantwortung für dein Sein. Wiederhole die wohlmeinenden Liebesbekundungen so oft, bis dein Körperselbst die unumstößliche Wahrheit in der Schwingung deiner Worte fühlt. Hör niemals damit auf, dich in der Selbstliebe zu üben, du wundervolles Frauenwesen!

Die Süße des Lebens: Bitter-Schokolade mit Orangengeschmack

Schokolade ist Luxus. Ich schaue sie an und begehre sie, ihren süßherben Geschmack, das Geräusch, wenn ich mit den Zähnen ein Stück abbeiße, sie sich in der Wärme meines Mundes verwandelt und mir auf der Zunge zergeht. Ich kenne ihren Geruch, ihre Konsistenz, ihren Geschmack. Sie ist mir so vertraut und bereitet Momente wunderbarer Lust. Und gleichzeitig weiß ich, dass sie mir nur in Maßen guttut. Umso schöner, wenn es mir gelingt, diesen Genuss für die Phase eins aufzusparen, um sie dann umso mehr zu zelebrieren. Genauso erregend ist frisch gebackenes, noch warmes Brot mit kalter gesalzener Butter, die Parmigiana- oder Spaghetti-Aglio-e-Olio-Varianten meines Mannes (mir läuft das Wasser im Mund zusammen!) oder das rote Aphrodisiakumgebräu meiner Freundin Juliette – ihr erinnert euch an die schöne Masseurin aus den ersten Zeilen? Das Leben ist ein Fest und es will gefeiert werden, am liebsten immer und auf so viele Weisen, wie unsere Sinne es uns ermöglichen. Essen und Trinken, Tanzen und Singen, Spielen und Neues wagen. Uns selbst verlieren, um zu uns zurückzukehren. Die Süße des Lebens ist so vielseitig. Erkunde deine l'art de vivre, deine eigene Lebenskunst, und etabliere sie als festen Bestandteil deines Kreises.

Musik inhalieren

Musik ist für mich essenziell. Nichts liebe ich mehr. Sie ist Kommunikationsmittel zwischen mir und meiner Seele. Sie ist eine Brücke, die meinen weniger dimensionalen Verstand übertönt und geradewegs Verbindung zur Magie des Kosmos herstellt. Das

Universum spricht zu mir durch Töne. Meiner Seele eröffnen sich Räume, in denen sie sich frei bewegen und ausdrücken kann. Musik, mit der ich in Resonanz gehe, übersetzt sich durch das sinnliche Hören in Muster, Farben, Strukturen, Bewegungsabläufe, die ich erfühlen und vor meinem inneren Auge sehen kann. Verknüpft mit den dazugehörigen Erinnerungen und Emotionen meines vergangenen und zukünftigen Ichs und dem, das in Parallelwelten lebt, entsteht das komplexe Bild einer Botschaft, die meine Seele für mein Körper-Geist-Dasein singt. Nirgends bin ich Gott näher als in der Musik. Nicht weniger als das. Was für eine tiefsinnige spirituelle Lust!
Nicht jeder Mensch ist musikaffin und jeder nimmt sie anders wahr. Vielleicht ist deine Musik das Rauschen eines Baches, Vogelgezwitscher oder gar Stille. Ich wünsche dir die Entdeckung der Sprache deiner Seele, um ihr aus der Feinfühligkeit deines menstruierenden Frauenwesens zu lauschen.

Und sollte bei all dem noch nichts für dich dabei gewesen sein – ich kann es mir kaum vorstellen –, dann wären da noch das langsame Yoga oder die Möglichkeit, einen Stilletag einzulegen, bei dem du den Wert der Worte entdeckst, von denen wir im Alltag so viele überflüssige verlieren. Und nicht zu vergessen: einfach mal wirklich früh ins Bett zu gehen und dabei idealerweise das Bett mit niemanden zu teilen. Träumen und die Bilder der Anderswelt gleich nach dem Erwachen aufschreiben. Achte auf die Zeichen, Schwester!

Deine Liste darf sich vollkommen von meiner unterscheiden. Hauptsache, du fühlst das Lächeln, das sich auf deinem Gesicht ausbreitet, und die Entspannung, die sich in deinem Körper bemerkbar macht, wenn du dir ihre Umsetzung vorstellst. Bevor du sagst, all das sei nicht möglich, weil du keine Zeit hast, frage dich, ob nicht doch das eine oder andere To-do warten könnte, um deine Prioritäten während dieser Zeit neu zu ordnen. Wenn du weißt, dass das, was nicht warten zu können scheint, in ein paar Tagen mit links erledigt werden kann, während es dich jetzt stressen wird, macht es absolut Sinn, zu schieben. Alles hat seine Zeit. Du wirst sehen.

Für dich zur Vertiefung: Selbstfürsorge als Win-win

Gönne dir genau die Portion Extra-Lust, die dir möglich ist, ohne dass du in zusätzlichen Stress verfällst, weil du dich jetzt auch noch um deinen Körper kümmern musst. Finde deine individuellen Mini-Hideaways, Retreats und Rückzugsorte und genieße sie in vollen Zügen. Fotografiere deine Rote-Zelt-Liste oder die folgende Zeichnung ab und fixiere sie auf deinem Handy als Hintergrundbild.

ME-TIME INSPIRATIONEN

GESTALTE DEINE INDIVIDUELLEN MINI-RETREATS

Und am besten hängst du deine Rote-Zelt-Liste auch gleich an den Kühlschrank, damit sie nicht nur dir immer präsent vor Augen ist, sondern auch denen, die deinen erweiterten Körper (dein Zuhause) mit dir teilen oder ihn besuchen. Es ist hilfreich, wenn sie ebenfalls im Bilde sind, was zu tun ist, um dich zu entschleunigen. Sie können dir ein Bad einlassen, dir Arbeit abnehmen, dich erinnern, eine Pause einzulegen etc. Wenn wir noch ungeübt darin sind, unsere eigene Verfassung zu reflektieren, sind die Menschen um uns ein guter Spiegel. Erlaube ihnen, sich um dich zu kümmern und dich zu unterstützen. Jetzt ist ME-Time. Die anderen kommen bald an die Reihe. Und je tiefer du dich während deiner Menstruation entspannst und diese Zeit für dich nutzt, desto großzügiger profitiert dein Umfeld von den kommenden Phasen: Win-win.

Nimm dich in deinem Fühlen, das sich massiv vom restlichen Monat unterscheiden kann, ernst. Erlaube dir, dich introvertiert, müde, langsam, traurig, depressiv, kontaktfaul, empfindsam, zerstreut, erschöpft, sentimental, was auch immer zu fühlen. Jedes Gefühl hat seine Berechtigung. Du darfst sein, wer du jetzt bist. Gib deinen Gefühlen Raum, indem du sie einfach fühlst und in deinem Körper wahrnimmst. Atmen und fühlen und erlauben, was aufkommt. Denn wenn du deine Gefühle beiseiteschiebst, verdrängst oder verbietest, werden sie nur umso stärker. Sie werden an deinem Rockzipfel zerren, bis du sie wahrgenommen hast. Und erinnere dich: Sie wollen dir einen Gefallen tun, indem sie dich auf deine körperliche Verfassung aufmerksam machen und dich auf deine akuten Bedürfnisse hinweisen: Rückzug, Schutz, Stille, Geborgenheit, Sicherheit, Selbstfürsorge, Erholen, Schlafen, Innehalten. Es ist dunkle Nacht, es ist Winterzeit.

Nimm dich wichtig. Je roter das Armaturenbrett deiner Befindlichkeit leuchtet, desto leerer ist dein Speicher, desto mehr läufst du auf Reservebatterie und forderst dein Betriebssystem heraus. Was würde dir deine beste Freundin, deine Mutter oder dein besorgter Partner raten? Schalte mal ein paar Gänge runter und lege eine Pause ein.

Apropos Gang runterschalten: Mein Auto ist, sofern ich keine Begleitung habe, der für mich perfekte Gefühlscheck-Rückzugsort. Ein kleiner faradayscher Käfig, in dem ich ganz mit mir unterwegs bin. Hier kann ich mich frei ausdrücken und bedarfsweise jammern, stöhnen, weinen, brüllen, wild lachen oder Selbstgespräche führen. Kaum sitze ich am Steuer, frage ich mich nach meinem Befinden und absolviere einen inneren Body-Scan. Beginnend beim Scheitel bis zur Sohle, durchforste ich mein physisches Selbst nach Hinweisen auf meine akute Gefühlslage. Eine Achtsamkeitsübung, bei der meine Aufmerksamkeit wie fließender Honig langsam von oben nach unten durch mich hindurchfließt. Wie fühlt sich mein Kopf von innen an? Meine Stirn, Schläfen, Kiefer, Mundwinkel, Nacken, Hals, Schultern und abwärts. Stockwerk für Stockwerk. Sobald eine Irritation geortet wurde, verweile ich mit meiner Aufmerksamkeit an dieser Stelle und öffne mich für die Sprache meines Körper-Ichs. Was fühle ich? Was drücke ich mit diesem Unwohlsein, Schmerz oder einfach »nicht im Flow sein« aus? Jedes Gefühl freut sich, wenn es erkannt wurde, und noch mehr, wenn es die Erlaubnis bekommt, sich auszudrücken. Meine Empfehlung: üben – während das Auto noch steht.

Für dich zur Vertiefung: Gefühlen freien Lauf lassen

Wo können deine Tränen ungestört strömen?
Wo darfst du wie ein Kind wild lachen, komische Geräusche, Unsinn machen? Wo erlaubst du dir, wie ein angeschossenes Tier vor dich hinzustöhnen, um deinen Schmerz zu vertonen?
Wo in deinem Leben gibt es Raum für den Ausdruck deiner Wut?
Wo darfst du dich freibrüllen?
Auch wenn die Wut jetzt nicht zuvorderst steht, sie wird in der vierten Phase noch lebendig werden. Finde einen geschützten Raum, in dem du dich in der Selbstempathie üben kannst. Es geht nicht darum, dich zu verstecken, sondern dich darin zu trainieren, dich selbstverantwortlich mit deinen Emotionen bekannt zu machen, ohne sie durch die Anwesenheit anderer zu vermischen. Manchmal reicht es schon, wenn wir unseren Gefühlen einfach nur freien Lauf und sie sich durch unseren Körper ausdrücken lassen, damit Energien wieder ins Fließen kommen.

Jede Phase hat ihre typischen Gefühlsmuster und, daraus resultierend, ihre typischen Lustmuster. »Was fühle ich?«, fragt der Kopf den Körper, um herauszufinden, was gerade Stand der Dinge ist. »Was brauche ich? Welches Bedürfnis ist unerfüllt, wovon brauche ich mehr, um wieder in Balance zu kommen?«, fragt der Kopf sich selbst, um den sinnvollen, heilsamen Gegenpol zu identifizieren. »Worauf habe ich Lust?«, ist dieselbe Frage an den Körper gerichtet. Auf etwas Lust zu haben, umgeht Barrieren, die der Kopf aus unterschiedlichen Gründen aufrechterhält. ***Brauchen*** ist Kopfsprache, ***Lusthaben*** ist Körpersprache. Frag dich jeden Tag: Worauf habe ich Lust? Morgens, mittags, abends, nachts. Schreib es auf und verschaffe dir einen Überblick darüber, wonach es in dir ruft.

Je ehrlicher wir uns selbst begegnen, in dem, wonach es uns gelüstet, desto mehr kommen wir uns auf die Spur. Alles Unehrliche kostet Energie und distanziert dich von dir.

Zum Abschluss noch einmal eine Zusammenfassung der Tools, die du aus diesem Kapitel für dich mitnehmen kannst.

Take-Away-Box ME-Time

- Selbstfürsorge
- Achtsam mit mir selbst sein
- Nach innen lauschen, Gefühle wahrnehmen
- Emotionale Vielfalt erlauben und genießen
- Bedürfnisse nach Ruhe, Rückzug, Erholung ernst nehmen
- Empfindsamkeit nutzen, um empathisch auf mich einzugehen
- Nicht hetzen lassen – Stress ist Gift!
- Langsamkeit zelebrieren

Affirmationen:

- It's ME-Time, ich stehe an erster Stelle.
- Mein Blut ist Symbol für mein fruchtbares Frausein.
- Mein Körper-Ich leistet eine Menge innerlich, dafür brauche ich äußere Ruhe.
- Ich bin ein filigranes, schützenswertes Wesen.
- Ich übe mich in der Intimität mit mir selbst.
- Ich gehe liebevoll mit mir um.
- Meine Emotionalität ist Spiegel meines Facettenreichtums.
- Mein Körper spricht Wahrheit – immer.
- Kleines Glück erleben, Natur, Verbundenheit mit allem, Freude am Detail.

Empfehlung:

Markiere dir deine Self-Care-Maßnahmen gut unterscheidbar vom alltäglichen Allerlei in deinem Kalender oder deiner Agenda (ich selbst benutze rote Herzchen.) Wenn du zurückblätterst, sollten sich deine Herzchen um die Zeit deiner Periode deutlich mehren.

GO-Time

Phase zwei: Die jugendlich kraftvolle Lust

GO bedeutet gehen, laufen, aktiv vorwärtsstreben.

Die Menstruation liegt hinter uns. Wir haben uns erholt, gereinigt, resettet und sind bereit für das Neue. Aus der Dunkelheit der Nacht entspringt ein neuer Morgen. Aus der regenerierten Erde des Winters steigen die Säfte auf und das Leben drängt ans Licht. Schwester, fühle die aufkeimende Lebendigkeit in dir! Du bist personifizierte zyklische Natur. Du warst der Winter, jetzt bist du der Frühling.

Die Introvertiertheit während der Zeit deiner Blutung verwandelt sich. Deine Aufmerksamkeit richtet sich wie eine junge Knospe, die sich aus der Erde erhebt und um ihre Aufgabe der Öffnung weiß, nach außen. Es ist GO-Time, das heißt, dein Zyklus versorgt dich automatisch mit einer bewegenden Energie des Tuns. Etwas drängt in dir. Dein Blick weitet sich, du erlebst Gefühle der Offenheit, Neugier, Zuversicht. Du spürst Macher-Energie freiwerden. Passend dazu wandelt sich dein Selbstbild. Nicht nur fühlst du dich selbstsicherer, du bist auch nachweislich attraktiver. Deine Zyklusphase leuchtet durch deine Poren und ist für dich selbst und andere deutlich sicht- und spürbar. Deine Haut, deine Haare, deine Haltung, deine Ausstrahlung, dein ganzes Wesen verändert sich, um dir und deinem Tun dienlich zu sein. Tun, darum geht es. Jetzt ist die Zeit, um all das anzugehen, was erledigt werden muss, darf, möchte, was inszeniert werden will, um im weiteren Zyklusverlauf genährt zu werden.

Go, go, go, girl!

Girl – Mädchen –, denn die Kraft der zweiten Phase hat etwas Unschuldiges und ist gepaart mit der Lebendigkeit, dem Mut und der neugierigen Lust eines Mädchens, das sich aufmacht, um die Welt neu zu entdecken und zu erobern – sich einzulassen mit ihrer potenten Jungfräulichkeit. Zeige dich! Genieße dich! Begegne der Welt mit einem offenen Blick und du wirst erleben, wie die Welt in Resonanz geht mit deiner einladenden Frische.

Die Dinge gehen dir leicht von der Hand. Der aufkommende Schaffensdrang versetzt dich wie von selbst in Bewegung und lenkt deinen Blick, der eben noch auf dich selbst gerichtet war, nun auf deine Mitmenschen. Sie erscheinen dir einladend und interessanter als sonst. Das gilt nicht nur für den männlichen Gegenpol. Deine vitale Ausstrahlung begünstigt dein Gesehenwerden aus jeder Richtung, was es wiederum erleichtert, in Verbindung zu gehen. Sich selbst zu mögen, im Einklang mit sich zu sein und sich schöner (als sonst) zu finden, macht uns anziehender für andere.

Polarität und ihre sinnlich-stofflichen Prozesse ... Nichts bleibt, wie es ist, und unterliegt stets der Veränderung. Deine Bewegung aus der Unsichtbarkeit deiner ersten Phase in die Sichtbarkeit der zweiten wird begleitet von anschwellender Lust, dich der Welt, den Dingen und den Menschen zuzuwenden und in Kontakt zu kommen. Diese Kraft auf die Begrifflichkeit der sexuellen Lust zu reduzieren, die körperfunktionstechnisch gesehen dem Zweck der erfolgreichen Befruchtung dienen soll, ist möglich, doch können wir diese Fruchtbarkeit genauso für die Initiierung unseres ganzheitlichen Potenzials einsetzen. Betiteln wir unsere energetisierende weibliche Lust mit »sexueller Lust«, lassen wir sie womöglich in unserem Becken vergammeln, weil wir gerade keinen Sex haben oder wollen. Vielleicht unterdrücken wir sie oder fertigen sie durch Selbstbefriedigung ab. Das ist eine Option, die vorübergehend Ruhe ins System bringt, jedoch werden wir unserer eigenen Potenz damit nicht gerecht.

Das Wie macht den Unterschied

Deine weibliche Lust ist auch, aber nicht nur, für die sexuelle Begegnung mit anderen Menschen einsetzbar (der ich später ihr wohlverdientes eigenes Kapitel widme). Nutze die zirkulierende, aufstrebende Unruhe deines Beckens, die Lebendigkeit deines erwachenden Körpers und kanalisiere deine Energie. Du kannst sie in alles, wirklich alles einfließen lassen, was du denkst, sagst, tust – erschaffst. Versorge dein Wirken mit der potenten lustvollen Qualität deiner urweiblichen Essenz, indem du den Zugang zu ihr kultivierst und dich darin übst, sie absichtsvoll aufsteigen und einfließen zu lassen – in deine Haltung, in deine Gedankenstrukturen, deine Worte, dein Tun: Arbeiten, Kochen, Zähneputzen. Nicht nur das *Was* ist ausschlaggebend für ein lustvolles, inspiriertes, magisches Erleben, sondern vielmehr macht das *Wie* den Unterschied. Befruchte dein Leben, indem du dich deiner eigenen weiblichen Lust bemächtigst und sie für dich nutzt.

Deine Fruchtbarkeit ist vielschichtig. Während sie auf körperlicher Ebene das Entstehen eines neuen Menschenlebens ermöglicht, kann sie auch auf geistiger Ebene mit Leichtigkeit Neues kreieren und inspirierte Wunder bewirken, die uns in Phase eins unmöglich erschienen.

Dein Geist ist so jung und frisch und aufnahmefähig wie deine sich zum Sprung bereit machende Eizelle. Welchen geistigen Samen möchtest du hineingeben, der sich mit deinem Tun vermischt und Neues erschafft? Dein ganzes System fährt zu Hochtouren auf – besser wird es nicht! Das können die Sportlerinnen unter euch bestätigen. Deine Laufstrecke erscheint dir jetzt kinderleicht. Wie ein junges Pferdchen springst du über Stock und Stein. Hast du dich mit geistiger Nahrung zu beschäftigen? Auch die nimmst du spielend leicht in dich auf und verdaust sie effektiver als sonst.

Die Lust des neuen Morgens, des erwachenden Frühlings, des zunehmenden Mondes ist eine erschaffende und transformierende und sie kommt aus unserem Becken. Direkt aus dem Ort, an dem unsere weibliche Schöpferkraft wohnt – der Gebärmutter.

Für dich zur Vertiefung: Fruchtbarkeit – deine Schöpferinnenkraft

Wozu möchtest du deine Schöpferinnenkraft nutzen?
Was steht für dich an? Wonach ruft es dich?
Befruchtung! In welcher Hinsicht auch immer. Die eigene körperliche, sofern du einen Kinderwunsch verspürst, oder du lässt deine (Er-)Schaffenskraft in die Befruchtung deiner Projekte einfließen. Nutze deine potenteste Phase, denn sie ist der aktive Anlasser deines weiteren Zyklusverlaufs, und du entscheidest, wohinein du sie investierst. Beruf? Berufung? Beziehung? Kreativität? Alltägliches? Bewege deine Welt, Schwester! Das kann mit dem Aufräumen deines Zuhauses geschehen genauso wie mit einem Gespräch mit deiner Chefin zum Thema Gehaltserhöhung. Jetzt ist die Zeit, deine weibliche Lust in deinem Sinne für dich und die Gestaltung deines Lebens zielgerichtet einzusetzen.

Wende dich nach außen, aber verliere dich dort nicht. Der Rausch der überschäumenden Energie verleitet uns dazu, unsere Grenzen aus dem Blick zu verlieren und übers Ziel hinauszuschießen. Um dich nicht zu verausgaben, bleibe in Kontakt mit deinem Innen, indem du dich täglich mit dir selbst verbindest und Tag für Tag neu ausrichtest. Übe dich im punktuellen Innehalten. Finde einen ruhigen Ort, schließe deine Augen und fokussiere dich auf deinen Schoßraum. Lege deine Hände auf deinen Unterbauch. Atme tief ein und aus. Erlaube dir, deine Kraft, deine urweibliche Lust physisch zu spüren. Je häufiger du deine Aufmerksamkeit in dein Becken lenkst, desto selbstverständlicher wird dein Zugang. Vielleicht wirst du auch in dieser Phase erst einmal gar nichts wahrnehmen können, aber vertraue deinem Körper. Es kommt der Tag, da erhebt sich deine unbändige Schöpfungslust und folgt deiner Einladung, sich über ihr Nest hinaus in dir auszubreiten.

Ich schreibe hier nicht von einer Theorie, die du nur mit deinem Verstand begreifen darfst, sondern von einer physisch erlebbaren und dadurch persönlich beweisbaren Kraft, die ihre Frequenz, Tönung, Textur und Qualität Phase für Phase verändert. Solange dein Mr. Monkey Mind in den Zeilen dieses Buches feststeckt, bleibt es eine Theorie. Du allein kannst den Beweis antreten, indem du zu üben beginnst. Betrachte dich dabei wie eine Blinde, die bislang mit verschlossenen Augen durch ihre Welt ging und nun erfahren hat, dass ihr ein weiterer Sinn zur Verfügung steht. Du versuchst, deine Lider zu heben, das ist anstrengend, denn die Muskeln wurden nie benutzt. Du wirst geblendet vom Licht, deine Farbrezeptoren sind überfordert, alles ist ein großes Durcheinander, das nun mit viel Geduld sortiert werden möchte. Weil es der Übung bedarf, ist es mühsam – doch würdest du der Blinden nicht auch Mut machen wollen, weil du weißt, wie viel reicher, vielschichtiger das Leben ist, wenn wir sehen können?

Phase zwei steht für das Sich-Öffnen und ermöglicht daher nicht nur dir selbst, sondern auch anderen den leichtesten Zugang zu deiner lebendig aufstrebenden, aktiven weiblichen Lust.

Die weibliche Lust – während ich diese Buchstaben tippe, transportieren meine Augen das Wortbild an mein Gehirn, das in Resonanz geht und einen körperlichen Prozess auslöst: Ich schließe meine Augen und richte meine Aufmerksamkeit abwärts. Mein Unterleib aktiviert sich. Ich spüre die Präsenz meiner Eierstöcke links und heute mehr rechts, ein leichtes Ziehen, Wahrnehmung von Mikro-Bewegung, Energie, die fein in meinen Schoßraum einströmt. Meine Vulva wird sich ihrer selbst bewusst. Ein minimales Anheben des Beckenbodens, die Klitoris bemerkt es. Ich atme tief ein. Mein Atem transportiert die entstehende Energie aufwärts. Die umliegenden Zellen erwachen aus ihrem Schlafmodus und schauen sich um. Es passiert etwas! Lebendiges Wohlbefinden breitet sich aus. Es kribbelt und entspannt sich gleichzeitig. Wärme im Bauchraum, angenehmer Druck im Rippenbogen, vibrierende Unruhe in den Unterarmen, meine Finger wollen sich bewegen, strecken, meine Mundwinkel heben sich, die Wirbelsäule richtet sich auf.

Ein Lösen im Solarplexus, ein Weiten des Herzraums, erneutes tiefes Einatmen. Meine Brüste leben auf, von außen über die Spitzen nach innen und wieder nach außen. Dehnung im Brustkorb. Ich beginne unmerklich zu zucken. Atlas, Schultern. Mein System adjustiert sich, leichtes Zittern. Zuletzt der Scheitelpunkt. Meine Nackenhaare stellen sich auf, während die Lust emporsteigt, und gleichzeitig mit dem Erreichen meines Scheitelpunktes schüttelt sich mein Steißbein wie eine Rückkopplung. Meine Füße, zwei Magnete auf dem Boden, mein Kronenchakra offen ins Universum. Alle Sinne sind erwacht. Die Fingerspitzen voller Blut, so dicht. Ich spüre, wie es pumpt in meinen Adern. Ich pulsiere, bin eins mit meinem Rhythmus. Ich lebe.

Zyklustag Nummer zehn: Alle Zeichen stehen auf GO!

Mein Eisprung steht kurz bevor. Ich schreibe seit Stunden im Rausch meiner inneren Heldin. Ihre Lust strömt durch meine Fingerspitzen, durch mein Notebook in diesen Text hinein. Es gelingt leicht und wie von selbst. Die reinste Inspiration. Es schreibt sich durch mich durch. Wie verrückt das klingt und doch ist es während der zweiten Phase immer wieder auf diese Art möglich. Ich kenne das, den Blick zurück, wenn ich mit ein wenig Abstand aus einer anderen Phase lese, was ich selbst geschrieben habe, und mich frage: Wer hat das zu Papier gebracht? War das wirklich ich? Ich erinnere mich kaum. Kein Wunder, denn es geschah aus einer anderen Energie heraus, aus einer anderen Facette meines femininen Wesens. Vielleicht kannst du bereits spüren, welche Passagen dieses Buches ich in welcher Phase meines Zyklus geschrieben habe. Die entsprechende Frequenz liegt stets zugrunde.

In Phase eins unterstützt dich deine Rote-Zelt-Liste, um die Lust der achtsamen Selbstfürsorge zu zelebrieren. Für Phase zwei darfst du dir eine To-do-Liste anlegen oder alle alten hervornehmen. Was steht an? Welche Aufgaben müssen erledigt werden und worauf hast du jetzt gerade Lust?

Wunderbar, wenn sich beides miteinander deckt, doch Alltag ist nicht immer prickelnd und konfrontiert uns mit scheinbaren Banalitäten, die nun mal abgearbeitet werden wollen, und das gelingt am besten mit der Go-Energie. Doch anstatt dich dem Unvermeidlichen einfach zu ergeben, erlaube dir den Perspektivwechsel, indem du dir den Feind zum Freund machst. Im Alltäglichen liegt so viel Chance auf Leichtigkeit, wenn wir es freudvoll und wertschätzend angehen. Verstehe, dass in jeder noch so unscheinbaren Aufgabe lustvolles Potenzial verborgen ist und es an dir ist, den Schlüssel zu finden.

Für dich zur Vertiefung: Tanze durch deine To-dos

Wie kann das lästige Spülmaschine-Ausräumen, Steuererklärung-Ausfüllen, Auto-zur-Werkstatt-Bringen körperlich erfüllend erlebt werden? Indem du der Routine ihren Status entziehst und sie zur absichtsvollen, gewollten Handlung erhebst. Indem du den Dingen, um die du dich kümmern darfst, den Wert beimisst, den sie verdienen. Alles ist Energie. In allem lebt eine Geschichte. Schau doch mal, welche Geschichten du wo geparkt hast. Putzen ist unter deiner Würde? Putzen ist anstrengend und lästig und raubt dir deine Zeit, um Wichtigeres zu tun? Deine Mutter hat es schon widerwillig getan und gehofft, dass es ihrer Tochter eines Tages königlicher ergeht?

Schnitt.

Neuprogrammierung:
Du darfst dein Zuhause putzen, bedeutet: Du hast ein Zuhause! Der Raum, der dich schützt und dein erweiterter Körper, der Ausdruck deines Selbst ist, verdient deine Aufmerksamkeit, deine liebevolle Pflege, dein herzliches Engagement. Zieh dir deine Sportklamotten an, dreh deine Lieblingsmusik auf und streichle das, was dir durch seine materielle Existenz dienlich ist, sauber. Genieß es! Nimm die Dinge achtsam in die Hand, verbinde dich mit ihren Geschichten. Wo kommt es her? Warum ist es bei dir? Wer hat es wann und warum angeschafft? Gehört es noch zu dir oder darfst du es weitergeben? Wenn es zu dir gehört, dann verdient es deine Liebe. Kümmerst du dich um das Deinige achtlos und mit Widerwillen, steckt deine Umgebung eines Tages voller Frustration und Traurigkeit. Wo du hinschaust, spiegelt sich dir deine eigene hineingelegte Energie. Entscheide dich, ob du das, was du tust,

aus der Opfer- oder Täterhaltung angehst. Willst du ein sauberes Heim, indem du dich selbst wiederfindest? Im Innen wie im Außen? Dann kümmere dich darum. Sind dir deine Sachen egal? Dann frag dich, ob es deine Sachen sind oder ob sie bei anderen Menschen besser aufgehoben wären.

Warum hasst du es, dich um deine Steuererklärung zu kümmern? Weil es alle hassen? Du bist nicht alle. Jetzt bist du Wonderwoman. Wohinein interpretierst du Geschichten, die dir dein Tun erschweren? Ist das Gegenteil von dem, was du dir einredest, nicht genauso wahr? Was hält dich davon ab, deinem Mr. Monkey Mind eine neue Sichtweise zu füttern? Gedanken kreieren Gefühle. Welche Gefühle strebst du in welchen Räumen deines Lebens an? Welche Geschichte möchtest du schreiben?

Lass los, was dir nicht guttut, was dich zum Opfer macht. Du bist verantwortliche Täterin deines Lebens, ausgestattet mit den Kräften einer schöpferischen, potenten Frühlings-Frau. Alles, wo du deine Kräfte hineingibst, sollte einen gewissen Standard haben, und du allein kannst dein Tun auf die Ebene erheben, die dich zur Königin deines Hauses macht. Indem du dir Klarheit darüber verschaffst, warum du tust, was du tust, und welches Ziel du mit deinem Engagement verfolgst, veränderst du die Energie deiner Lebensräume.

DEINE LEBENSRÄUME

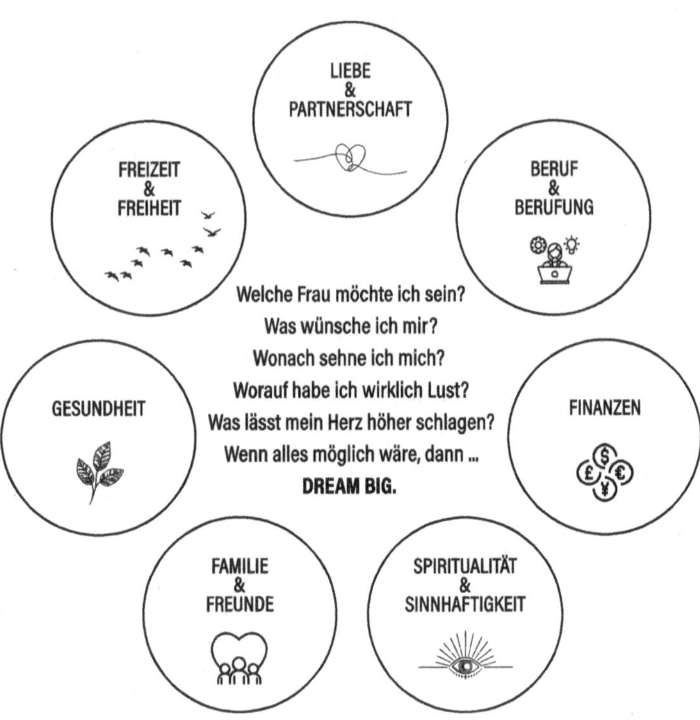

Raum 1: Liebe & Partnerschaft
Raum 2: Beruf & Berufung
Raum 3: Finanzen
Raum 4: Familie & Freunde
Raum 5: Gesundheit
Raum 6: Freizeit & Freiheit
Raum 7: Spiritualität & Sinnhaftigkeit

Wie sieht es in den verschiedenen Bereichen deines Lebenshauses aus? Welcher Raum ist dein derzeitiges Wohnzimmer? Welcher liegt im dunklen Kellergeschoss und wo ist die Rumpelkammer, die du ungern betrittst? Sind die Raumthemen stimmig zugeordnet oder quetschst du dich Tag für

Tag in die Beengtheit eines ungemütlich eingerichteten, obwohl da ein großes, helles Zimmer unbelebt ist? Was wünscht sich die Heldin in dir für ihre jeweiligen Räume? Würde sie gerne umbauen? Wenn alles möglich wäre, wohin zieht es dich? Was lässt dein Herz höherschlagen? Worauf hast du Lust? In was für einem Haus willst du langfristig leben und welche Hausherrin willst du sein?

Sehnsucht muss kein fixes und fertiges Konzept sein. Sie drückt sich vielleicht erst einmal in einzelnen Worten aus: mehr spielerische Leichtigkeit hier, mehr Bewegungsfreiheit dort. Etwas mehr Wärme, Liebe und Licht im Keller. Wände können eingerissen werden, um Bereiche miteinander zu verbinden. Räume können getauscht, verkleinert, erweitert werden, um sie deinen Bedürfnissen anzupassen. Viel mehr ist möglich, wenn wir uns verantwortlich kümmern. Nach welchem MEHR sehnst du dich?

Welche Räume haben im Moment Priorität? Beginne dort, wo es die Dringlichkeit erfordert, und dort, wo du am meisten Freude findest. Ein Haus bauen wir schließlich nicht an einem Tag. Du hast Zeit, dein Leben ist ein Langzeitprojekt.

Für dich zur Vertiefung: Muss oder Lust?

Sortiere deine Aufgaben nach Dringlichkeit und Gusto. ***Was muss*** *steht links,* ***was gelüstet*** *kommt nach rechts. Von »superdringend« (oben links) nach »irgendwann einmal« (unten links) sortiert sich die linke Spalte. Von »oh ja, lieber heute als morgen« (oben rechts) nach »gerne irgendwann« (unten rechts) die rechte Spalte. Über beide Spalten schreibe dein Warum und Wofür. Verschieße dein potentes Pulver nicht ins Irgendwo, sondern ziele treffsicher auf das, was dir dein Wohlbefinden und Glück bedeutet. Welche Bedürfnisse erfüllst du dir mit dem Erledigen der To-dos? Die linke Spalte bietet dir vermutlich die Erfüllung deines Bedürfnisses nach Ordnung, Zugehörigkeit, Struktur, Ruhe und Sicherheit = Kopffreude.*

Die rechte Spalte eignet sich für die Erfüllung deines Bedürfnisses nach Genuss, Spaß, Kreativität, Gemeinschaft, Sinnhaftigkeit, Abwechslung, Entwicklung, Leichtigkeit und Freiheit = Körperlust. Je genauer du dir über das jeweilige Warum bewusst bist, desto freier kann deine Potenz hineinfließen. Wehre dich nicht, sondern gib dich ganz hinein. Superwoman, nutze deine Kräfte, sie halten in dieser Form nicht ewig an.

Anerkenne die Wichtigkeit all deiner Bedürfnisse und nutze deine Go-Time, um sie dir tatkräftig zu erfüllen. Handlungsfähigkeit und Umsetzungsstärke liegen dir jetzt zu Füßen. Übe dich darin, sie sowohl für die linke und rechte Spalte der Tabelle einzusetzen, für Kopffreude und Körperlust, und dich aktiv für das Leben zu verwenden, das du dir wünschst.

Geh in Kontakt mit deiner Schöpferkraft. Fühle sie, kanalisiere sie und lass sie bewusst in dein Tun fließen. Du willst ein lustvolles Leben in Freude und Fülle? Willst du es wirklich? Wirklich-wirklich? Dann geh und hole es dir! Denn nicht weniger als das hast du verdient, Schwester. Entlasse den edlen Ritter auf dem weißen Pferd, von dem sich das kleine Mädchen in dir erhofft, dass er dir deine Wünsche von den Augen abliest und für ihre Erfüllung sorgt. Dich lesen kannst du selbst und maskuline Tatkraft steht dir in jeder zweiten Phase reichlich zur Verfügung. Nutze sie.

Take-Away-Box GO-Time

- Frische mädchenhafte Energie tatkräftig nutzen
- Mutig voran für meine Ziele
- Ich öffne mich für die Welt und ihre Möglichkeiten
- Leichtigkeit erlauben und genießen
- In Kontakt mit mir selbst bleiben und Kräfte einteilen

Affirmationen:

- It's GO-Time, die Welt wartet auf mich, jetzt oder nie!
- Ich bin schön! Ich bin lebendig! Ich bin potent!
- Ich bin Schöpferin meines Lebens.
- Ich kreiere mit jedem Atemzug.
- Where focus goes, energy flows.
- Ich bin Prinz und Prinzessin zugleich.
- Blick heben. Mutig voran. I can and I will.

Empfehlung:

Drücke deine feminin-potente Energie nicht nur durch dein zielgerichtetes Handeln, sondern auch durch die bewusste Wahl deiner Kleidung aus. Wer willst du heute sein, wenn du hinausgehst in die verheißungsvolle Welt? Wem dürfen die Menschen da draußen begegnen und woran erkennen sie dich? Unsere Kleidung drückt aus, wer wir sind oder sein möchten. Willst du als die immer selbe gesehen werden, deren Leuchtkraft sich unter einer Uniform verbirgt? Wie wäre es, deinen Facettenreichtum sichtbar zu machen?

WE-Time

Phase drei: Die reife, frauliche Lust

WE bedeutet wir, unsereins, wir selbst und das, was zu uns gehört, das große Ganze.

Die vorhergehende GO-Time ist die Phase, in der sich die meisten Frauen am besten gefallen. Nicht nur weil sie den Anforderungen des Lebens tatkräftig entsprechen können und sich selbst als attraktiv wahrnehmen, sondern auch, weil es hier am meisten Applaus gibt. In einer Welt, die dem Tun und der jugendlichen Vitalität den höchsten Respekt zollt, fällt es oft schwer, die Qualitäten der anderen Phasen in gleicher Weise zu würdigen. Dabei ist es genau diese Kunst des Fließen- und Loslassens, die die Gesamtentwicklung unserer Projekte, seien sie menschlicher oder dinglicher Natur, erst ermöglicht. Würden wir dauerhaft in Phase zwei stecken, würden wir uns im Aktionismus verlieren. Wir würden vieles anschieben und lostreten und weniges zur Blüte bringen. Gerade weil die Energie der zweiten Phase begrenzt ist, müssen wir bewusst wählen, wohinein wir diese Kraft investieren, denn unser zyklisches Wesen hält im Folgenden Qualitäten bereit, die das Heranreifen unserer Schöpfung begünstigen. Jede Phase ist von höchster Wichtigkeit. Je tiefer wir uns gestatten, in die jeweilige Kraft einzutauchen, desto ganzheitlich erfolgreicher werden wir in unserem Leben. Unser Erfolg misst sich nicht im Vergleich mit anderen, sondern am Grad unserer geistigen Freude, körperlichen Lust und erlebten Fülle.

Entspannter Genuss

Auf GO-Time folgt WE-Time und sie steht im Kreis dem ME gegenüber. Im Gegensatz zur introvertierten ersten Phase ist sie extrovertiert, jedoch stehen beide Phasen in der Qualität des Seins, der Ruhe und Besonnenheit. Der Blick bleibt wie in Phase zwei nach außen gerichtet. Das W spiegelt sich im M und öffnet sich nach oben. Es ist Vollmond, Nachmittag, Sommer, die schönste Zeit, um zu genießen.

Die Sturm-und-Drang-Kräfte der vergangenen Woche beruhigen sich mit dem Erkennen deines Systems, dass keine körperliche Schwangerschaft vorliegt, oder sie beruhigen sich mit dem Erkennen des Gegenteils. Ein neuer Glanz breitet sich aus und bleibt im Falle einer Schwangerschaft auf gewisse Weise für mindestens weitere vierzig Wochen bestehen. Bist du es nicht (körperlich schwanger), dann profitierst du zumindest für eine Woche von dieser reichen sommerlichen Sättigung, die in dir den Wunsch weckt, zu nähren, was du mit deiner potenten Kraft zuvor befruchtet hast. Initiation braucht Tatkraft, wohingegen das Schützen, Hüten und Nähren deiner Schöpfung den wachsamen Blick, den Gemeinschaftssinn und die Liebe der Mutter in dir braucht. Mütterliche Qualitäten zeichnen deine dritte Phase aus. Du fühlst dich immer noch kraftvoll, strahlend, jedoch auf eine reifere Art als in der vorherigen Phase. Je klarer du deine Potenz eingesetzt hast, desto zufriedener und besonnener strahlst du nun eine harmonische Präsenz aus. Diese Mischung ist ebenfalls sexy und anziehend, aber weniger laut und bewegt, dafür reifer und zentrierter. Jetzt ist die Zeit, um sich der Fortentwicklung deiner Projekte und Beziehungen zu widmen. Die Ausgeglichenheit deiner dritten Phase eignet sich ideal, um harmonisierend auf dein (Um-)Feld zu wirken.

Du darfst die WE-Time als die entspannteste willkommen heißen. Dein klarer, ruhiger Geist und körperliches Wohlbefinden ermöglichen dir, dich dem zu widmen, was deine frauliche Reife jetzt als wichtig erkennt. Was möchtest du mit deiner Aufmerksamkeit nähren? Als Mutter deiner Schöpfung trägst du Verantwortung. Wenn wir nur kreieren, um uns anschließend abzuwenden, dürfen wir keine Weiterentwicklung erwarten, weder auf die Schöpfung noch auf uns selbst bezogen. Verantwortung übernehmen, dranbleiben, sich kümmern – darum geht es in Phase drei. Wir erschaffen im Kleinen wie im Großen. Manche Initiation ist nicht lebensfähig und muss in die Erde zurücksinken. Andere zeigen sich lebenshungrig und eignen sich, um zur Blüte gebracht zu werden. Je nach Beschaffenheit brauchen die noch jungen Pflänzchen die richtige Pflege, um vollends zu erblühen. Die Mutter in dir erkennt instinktiv, welches Kind was benötigt, wenn sie sich aus ihrer Mitte heraus empathisch auf die Bedürfnisse ihrer Schöpfung einlässt.

In jeder Frau lebt die Mutterenergie, nur blockieren wir sie, wenn wir glauben, dass wir uns erst als solche betiteln und erleben dürfen, wenn wir höchstpersönlich physisch geboren haben. Dem ist nicht so! Du brauchst keinen männlichen Samen, um Mutter zu sein. Deine eigene Zeugungsfähigkeit steckt in jedem deiner Schaffensakte, sei das in einer zubereiteten Mahlzeit, einem gestalteten Raum oder erdachten Projekt. Deine Energie liegt deinem Werk zugrunde, das die Schwingung der Kreatorin in sich trägt. Dasselbe gilt für deine Beziehungen. In den Verbindungen zu anderen Menschen stecken jeweils satte fünfzig Prozent unserer eigenen Energie, die uns großen Einfluss auf deren weitere Entwicklung ermöglichen.

Verantwortungsvoller Umgang mit der eigenen Schöpfung

Was auch immer du in der vorherigen Phase oder in deinem bisherigen Leben hast entstehen lassen, betrachte es verantwortungsvoll als deine Schöpfung. Das ist eine herausfordernde Aufgabe, insbesondere, wenn du dich gegen vieles, das du erlebst, wehrst und es als etwas Fremdes von dir abspaltest. Beginnen wir mit den einfachen Dingen: Du hast aus der Schaffensfreude deiner letzten Phase deinen Kleiderschrank ausgemistet und aufgeräumt. Alles, was du seit zwei Jahren nicht mehr getragen hast, ist eliminiert und nun erfreust du dich an einem Blick in das luftige und sauber geordnete Schrankinnere. Was braucht es im Folgenden? Maintenance. Das absichtsvolle Pflegen, Kümmern und Dranbleiben. Alte Gewohnheiten, wie das achtlose Herausziehen und Wiederhineinstopfen, darf deine innere Mutter sorgsam überwachen und korrigieren, denn sonst sieht es bald aus wie zuvor und alle investierte Arbeit/Schöpferkraft/Energie war vergebens. Dann hättest du dein Pulver sinnlos verschossen.

Dieses Beispiel kannst du auf alle Projekte übertragen. Wenn wir in der Energie der ungestümen Jungfrau bleiben, gibt es keine Weiterentwicklung. Wir investieren in Ideen und kommen nicht voran, weil wir uns nur mit dem Pflanzen, aber nicht mit dem Sorgen und Hüten befassen. Wie sollen wir dann jemals ernten? Der Sommer ist die Zeit der Besonnung. Es bedarf deines mütterlichen Blickes auf das Saatgut. Frage dich, was braucht es, um gesund zu gedeihen? Was macht jetzt am meisten Sinn? Und manchmal kann das einfach nur der liebevolle, wohlwollende Blick einer Mutter sein, die da ist, sich nicht abwendet, Beständigkeit und Verlässlichkeit signalisiert und ihrer Schöpfung geduldiges Vertrauen schenkt. Das gilt für unsere Projekte ebenso wie für unsere zwischenmenschlichen Beziehungen.

Wir erzeugen etwas, erschaffen, kreieren, von dem wir eine bestimmte Vorstellung und Hoffnung haben, wie es sich entwickeln wird. Die Mutter in dir identifiziert sich mit der Schöpfung und gleichzeitig erkennt sie sich als ein sich gemeinsam verwandelndes Wir. Das Kind beeinflusst die Entwicklung der Mutter, wie auch die Mutter die Entwicklung des Kindes lenkt. Das Kind hat seine eigene Lebenskraft, bringt seinen individuellen Bauplan mit sich. Wer ist die Mutter, um diesen Bauplan in Frage zu stellen? Gleichzeitig trägt sie die Verantwortung, es bestmöglich zu führen. Die Schöpfung braucht unser liebevolles Engagement und genauso unser Vertrauen, dass das sich dort ausbreitende, heranwachsende Leben seinen eigenen Grund und darum Willen haben muss, um sich selbst gerecht zu werden. Folglich ist es deine Aufgabe, dein Kind zu lieben und zu unterstützen in dem, wie es gemeint ist und wie es am meisten Freude und Erfüllung erlebt.

Was für das körperliche Kind gilt, gilt ebenso für unsere geistigen Kinder, unsere Arbeit und Projekte: Wenn ich glaube, ein Buch schreiben zu müssen, in dem Frauen über ihren Zyklus informiert werden, dann darf ich in dieser Absicht beginnen und mich gleichzeitig darin üben, das Buch werden zu lassen, was es werden möchte. Darauf vertrauen, dass es nicht nur mein Geist ist, der vorauseilend wissen und kontrollieren muss, es sich stattdessen durch meinen Körper schreibt und dass ich mich Zyklus um Zyklus mit dem Schreiben verändere, was wiederum mein Schreiben verändert. Schöpfer und Schöpfung beeinflussen einander wechselseitig. Die Mutter liebt ihre Schöpfung auch dann, wenn diese sie in ihrer eigenen Entwicklung herausfordert, manchmal an den Rand des Wahnsinns und an ihre Grenzen treibt. In Liebe zueinanderzustehen, insbesondere dann, wenn der Geist in den Widerstand geht, weil das Ego gekränkt ist, das ist die Kunst der Mutter.

Als Frau bist du die Liebe selbst

Und diese liebende, offene Haltung ist so befreiend, wenn wir sie nicht nur auf unsere eigenen Kreationen begrenzen, auf das, was aus uns selbst heraus erschaffen wurde und somit ein Teil von uns in sich trägt. Wie viel leichter lässt es sich leben, wenn wir sie ausweiten, uns erweitern auf alle Schöpfung, denn jeder Mensch ist aus einer Mutter entstanden, jede Schöpfung aus einem Menschen. So wie wir selbst. Hingebungsvoll im Sinne des großen weltlichen, geistigen und körperlichen, materiegebundenen Wir, das wir gemeinsam bilden. Liebe ist die höchste Qualität, die du durch dich fließen lassen kannst. Als Frau bist du die Liebe selbst. Das ist schwere Kost, wenn du versuchst, es mit deinem Geist zu begreifen, und die pure Leichtigkeit, wenn du deinem Herzen erlaubst, es zu leben.

Die Lust des Nachmittags, des warmen Sommers, des leuchtenden Vollmonds liegt in ihrer reichhaltigen Fülle und der damit einhergehenden Perspektive, die sie uns auf unser Leben bietet. Je stimmiger wir die vorigen beiden Phasen im Sinne der ihnen entsprechenden Energien genutzt haben, desto intensiver erleben wir uns jetzt in einem Gefühl der Ruhe, Gelassenheit und inneren Zufriedenheit, aus der wir entspannt dem Alltäglichen begegnen und immer noch Kapazität haben, um uns dem zu widmen, worum es eigentlich geht: der Liebe unseres Lebens.

Für dich zur Vertiefung: Wer oder was ist die Liebe deines Lebens?

Die Antwort findest du in deinem Lebensthema.
Was ist dein Lebensthema?
Worum scheint sich das meiste zu drehen? Beziehungen? Die Suche nach Verbindung, Nähe, Gemeinschaft, Liebe im Spiegel des oder der anderen?
Ist es Arbeit? Die Suche nach Anerkennung, Wertschätzung, Respekt, Liebe im Spiegel deines Wachstums und Erfolgs?
Worin investierst du den Großteil deiner wertvollen Lebensenergie?
Was zieht sich wie ein roter Faden durch deine persönliche Historie?
Welche Worte kommen dir spontan in den Sinn?
Gibt es da einen Refrain, der immer wiederkehrt?
Etwas, das sich so lange unbewusst wiederholt, bis du es ins Bewusstsein holst, dich für deine eigene Botschaft öffnest?

Bestimmt hattest du schon mal einen Ohrwurm. Eine Melodie oder einen Songtext, der irgendwo aufgeschnappt in Endlosschleife im Hintergrund deiner Gedanken läuft. Am Anfang noch harmlos belebend, geht er dir nach einer Weile auf die Nerven und du fragst dich: Wo kommt der her, was spiele ich mir da immer wieder selbst vor? So ähnlich geht es uns auch mit den sich repetierenden Geschichten unseres Lebens. Wir erkennen die Wiederholung der Wiederholung bestimmter Muster, die sich in musikalischen Varianten und doch immer gleich durch uns ausdrücken, meist erst dann, wenn sie uns stören. Wir denken: »Das kenne ich doch. Da war ich doch schon. Wieso schon wieder?«

Willkommen im Klassenzimmer deines Lebensthemas. Du befindest dich in der Wiederholungsklasse und darfst dich fragen, welche Lektion du offensichtlich noch nicht gelernt hast. Denn warum sonst hat dich dein Unterbewusstsein, das Leben oder deine Seele wieder hierhergeschickt? Dein Wiederholungsdrama dem Zufall in die Schuhe zu schieben, ist ein Versuch, sich der Verantwortung zu entziehen. Alles, was wir nicht bewusst berühren, geschieht uns als Schicksal.

Leben ist Bewegung, Entwicklung, Weiterentwicklung. Leben ist Lernen. An welchen Ereignissen und Geschichten wir lernen, ist so individuell wie unser Fingerabdruck. Jedes Leben hat seinen einzigartigen Filmplot, doch sind die Projektionen unterschiedlichen Genres zugehörig. Von Actionfilm über Drama bis hin zum Liebesfilm kann jedes Thema aus unterschiedlicher Perspektive erzählt werden. Und auf diese Schwingung haben wir durchaus einen Einfluss. Wir selbst entscheiden, welche Energie wir hineingeben, die wiederum die Erzählweise beeinflusst. Verändere deinen Fokus und du veränderst die Filmkategorie und vielleicht auch die Geschichte.

Aus der reifen, sommerlichen Hoch-Zeit deiner dritten Phase darfst du einen überspannenden Blick auf dein großes ganzes WIR der Menschen, Geschichten, Themen, Projekte, die zu dir gehören, werfen, um bewusst zu wählen, wohinein du dein höchstes Gut, deine Zeit und Energie auf welche Weise investieren möchtest. Das, was zu dir gehört, muss verantwortungsvoll gehütet, genährt und geschützt werden, um es zur Blüte und dann zur reifen Frucht zu bringen. Es muss aus tiefstem Herzen geliebt werden. Uneingeschränkt. Denn jeder Kompromiss, jedes JA, ABER ist ein Nein und jedes Nein schränkt uns ein, unsere volle Kraft fließen zu lassen. Tue, was du tust, mit Hingabe und aus der Liebe heraus. Und ist dir das in deiner jetzigen Lebenssituation noch nicht möglich, dann schaffe nach und nach die Bedingungen dafür. Schritt für Schritt. Phase vier wird dich dabei unterstützen.

Wenn du damit beginnst, dich als verantwortungsvolle Täterin, statt als Opfer deines Lebens zu erleben, und liebevoll nährst, hütest und schützt, was zu dir gehört, dann fügen sich die Puzzleteile deines Lebens in immer größerer Geschwindigkeit ineinander und die Ernte ist dir gewiss. Tue, was du liebst, und liebe, was du tust. Egal, wie dein Leben heute aussieht, jeder kleine Schritt zählt. Alle Wege führen nach Rom. Das Zentrum deiner Religion zieht dich magisch an, ob du willst oder nicht. Dein Leben lenkt dich immer wieder auf den einen Weg, dessen Ziel das Erkennen deiner ureigenen in dir verborgenen Wahrheit ist. Du bist das Mysterium, das es zu entschlüsseln gilt. Du bist der Weg und das Ziel und dein zyklisches Wesen ist dazu designt, dich im Einklang mit den natürlichen Rhythmen zu führen. Vertraue auf deine körperlichen und geistigen Energien, die dich Umdrehung für Umdrehung, in Kreisen und doch geradewegs zur Erkenntnis lotsen. Nichts Geringeres als das.

Für dich zur Vertiefung: Dein Mysterium entdecken

Wie geht das?
Verschaffe dir deinen WE-Überblick:
Wer sind deine Menschen?
Was sind deine Projekte?
Wer und was gehört zu dir?
Schau auf dein WIR und frage dich: Wo fehlt es an Liebe?
Wo möchtest du sie wieder in Fluss bringen?
Wem oder was möchtest du deine wohlwollende, liebevolle Aufmerksamkeit schenken, damit es gedeihen kann?
Worauf hast du Lust?
Höre auf deine Intuition, deinen Bauch, dein Becken, deine Lust, auf dein Herz, deine Freude. Dein Körper weiß, was zu dir gehört und was nicht. Schenk deinem WIR dein volles uneingeschränktes JA. Lasse Liebe dorthin fließen, wohin es dich zieht. Und lass los, was nicht mehr zu dir gehört.

»Liebe fließen lassen«, das klingt wunderbar, ist aber eine Kunst, die wir sehr unterschiedlich oder gar nicht erst erlernt haben. Wie ist das mit der Liebe in unseren Beziehungen und Partnerschaften? Was wir aussenden, kehrt zu uns zurück. Welche Art von Liebe leben wir und, in der davon abhängigen Umkehrung, er-leben wir? Solange wir dieses Thema nicht in unser Bewusstsein holen, wird es sich um den Ausdruck von Liebe handeln, den uns unsere Eltern oder Erzieher vorgelebt haben. Vielleicht erleben wir Liebe als etwas Begrenztes, an Bedingungen Gebundenes. Müssen wir erst A und B erfüllen, um der Liebe wert zu sein? Ist Liebe ein Synonym für einen Handel? Oder gibt es Menschen, die uns haben spüren lassen, dass wir allein aufgrund unserer Existenz der Liebe wert sind – egal, was wir tun, sind oder sein werden? Als Kinder haben wir keine Wahl.

Als Erwachsene durchaus. Wir dürfen die Verantwortung übernehmen für unser tief verankertes Sehnen und Suchen nach Liebe. Wahrer Liebe. Denn es ist die Suche nach uns selbst und der Gewissheit, dass wir gewollt und richtig sind, hier in diesem Leben.

Für dich zur Vertiefung: Deine Beziehungen

Welche Menschen gehören zu dir?
Wer ist dir wichtig?
Wie steht ihr derzeit in Beziehung zueinander?
Wenn fünfzig Prozent dein wirkungsvoller Anteil der Gestaltung eures gemeinsamen Feldes sind, welche Energie möchtest du hineingeben?
Vertrauen, Vergebung, Unterstützung, Zuspruch, Ehrlichkeit, Sanftmut, Wohlwollen, Verständnis, Mitgefühl, Geduld, Gelassenheit, Wärme, Großzügigkeit, Beständigkeit?
Liebe hat viele Farben. Welche Schattierung fehlt aus deiner Perspektive?
Was würdest du dir vom anderen wünschen?

Gib, was du dir wünschst, freigiebig selbst hinein. Ja, das läuft in Beziehungen häufig auf dasselbe heraus. Wenn ich mit Paaren arbeite, bitte ich sie zu Beginn, ihre akuten drei Hauptgefühle aufzuschreiben. In den allermeisten Fällen leiden sie separat an dem gleichen Mangel, daher macht es keinen Unterschied, wer die fehlende Zutat zuerst hineingibt. Probiere es aus! Wenn der gemeinsame Boden von der Nahrung profitiert, dann auch die Pflanze eurer Beziehung, von der du selbst Teil bist. Und verstehe mich richtig: Ich sage nicht, kümmere dich um den anderen im Sinne einer Verantwortungsübernahme von dessen Gefühls- und Bedürfniswelt. Bleibe schön in deinem eigenen Gartenanteil und belasse die andere Hälfte des Feldes dem freien Willen der anderen Person. Mit der Pflege unseres Anteils sind wir ein Leben lang ausgelastet. Gefühle klären, Selbstempathie praktizieren, die dahinterliegenden eigenen Bedürfnisse erkennen und uns damit zeigen, uns mitteilen oder aus einer offenen, liebevollen Haltung heraus empathisch auf den anderen zugehen, unsere Hand reichen. Das ist der höchstmögliche Einsatz für gelingende Beziehung. Unerbetene Hilfe oder es besser wissen zu meinen, ist übergriffig. Begegne deinen Menschen auf Augenhöhe und mute ihnen zu, dass sie selbst der Experte für ihr Leben sind und du ihnen keinen Entwicklungsschritt abnehmen kannst, egal, wie gut deine Absichten sind.

Der Ausgangspunkt aller Beziehungen

Je aufrichtiger und klarer du in dir selbst wirst, desto klarer spiegelt sich deine Reife in deinen Beziehungen. Wir ziehen an, was wir aussenden, und es löst sich ganz natürlich von uns ab, was nicht mehr zu uns gehört. Andere Menschen sind nicht umzuerziehen, sondern durch das eigene Vorbild zu inspirieren, wodurch ihr Wunsch nach Veränderung wachgerufen werden kann – aber nicht muss. Wünschen wir uns eine tiefere, befriedigendere, echtere oder freiere Art der Liebe, als wir sie im Umgang mit unseren Menschen erfahren, dann dürfen wir bei uns selbst beginnen und Verantwortung übernehmen, indem wir zuerst die Beziehung zu uns selbst unter die Lupe nehmen. Denn die ist der Ausgangspunkt aller Beziehungen, die wir mit unseren Mitmenschen in den unterschiedlichsten Varianten erleben. Verändern wir den Blick auf uns selbst, verändert sich unser Blick auf andere. Und mit dem Blick ist unsere Haltung und unser Verhalten verknüpft, was wiederum Auswirkungen auf unsere Beziehungen zur Folge hat. Unser Handeln folgt der Beschaffenheit unserer Gedanken. Wenn du deiner Liebe wert bist, auch und besonders, wenn du deinen eigenen Erwartungen nicht immer gerecht werden kannst, dann sind es auch deine Menschen. Liebe liegt, wie die Schönheit, schließlich im Auge des Betrachters.

Egal, was du dir von deinem Gegenüber ersehnst, frage dich zuerst, warum du es von diesem Menschen brauchst oder ob es nicht etwas ist, das du dir zuerst selbst gewähren darfst. Überprüfe dann, ob du diese Ingredienz selbst großzügig in euer gemeinsames Feld einspeist. Ein Beispiel: Du wünschst dir mehr Respekt von deiner Tochter. Dies wirft die Frage auf: Respektierst du dich selbst? Lebst du ihr vor, was du dir von ihr wünschst? Wenn nein, warum nicht? Wie kannst du deiner Tochter vorwerfen, es dir gleichzutun? Wenn ja, darfst du dich fragen, ob du deine Tochter respektierst. Zeigst du ihr das auch? Wie genau? Dürfte es etwas deutlicher und ehrlicheren Herzens sein? Und es geht noch weiter: Wie steht es um das Verhältnis zwischen dir und deiner Mutter? Schau genau hin, bevor du den anderen für etwas verurteilst, das in dir selbst seinen Ursprung hat.

Ein anderes Beispiel: Du erwartest mehr Engagement und Interesse von deiner Freundin. Hast du ihr das mitgeteilt? Hast du ihr anhand von Beispielen erklärt, woran du dich störst oder was du vermisst? Hast du dich versichert, dass sie verstanden hat, worum es dir geht? Hat sie eingewilligt? Engagierst du dich selbst für eure Freundschaft, und zwar in der Form, wie sie sich das wünscht? Hast du sie nach ihren Wünschen gefragt? Respektierst du, dass sich eure Bedürfnisse unterscheiden dürfen? Bist du bereit, auf ihre einzugehen? Und wenn dem so ist, bleibt die Frage, warum wirst du nicht erhört? Was kannst du hier lernen? Ist es Zeit, loszulassen, oder spiegelt sich hier eine Situation, die du in der Beziehung zu einer anderen Freundin aus der gegenüberliegenden Position erlebst? Das heißt, engagierst du dich bewusst nicht in einer anderen Beziehung und darfst hier erleben, was es bedeutet, diese Traurigkeit am eigenen Leib zu erleben? Das Leben ist erfinderisch, um uns Ungleichgewichte vor Augen zu führen!

Unsere Menschen sind die besten Lehrmeister. Insbesondere die, die uns den anstrengendsten Spiegel vorhalten. In den Augen des anderen können wir immer nur uns selbst sehen. Dranbleiben, hinschauen, Verantwortung übernehmen, lernen und Liebe fließen lassen. Zyklus um Zyklus.

Ist die Lektion gelernt, verwandelt und harmonisiert sich das Spielfeld oder es löst sich auf. Wird die Diskrepanz zwischen euch zu groß und lässt sich keine Lösung finden, dann habe den Mut zum Loslassen. Nur so kann euer Platz jeweils neu besetzt werden. Im Falle der Tochter bedeutet das, das betreffende Thema loszulassen und großzügig Raum zu geben, liebevoll Vertrauen zu schenken, Geduld zu üben und gleichzeitig die eigenen Grenzen zu wahren. Für die Freundin heißt das, in Liebe Abschied zu nehmen. Dankbar sein, für das, was ihr miteinander gelebt habt, was du lernen durftest – und auf zu neuen Ufern. Doch die Angst vor Veränderung lähmt uns häufig und hält uns ab, unserer Sehnsucht aufrichtig zu begegnen und ihr zu folgen. Um geliebt zu werden, müssen wir uns dem widersetzen, was wir glauben, dafür sein zu müssen. Wahre Liebe gibt es nur für den, der sich selbst wahrhaftig liebt. Der Mut zur eigenen Authentizität ist die Basis. Wir müssen uns selbst ehrlich begegnen, es wagen, uns uns selbst zuzumuten. Denn wie sonst können wir uns vertrauen? Uns selbst lieben zu lernen, bedeutet, die Liebe der anderen zu riskieren. Es bedeutet, die Person, die wir bislang waren, aufs Spiel zu setzen, um zu werden, wer wir wirklich sind. Eine Herausforderung, bei der uns die nächste Phase unterstützen wird.

Für dich zur Vertiefung: Worin liegt dein Glück?

Welche Projekte gehören zu dir?
Welche sind dir die wertvollsten?
Wenn alles möglich wäre, welches Erblühen würde dich am glücklichsten machen?
Worin liegen deine größte Lust und Freude? Bingo. Hierhinein gehört deine Liebe. Dieser Sehnsucht darfst und musst du folgen, wenn du Freude, Lust und Erfüllung anstrebst. Wie in den zwischenmenschlichen Beziehungen, frage dich, welche Qualität benötigt wird. Nutze deine mütterliche Intuition.

Es ist empfehlenswert, dir einen genauen Überblick über deine Beziehungen wie auch über deine aktuellen Projekte zu verschaffen. Hierzu kannst du eine Zeichnung anfertigen. Setze dich in Relation zu dem, was sich gerade in deinem Leben befindet. Positioniere deine Menschen und deine Projekte so um dich herum, wie es sich für dich stimmig anfühlt. Wer und was ist dir am nächsten? Welche Menschen gehören zu welchen Projekten oder Themen? Was sich vor oder über dir befindet, darauf steuerst du zu. Was sich hinter oder unter dir befindet, gibt dir Rückendeckung und stärkt dich oder liegt bereits in der Vergangenheit. Woraus beziehst du Kraft, wohin verlierst du Energie? Nutze Farben, Pfeile und Symbole. Schiebe, tausche, sortiere, bis sich ein stimmiges Bild ergibt, das dir Aufschluss darüber gibt, wer und was dein derzeitiges WE ausmacht.

Etwas in dir weiß genau, was vielleicht unscheinbar, aber von großer Wichtigkeit ist. Vertraue auf diese innere, reife Stimme in dir und hebe dir den Vollgas-Aktionismus, wenn möglich, für deine nächste zweite Phase auf. Gib der Fürsorge Raum und vertraue darauf, dass gerade das Aussteigen aus der drängenden Schnelligkeit der vorigen Phase deinem langfristigen Erfolg dienlich ist. Denn aus der Ruhe heraus zeigen sich dir Aspekte, die du im eifrigen Lauf übersehen wirst. Konzentriere dich jetzt auf die leiseren, nährenden Aspekte, auf Anreicherung des bereits Bestehenden. Verleihe deiner Schöpfung Tiefe und gestatte ihren Wurzeln, in den Boden zu wachsen, um sich Festigkeit zu sichern. Ergänze, verknüpfe, bewässere und besonne. Halte Raum, hüte und schütze, damit sich deine Schöpfung entfalten kann.

Beziehungen sind Projekte und zu Projekten stehen wir in Beziehung. In beiden Formen des in Beziehung-Seins unseres Innen mit dem Außen spiegeln wir uns selbst. Uns wird im Außen immer nur das begegnen, was wir in uns selbst entwickelt haben.

Was also möchtest du erfahren in deinem Leben? Wonach sehnst du dich? Was suchst du? Schaust du deiner Sehnsucht geradewegs in die Augen? Peilst du deine Ziele unerschrocken an oder bemühst du den Zufall, der dir auf Umwegen dein unbewusst herbeigeführtes Notwendiges offerieren darf, für das du dann keine Verantwortung übernehmen musst? Sei mutig, Schwester! Es ist nicht für alles ewig Zeit.

Die Qualität unseres Lebens bemisst sich an der Qualität unserer Beziehungen. Wohinein auch immer wir unsere wertvolle Lebensenergie, Lebenslust, Lebensfreude in Form von Liebe, Aufmerksamkeit, Zugewandtheit, Gedanken und Handlungen investieren, das Ergebnis spiegelt sich immer in uns selbst.

Wenn wir erst damit begonnen haben, die femininen wie maskulinen Kräfte unseres Zyklus für uns zu nutzen und sie so zu kanalisieren, dass sie der bewussten, absichtsvollen Gestaltung unseres Lebens dienen können, dann bekommt unser Leben eine vollkommen neue, geradezu magische Duftnote. Sie enthält unsere sanfte Empfindsamkeit, unsere jugendlich lockende Potenz und unsere reife, frauliche Liebe. Doch eine Komponente fehlt noch, um sie abzurunden und wahrhaftig ihre Wirkung entfalten zu lassen: Phase vier, die Königin in dir ruft!

Take-Away-Box WE-Time

- Frauliche, reife Energie weise einsetzen
- Verantwortung übernehmen für meine Schöpfung
- Mein WIR hüten, nähren, schützen
- Entspannt und vertrauensvoll präsent sein
- Liebe fließen lassen
- Meiner Intuition, Lust und Freude folgen

Affirmationen

- Ich bin ein Wir.
- Ich tue alles mit Liebe.
- Was zu mir gehört, nähre ich mit meiner Liebe.
- Ich bin verantwortlich für meine Schöpfung.
- Mir begegnet im Außen, was ich in mir selbst entwickelt habe.
- In den Augen des anderen kann ich immer nur mich selbst sehen.
- In der Ruhe liegt die Kraft.

Empfehlung

Singen und Summen ist eine wunderbare Möglichkeit, deine harmonisierende mütterliche Qualität zu aktivieren. Auch wenn du glaubst, du seist vollkommen untalentiert, erlaube dir den Genuss, deine Stimmbänder zu erproben. Lass es während alltäglicher Tätigkeiten durch dich tönen und vibrieren und gehe, wenn du magst, noch weiter: Synchronisiere dein Becken mit deiner Kehle, indem du deine Hüften wiegst und kreisen lässt. Versuche es und entdecke neue Seiten an dir.

NO-Time

Phase vier: Die kämpferisch-wilde Lust

NO bedeutet nein, dagegen sein, sich abgrenzen, in den Widerstand gehen. KNOW bedeutet wissen, kennen, verstehen.

NO bildet den Kern des Wortes KNOW und wird durch die in der englischen Aussprache dieses Wortes nicht hörbaren Konsonanten k und w eingerahmt.

Ähnlich verhält es sich mit der Erweiterung unserer verneinenden Kräfte. Ein dunkles NO bildet häufig das Zentrum unserer vierten Phase. Es ruft nach unserer Aufmerksamkeit, um sich in ein tieferes Wissen verwandeln und ausdehnen zu dürfen.

Wahrhaftiges Handeln

Unser zyklisches Wesen gewährt uns keine allzu lange Gleichförmigkeit, in der wir es uns gemütlich machen und vergessen könnten, wer wir sind und was sich durch uns ausdrücken möchte. Weder im Aktionismus der zweiten Phase noch im großen WIR der dritten Phase können wir uns verlieren, denn die Veränderung ist vorprogrammiert. Stetiger Wandel und, wenn wir ihn nutzen, stetige Weiterentwicklung fordern uns auf, uns im Loslassen der Person zu üben, die wir gerade noch waren. Es handelt sich nicht um Launen der eigenen Natur, sondern um ein Eingebettetsein in eine größere natürliche Intelligenz, der wir vertrauen dürfen. Unser geistiges und körperliches Selbst als Spiegel des sich ausdrückenden übergeordneten Musters der göttlichen, universellen Ordnung.

Kali-Zeit

Mit Phase vier verwandelt sich unsere seiende Präsenz der dritten Phase wieder in eine Tun-Qualität. Sie bezieht sich jedoch im Gegensatz zur gegenüberliegenden zweiten Phase nicht auf unseren äußeren, sondern auf unseren inneren Garten, in dem es anspruchsvoll wird: Aus der Harmonie des Sommers steigen mit abfallendem Hormonspiegel dämonische Schattenanteile in uns auf. Wir changieren wie das Wetter. Vom Sonnenschein des goldenen Indian Summer über Regengüsse bis hin zum wütenden Orkan liegt alles darin. Der Mond in uns nimmt ab, es wird dunkler, der Abend bricht an. Willkommen in deinem Herbst, in deiner Kali-Zeit. Kali, die hinduistische Göttin des Todes und der Erneuerung, symbolisiert die gegenläufige Energie der fruchtbaren Jungfrau in uns. Statt aufwärts geht es nun abwärts. In ihrem Zorn, der Wildheit und Kampfbereitschaft verkörpert Kali all das, was das brave Mädchen glaubt, nicht sein zu dürfen, eine reife Frau hingegen zu nutzen weiß. Denn mit ihrer Sichel trennt Kali Verwirrung und Illusion, die Spreu vom Weizen und macht so den Weg frei zur Wahrhaftigkeit. Vernichtung steht vor der Auferstehung. Kalis Widerstand und ihre oft scharfe Intensität dienen deinem Schutz. Denn auch wenn sie dir als dämonische Gegenspielerin erscheint, geht es ihr genauso wie deiner inneren Heldin um Persönlichkeitsentwicklung. Auf ins Gefecht! Stelle dich deiner Dämonin. Sie zu ignorieren, indem du ihr Aufbegehren unterdrückst, bringt dich nicht weiter und kostet Kraft, die du besser dazu nutzt, ihr mutig zu begegnen.

Die Welt, die gestern noch glänzte, zeigt heute Risse, und manchmal scheint es, dass Kali wie aus dem Nichts in verschiedenen Gestalten in deinen Alltag hineingrätscht. Sie tritt als Zweiflerin, innere Kritikerin oder wütende Furie auf. Gewieft zielt sie auf deine Achillesferse. Im falschen Moment flüstert sie dir ins Ohr: »Bist das wirklich du? Hast du dich da nicht etwas überschätzt? Sei nicht naiv! Du willst zu viel! Lass es sein! Da draußen ist es gefährlich! Du musst dich schützen!« Oder sie lässt die Fetzen fliegen und brüllt dir entgegen: »Du Loserin! Schau dich an! Wie siehst du aus? Du bist falsch, anmaßend, eine Hochstaplerin, schlechte Mutter, Versagerin!« Deine dunkle Göttin weiß genau, wie sie eine Krise auslöst, denn sie kennt die Schwachpunkte der Heldin und nutzt sie, um den Schlaf der Gerechten zu vermeiden. Es muss weiter und tiefer gehen. Und so stellt sie der Bejahung deiner Heldin ihr scharfes NO gegenüber. Sie boykottiert, reißt ein, was du aufgebaut hast, widerspricht, kritisiert und schockiert in ihrer Wucht. So erzeugt sie Chaos, denn was eignet sich besser für das Auf-die-Probe-Stellen deiner Heldinnen-Wahrheit als eine Rebellion oder andere Art der Krise? Heldin und Dämonin müssen sich auseinandersetzen. Sie müssen diskutieren, manchmal kämpfend um die Wahrheit ringen, um eine gemeinsame Lösung zu finden. Es gibt kein Licht ohne Schatten und andersherum. Heldin und Dämonin bedingen einander, sie sind die gegenüberliegenden Enden derselben Person – deiner Person.

Was ist unsere Wahrheit wert?

Jede noch so kleine Krise ist ein Wake-up-Call zur Kurskorrektur oder Kursoptimierung. Zum wachen Hinschauen auf das entsprechende Thema. Worum geht es deiner Kali? Was verteidigt sie? Und wofür tritt deine Heldin ein? Entdecke deine widerstrebenden Seiten und höre ihre Argumente. Die Heldin folgt der Sehnsucht, steht ein für Veränderung, Mut, Freiheit und Erfüllung, während die Dämonin für die Sicherheit, den Schutz, das Bewahren steht. Sie verhindert das Erreichen unserer Sehnsucht und fordert unsere Bereitschaft, zu leiden, ein, um größere, unbekannte Risiken und Verletzungen zu vermeiden. Ihr beider dynamisches Spiel bringt Lebendigkeit und Tiefe in unseren Entwicklungsprozess. Du bist die Heldin, du bist die Dämonin, du bist der Kampf und die Lösung. Darum geht es. Denn wie können wir uns unserer Liebe zu uns selbst und zu anderen sicher sein, wenn sie nie auf den Prüfstand musste? Woher wissen wir, dass wir vor uns selbst bestehen, wenn wir uns nie herausgefordert haben? Was ist unsere Wahrheit wert, wenn wir sie nicht verteidigen können?

Oft, ohne es mit deinen inneren Stimmen in Zusammenhang zu bringen, vielleicht hast du sie bislang nicht einmal richtig differenziert wahrnehmen können, reagierst du im Alltag der Phase vier gereizter als sonst. Je nach unreflektiertem Ladungsvolumen angestauter roter Gefühle bist du unwirsch, übellaunig oder aufbrausend. Du fühlst dich frustriert, demotiviert, traurig oder alles zusammen. Deine Emotionen tragen Herbstfarben. Du fragst dich, wo die strahlend sommerliche Heldin der letzten Tage geblieben ist? Sie hat instinktiv Platz gemacht, um deiner Kali Raum zu geben. Denn deine Heldin weiß um die drängenden Energien ihres Gegenpols, die sich entladen müssen, um dann kanalisiert und zum gemeinsamen Wohl genutzt zu werden. Die Heldin in dir weiß auch, dass sie den Weg ihrer Wahrheit nicht im Alleingang meistern kann, und darum verlangt sie nach der eigenen Feuerprobe.

Worin auch immer deine Verwundbarkeit liegt, deine Dämonin kennt sie bestens und wird dich, wenn du sie (sowohl die Verwundbarkeit als auch die Dämonin) noch nicht in dein Bewusstsein geholt hast, regelmäßig in Form eines leichten oder intensiver erlebten PMS (prämenstruellen Syndroms) konfrontieren. Dein Körper reagiert nicht nur auf die hormonellen Veränderungen, sondern genauso auf alles andere, das dich im Untergrund bewegt. Wie leicht ist es, dich hinter »Ich bekomme meine Periode« zu verstecken und das eigene Leiden in Form von Gereiztheit oder sogar Schmerzen auf diese Weise abzutun und nicht ernst nehmen zu müssen. Die, die eine wahre Königin sein möchte, darf sich mit den eigenen Schatten auseinandersetzen und sich selbst ehrlich begegnen. Verantwortlich setzt sie sich mit ihrer Dämonin oder der Schar ihrer Dämoninnen auseinander und bereinigt, was es zu bereinigen gibt. Zunächst einmal innen und nach reiflicher Prüfung, wenn notwendig (um die Not zu wenden) auch im Außen. Besteht jedoch keine akute lebensbedrohliche Not, beschränke dich in Phase vier auf deine Innenwelt und verschiebe das äußerliche In-Aktion-Treten auf später. Kalis Energie ist zerstörerisch und gefährlich. Bevor du dich ihr unterwirfst und ein Gemetzel anrichtest, indem du ihr freien Lauf lässt, nutze sie zunächst für den inneren Aktionismus. Selbst wenn du glaubst, deine Heldin öffentlich hinrichten zu müssen – lass es! Nutze deine nächste Phase, die bevorstehende Menstruation, um ausführlich innezuhalten, zu ruhen und aus dem Kontakt mit dem Archetypus deiner inneren Weisen die richtigen Schritte zu ergründen. Erst dann, aus der Reinheit der Jungfrau deiner Phase zwei, leitest du die Veränderung ein. Alles zu seiner Zeit. Deine NO-Kraft ist nicht dazu da, um dich und dein Leben zu zerbomben, sondern sie dient der Bodenhaftung und Erdverbundenheit deiner Heldin. Sie zwingt sie zur Machbarkeitsüberprüfung und fordert den Realitätscheck ein. Jede Heldin braucht einen Anker, um sich nicht in ideellen himmlischen Höhen zu verlieren, sondern ihr Potenzial auf der Erde zu gebären.

»Ich tue mir weh«

Deine Schatten können sich als dunkle Stimmungen zeigen oder sich in deiner Materie verfestigen und zu Schmerzen werden. Das, was sich durch dich ausdrückt, bist du. »Ich habe Rückenschmerzen« hat eine andere Qualität als »Ich erzeuge Rückenschmerzen«. »Mir tut etwas weh« hallt in dir weniger nach als »Ich tue mir weh«.

Wie klingt das in deinen Ohren? Spürst du deine Dämonin in dir aufsteigen? Geht sie in den Widerstand? »Das kann unmöglich wahr sein. Du hast keinen Anteil daran, dass dich jeden Monat dieselben Kopfschmerzen plagen. Du bist unschuldig und wage es ja nicht, das in Frage zu stellen.« Oder aber es regt sich die Heldin in dir, die bereit ist, den Schmerz und die Trauer, die »Ich tue mir weh« auslöst, zu durchleben, um dann die

Intensität dieser Gefühle als Motor zu nutzen und mutig in die Verantwortung zu treten. Denn sie wittert die Chance und die Macht, die in diesem Gedanken liegen. Wenn du kreierst, dann kannst du ebenso umgestalten.

PMS-Symptome sind vielfältig: von Kopfschmerzen, Müdigkeit, Unterleibskrämpfen, Rückenschmerzen, Durchfall, Heißhunger, Ödemen, Kreislaufbeschwerden, Übelkeit, Brustempfindlichkeit bis hin zur Migräne. Bei manchen Frauen beginnen sie bereits nach dem Eisprung, bei anderen beschränken sie sich auf wenige Tage vor der Blutung und bei vielen entfaltet sich das Leiden erst richtig mit dem Einsetzen der Periode. Wünschst du dir Besserung? Dann geh in die Verantwortung und beginne mit der Spurensuche, die mit einem Arztbesuch beginnen darf. Ist in deinem Schoßraum aus schulmedizinischer Sicht alles in bester Ordnung, dann gib nicht auf, sondern forsche weiter! Nutze die Möglichkeiten der Traditionellen Chinesischen Medizin (TCM), das Wissen von Heilpraktikern oder spüre am besten erst einmal selbst nach.

Meine Klientin Linda wuchs durch das allmonatliche Leiden ihrer Mutter im Bewusstsein auf, dass Schmerzen rund um den Beginn der Menstruation zum Frausein dazugehören. Entsprechend hatte sie sich bis auf den obligatorischen Besuch bei der Gynäkologin nicht weiter um Lösung bemüht. Ihre Blaupause sah das gar nicht vor, weil das Übel von Beginn an zu ihrem »normal« gehörte. Also lag sie jahrelang jeden einzelnen Monat mit Wärmflasche und Schmerzen im Bett und wartete auf das Einsetzen ihrer Blutung. Als sie in einem anderen Kontext ins Coaching kam und wir uns vermehrt mit ihren verurteilenden Gedanken über ihren Körper beschäftigten, wurden ihr nach und nach die Konsequenzen, die ihre Denkweise auf ihr physisches Erleben hatte, deutlich. Mit zunehmendem Verständnis ihrer eigenen Geschichte, ihrer Gefühle und Bedürfnisse veränderte sich die Beziehung zu ihrem Körper-Ich. Nicht nur begann sie regelmäßig Sport zu treiben und setzte sich mit ihrer Beziehung zum Essen auseinander, sie reflektierte ebenso engagiert das Thema ihrer Sexualität. Linda schaute hin und wurde aktiv. Sie schälte sich aus ihrem alten Ich heraus und mit ihrer neuen Selbstwahrnehmung wandelten sich auch ihre Schmerzen.

Die Periode ist nicht zwangsläufig die Ursache für Leid

Nur weil deine Leiden vor oder während der Menstruation auftauchen, heißt das noch lange nicht, dass die Periode an sich die Ursache ist. Dein System befindet sich während deines Herbstes in einer abbauenden Phase und bei Einsetzen deiner Blutung am Mitternachtspunkt. Du bist schwächer, empfindsamer, durchlässiger als in der zweiten aufbauenden oder dritten erhaltenden Phase. Daher liegt es nahe, dass Signale durchdringen, die sonst wenig Gehör finden.

Vielen Frauen, mit denen ich gearbeitet habe, kam es die längste Zeit nicht in den Sinn, ihren Symptomen auf den Grund zu gehen. Carin kam ins Coaching, weil sie zu viele Baustellen hatte, wie sie sagte. Sie fühlte sich dauergestresst und bangte um ihre Beziehung, die aufgrund der vielen anderen To-dos zu kurz käme. Und nun sei auch noch ihr Mann frustriert, weil Carin keine Lust auf Sex habe. Nebenbei erfuhr ich, dass sie außerdem monatlich mit einer Migräneattacke rechnen musste. Beim ersten Anzeichen warf sie die übliche Dosis an Pillen ein und hoffte, Glück zu haben. Oft blieb das Glück aus.

Stell dir vor, wie furchtbar das ist, mit einem ohnehin zu vollen, zu schnellen, zu herausfordernden Außen konfrontiert zu sein und obendrauf noch mit einem Angriff von innen rechnen zu müssen! Oder stell dir vor, wie es wäre, wegen des äußeren Monsters eine innere Notbremse zu ziehen. Wie so oft, eine Frage der Perspektive. Migräne klingt wie Hyäne! Allein das Wort erzeugt Schrecken und die Idee, dass es in dir wohnt, auch Mitgefühl und das Recht, zu jammern. Ein Recht, das du dir selbst möglicherweise zu selten einräumst. Ihr ist nur mit Medikamenten und sofortiger Abgrenzung beizukommen. Licht aus, Alltag aus, nichts geht mehr. Ein erzwungener Stillstand.

Jedem Menschen sein eigenes Leid. Mir meines, dir deines. Wollen wir es ändern, müssen wir uns ent-opfern und dem Gegenspieler, der Dämonin in uns, auf Augenhöhe begegnen und fragen: »Wer bist du? Worauf zeigst du? Was machst du? Was willst du mir sagen? Wieso glaubst du, mir auf diese Art zu dienen?«

Als ich Carin nach dem möglichen Nutzen ihrer Migräne fragte, schaute sie mich entgeistert an. »Nutzen? Keinen! Es ist furchtbar und raubt mir die letzten Kräfte. Es macht mich zu einem anderen Menschen. Lieber heute als morgen wäre ich sie gern los.«

Wen? Die Migräne oder die Frau, die sie aus dir macht?

Erhöre dich!

Ich höre Carin und ich höre viele andere. Jede Leidende hat mein volles Mitgefühl. Ich weiß um die Veränderung unserer Realität, wenn uns Schmerzen quälen. Ich weiß auch, wie sie uns empfindsamer für das Leid und die Schwächen anderer machen und wie wunderbar es ist, wenn sie uns wieder verlassen. Es gibt viele Krankheiten, aber nur eine Gesundheit. Und auf ihr Wechselspiel will ich dir eine andere Sichtweise anbieten: Treten deine Dämonen als prämenstruelle oder Regel-Schmerzen auf, dann höre genau hin. Dein Körperselbst will dir etwas sagen und es scheint eine wichtige Botschaft zu sein, sonst würde sie nicht unermüdlich, regelmäßig gesendet werden. Dein Leiden, das du vielleicht schon in dein persönliches »normal« inkludiert hast, ist NICHT NORMAL. Und solange es Hoffnung auf Veränderung gibt: Leg los, Schwester! Erhöre dich! Schenke dir Aufmerksamkeit. Öffne dich für deine körperliche Sprache. Werde zur Expertin deiner Symptome und forsche nach ihren Hintergründen. Gehe dir selbst auf den Grund. Lokalisiere. Differenziere. Vergleiche. Finde das Muster und dann mach dich auf, es zu enträtseln. Erst wenn wir den Wert unserer »Krankheit« anerkennen, die Botschaft entschlüsseln oder eine Alternative zu dem, was sie uns ermöglicht, finden, können wir sie vielleicht loslassen.

Carin hat sich selbst sehr genau unter die Lupe genommen. Mit zunehmendem Verständnis ihrer eigenen inneren Beweggründe das Leben zu führen, dessen Nebenwirkungen sie in meine Praxis geführt hatten, begann sie auszusortieren, was nicht ihrer Freude, sondern der Migräne diente. Sie beschäftigte sich mit ihrer WIR-Liste, setzte Prioritäten und fand Lösungen. Das war kein leichter, sondern ein stetiger Prozess, denn nicht zuletzt war sie eine so überbeschäftigte, fleißige, erfolgreiche Frau geworden, um ihrem Vater zu beweisen, dass sie seiner Liebe wert war. Der Vater war mittlerweile verstorben, doch seine Stimme hallte konstant in Carin nach und seine Präsenz begegnete ihr in der Starrheit der Firmenstruktur, der sie sich täglich unterwarf. Carin musste sich entscheiden, ob sie in der aufopfernden Rolle des eifrigen Mädchens bleiben wollte oder sich aus der Rolle der erwachsenen Frau heraus um dieses Mädchen kümmern wollte, um ihr die Liebe, Anerkennung und Wertschätzung zu schenken, die sie immer noch im Außen suchte.

Wir alle haben unser Päckchen zu tragen und da wir es nicht einfach abwerfen können, müssen wir es entweder er-tragen oder wir beginnen damit, uns mit ihm auseinanderzusetzen. Aufmachen und reinschauen. Was erzählt uns der Inhalt über seine Herkunft?

Sieh dir jeden Aspekt, den du findest, genau an. Nicht aus der Perspektive des Opfers, sondern aus jener deiner inneren Heilerin, und erforsche die Sprache deines körperlichen Selbst. Frage dich nach dem Nutzen, den dir deine Schmerzen bringen. Frage dich nach der Erfahrung, die dein Schmerz dir aufdrängt. Suche nach dem, was ihn verstärkt, und dem, was ihn mildert.

Starrst du entgeistert auf diese Zeilen und denkst: »Wenn die wüsste, mit welchem Schmerzausmaß ich jeden Monat zu kämpfen habe ... Dieses Herangehen funktioniert vielleicht bei kleinen Monstern, aber nicht bei meinem übermächtigen Dämon.«

Dann heißt deine Gegenspielerin möglicherweise Endometriose. Sechs bis zehn Prozent aller Frauen sind betroffen und ich konnte kaum glauben, was sich da im Verborgenen so häufig abspielt und gesellschaftlich vergleichsweise selten Gehör findet.

Endometriose – ein Exkurs
Damit du bestmöglich informiert bist, habe ich mir in dieser Sache fachkundige Unterstützung geholt. Dr. Bettina von Seefried ist Gründerin der Praxis Gynhealth in Zürich, welcher ich mit meinem Coaching-Unternehmen numoon angeschlossen bin. Bettina bringt 25 Jahre ärztliche Erfahrung auf dem Gebiet der Frauenheilkunde mit und folgendes Gespräch haben wir zum Thema des weit verbreiteten, mysteriösen Frauenleidens geführt. Wir hoffen, damit zu mehr Bewusstsein und Mitgefühl, aber auch mutiger Auseinandersetzung beizutragen.

Nadine:
Liebe Bettina, du siehst jährlich 1800 Patientinnen, von denen sich wiederum um die tausend in einem Alter befinden, in dem sie menstruieren. Wie viele von diesen Frauen klagen über Probleme, die ihre Periode betreffen?

Bettina:
Um die vierzig Prozent der fruchtbaren Patientinnen haben Probleme im Zusammenhang mit ihrer Menstruation und übermäßiger Schmerz kann eines dieser Probleme sein.

N:
Wann ist eine schmerzhafte Periode eine Endometriose und worum genau handelt es sich bei dieser Krankheit?

B:
Vorweg ist es wichtig zu wissen, dass starke Schmerzen während und rund um die Blutung mit und ohne Endometriose auftreten können. Ebenso kann Endometriose mit und ohne Schmerzen auftreten. Das heißt, der Schmerzgrad ist kein Beleg für dieses Krankheitsbild.

Endometriose ist eine chronische Erkrankung, deren Name sich aus der medizinischen Bezeichnung für die Gebärmutterschleimhaut, das Endometrium, ableitet. Sie bezeichnet das Vorkommen einer solchen an anderen Orten als im Uterus selbst. Die Gebärmutterschleimhaut kleidet das Innere der Gebärmutter aus und baut sich mit jedem Zyklus neu auf. Im Falle nicht eingetretener Schwangerschaft wird sie wieder abgebaut und durch die Blutung ausgeleitet. Ein solcher Typ Schleimhaut findet sich bei Patientinnen mit Endometriose auch an inneren Körperstellen, wo er eigentlich nichts zu suchen hat. Die Herde sind meist klein und ähneln Muttermalen auf der Haut, können aber auch größer werden und sich vermehren. Sie sind an Organen und im Gewebe des Schoßraums und seltener im Bauchraum oder an noch entfernteren Orten des Körpers anzutreffen.

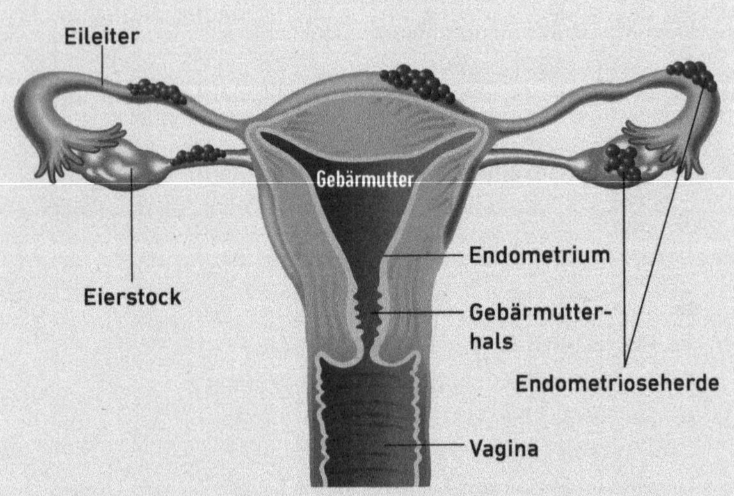

Mögliche Herde an den Organen im Schoßraum

Durch die Geschlechtshormone beeinflusst, verhalten sie sich genauso wie die Zellen in der Gebärmutterschleimhaut: Mit jedem Menstruationszyklus verdicken sie sich und werden parallel zur Periode abgestoßen, was an den betreffenden Stellen wiederum Blutungen auslöst. Trotz großer Forschungsbemühungen sind die Ursachen der Endometriose bis heute weitgehend ungeklärt. Es gibt verschiedene Theorien über das Entstehen oder die Verteilung der Herde, doch ist keine allgemeingültig und umfassend belegt.

Um herauszufinden, ob es sich um Endometriose handeln könnte, wird die Patientin von uns genauestens befragt. Typisch ist zum einen das Ansteigen des Schmerzausmaßes über die Zeit. Viele Frauen erleben ihre Periode anfangs als erträglich und über die Jahre verschlimmert sich der Schmerz ins Unerträgliche. Ein weiteres Indiz ist das frühzeitige Einsetzen der Schmerzen. Nicht erst mit Beginn der Blutung, sondern bereits ein bis zwei Tage vorher leiden viele Endometriose-Patientinnen Qualen. Die Intensität ist nicht vergleichbar mit den weit verbreiteten Unterleibskrämpfen, die während des Zusammenziehens der Gebärmutter von vielen Frauen wahrgenommen werden. Übliche Tätigkeiten wie der Schulbesuch oder zur Arbeit gehen sind oft unmöglich.

Häufig wird zusätzlich zu den massiven Beschwerden rund um die Periode über Blasenprobleme wie zum Beispiel Schmerzen oder ein Brennen beim Wasserlösen geklagt. Und damit nicht genug, es gibt ein weiteres Leiden, das bei vielen Endometriose-Betroffenen auftritt: die

Migräne. Auch das Ausbleiben einer erwünschten Schwangerschaft ist in der Kombination mit einem oder mehreren der erwähnten Hinweise ein weiterer möglicher Anhaltspunkt.
Bevor wir die manuelle Untersuchung des kleinen Beckens der Patientin durchführen (inneres Abtasten der Gebärmutter und der Eierstöcke mit äußerem Gegendruck der Hand), fragen wir nach eventuellen Schmerzen beim Geschlechtsverkehr, die wiederum im Zusammenhang mit Endometriose-Herden stehen können. Es gibt vieles zu beachten und zuletzt ist das Gesamtbild der Patientin ausschlaggebend. Je mehr der aufgezählten Bausteine vorhanden sind, desto größer ist die Wahrscheinlichkeit, dass eine Endometriose vorliegt. Doch bleibt es bei einer Wahrscheinlichkeit.

N:
Wie kann sich die Frau Gewissheit verschaffen?

B:
Zusätzlich zur Befragung und der gynäkologischen Untersuchung kann ein Ultraschall gemacht werden, auf dem zumindest große Endometriose-Herde ersichtlich sein können. Kleine Herde hingegen, die gesammelt ebenfalls für Symptome verantwortlich sein können, sind nicht sichtbar. In solchen Fällen kann nur eine Laparoskopie (Bauchspiegelung) für Gewissheit sorgen. Hierbei wird ein dünnes Röhrchen mit einer kleinen Kamera in den Bauchraum eingeführt, um Endometriose-Herde und Verwachsungen im Bauchraum und im Becken zu suchen. Werden wir fündig, können wir sie durch einen solchen Eingriff auch behandeln.

Beachtenswert ist, dass, je nachdem, wie ausgeprägt die Erkrankung ist, es durch Endometriose zu Verwachsungen und Schädigung der betroffenen Organe kommen kann. Daher ist eine Behandlung nicht nur im Hinblick auf die Schmerzreduktion oder -behebung ratsam, sondern auch, um Folgeerkrankungen zu vermeiden. Weil es sich bei der Bauchspiegelung um einen Eingriff unter Vollnarkose handelt, macht es Sinn, zuvor alle Alternativen abgeklärt zu haben und gleichzeitig in Anbetracht der Konsequenzen auch nicht zu viel Zeit ins Land gehen zu lassen.

Nochmal: Das Gesamtbild der Patientin ist ausschlaggebend dafür, wie wir sie weiter behandeln, und das Ziel ist natürlich immer, sie von den Symptomen zu befreien. Ein möglicher Weg ist die Entfernung der sichtbaren Herde mittels Bauchspiegelung. Ein anderer oder zusätzlicher ist die hormonelle Therapie, mit der die menstruale Blutung reduziert oder ausgesetzt wird. Jedoch kommt eine solche Behandlung nur für jene Patientinnen mit abgeschlossenem oder nicht vorhandenem Kinderwunsch in Frage. Endometriose ist eine extrem komplexe Krankheit, die die Patientin auffordert, sich ganzheitlich um sich zu kümmern und ihren individuellen Umgang damit zu finden. Denn die Nichtbeachtung der Erkrankung kann weitreichende ungewünschte Konsequenzen nach sich ziehen. Darum ist es wichtig, für Aufklärung zu sorgen, um die Betroffenen zu erreichen.

N:
Vielen Dank, liebe Bettina!

Liebe Leserin, für den Fall, dass du an Schmerzen leidest, die dich monatlich dermaßen ausschalten, dass nur Schmerzmittel deinen Alltag ermöglichen, zögere keinen Moment, eine Gynäkologin aufzusuchen. Nimm dich ernst und wichtig und finde die Ärztin, die dir selbiges Gefühl gibt. Im Schnitt dauert es bis zu acht Jahre, bis eine Frau herausfindet, dass es sich bei ihrer Pein um Endometriose handelt. Sind wir so gut im Aushalten? Ist es immer noch tabu, über Probleme, die den Schoßraum betreffen, zu sprechen? Geben wir zu früh auf oder glauben wir etwa, dass Frausein mit Leiden verbunden sein muss?

Mach dich auf die Suche nach den Ursachen für die wiederkehrenden Umstände und öffne dich für den Weg, auf den dich deine Schmerzen schicken wollen. Betreibe Nabelschau und studiere dein Thema. Das Ziel kann nur Besserung sein. Im Falle von Endometriose hören wir neben den oben erwähnten Therapien auch von hilfreicher Umstellung der Ernährung, Linderung durch Akupunktur, Osteopathie, Physiotherapie oder Yoga. Es gibt viele informative Podcasts, Bücher, Webseiten, die dich mit Erfahrungsberichten und Wissen versorgen. Finde deinen Weg. Ich bin davon überzeugt, dass, wenn du ihn aufmerksam gehst, du dorthin geführt wirst, wo deine ganz individuelle Variante von »heil« auf dich wartet.

Selbstempathisch Innen- und Außenschau zu betreiben, Verantwortung zu übernehmen, Veränderung einzuleiten, sind erste Schritte auf dem Weg zu Linderung, Besserung und – wenn möglich – Heilung. Du verdienst ein selbstwirksames Leben in Freude und Fülle. Und wie schwierig der Weg dorthin auch sein mag, es lohnt sich, ihn zu gehen.

Solange du denkst, vom Leben bestraft zu werden, und du an der Überzeugung festhältst, dass dir übel mitgespielt wird und du die Benachteiligte bist, manifestierst du deinen Schmerz. Du lädst ihn geradezu ein, dir dein Glaubensmuster zu bestätigen. Was nutzen dir diese Gedanken? Sie servieren dir das Opfertum, das dich von deiner verantwortlichen Täterschaft entbindet. Wer Opfer ist, kann nichts tun und trägt für nichts die Verantwortung. Das Opfer zieht die Lähmung der Bürde der Entscheidungs- und Tatkraft vor. Wirf die Rolle ab und wähle die Hoffnung statt der Kapitulation! Mach dich auf deine eigene Suche nach der Entfaltung, die dich deinem Heil näherkommen lässt. Erlaube dir die Täterschaft deines Lebens. Lass das alte Spiel los, schüttle es aus dir heraus und beginne neu. Du hast immer eine Wahl, ob du es nun glauben willst oder nicht. Du allein trägst die Verantwortung für die Art, wie du dein Leben erlebst und dein Glück findest.

Für dich zur Vertiefung: Ermächtige dich

Beginne damit, deine Gedanken zu beobachten. Höre dir selbst beim Denken zu und finde heraus, in welchem Bereich deines Lebens du noch Opfer bist. Frage dich, ob du bereit bist, dich selbst zu ermächtigen und deine Dämonin, wie auch immer sie sich dir zeigt, als Nadelöhr für deine Transformation zu nutzen. Das ist keine kleine Aufgabe, die sich mit dem Lesen dieser Zeilen von selbst erledigt. Und wenn sie dir wie ein Berg erscheint und Kali dir schon wieder zuraunt, dass du das sowieso nicht schaffst und am besten alles beim Alten bleibt, dann lass dich nicht zurückdrängen. Steh für dich ein, halte an deiner Sehnsucht fest und suche dir Unterstützung. Da draußen sind so viele fähige, erfahrene, hilfreiche Coaches, Therapeuten und Mentoren, die den Weg kennen, weil sie ihn selbst schon gegangen sind und dir somit ein Stück weit voraus sind. Und weil sie um deinen Schmerz wissen und er auch ein Teil von ihnen ist, stehen sie dir so gerne zur Seite. Du musst den Weg nicht allein gehen – das musste ich auch nicht.

Im Rahmen meiner Trennungskrise habe ich auf der Suche nach Unterstützung, Orientierung und Klarheit »Die Heldenreise« nach Paul Rebillot gebucht. Ein kreatives, gestalttherapeutisches Selbsterfahrungsseminar, bei dem die Teilnehmenden mit ihrem inneren Dämon und Helden in Kontakt kommen. Zwölf Suchende und zwei Therapeutinnen haben sich für eine Woche im tiefsten Schwarzwald eingeigelt, um einander Gefährten zu sein auf der Reise zu den widerstrebenden Kräften, die unser individuelles Chaos am Laufen hielten.

Wie gerne sonnen wir uns in der lichtvollen Seite unserer Persönlichkeit, der Heldin. »Ja, ich anerkenne dich, du großes, mutiges, starkes, weises, leuchtendes Potenzial in mir. Du kannst viel mehr, als ich denke, dir vertraue ich, let's go! Hauptsache, ich muss mich nicht mit meinem Schatten, der Dämonin, auseinandersetzen. Von der will ich nichts wissen. Da setze ich gerne einmal aus.« Das begann schon mit einer auf mich abscheulich wirkenden Übung am Anfang der Seminarwoche, bei der wir einander auf allen vieren wie Raubtiere, wilde Grimassen schneidend, die

Zunge herausstrecken sollten. »Wie peinlich ist das denn?« Ich habe mich schnell hinter meiner Verurteilung versteckt – mich abgegrenzt durch Gedanken wie: »Das ist lächerlich, kindisch, dumm, unzivilisiert, passt nicht zu mir, ich bin anders, das habe ich nicht nötig.« Meine Scham war gewaltig. Meine Persona rang ums Überleben, doch Dank sei dem Gruppenzwang – ich musste mitmachen, mich einlassen, hineingeben und spüren, was es mit mir machte, mich zu zeigen und in meiner Hässlichkeit gesehen zu werden. Die Grimassen waren nur der äußere Anfang. Wir arbeiteten uns ins Innere vor und was ich heute keinen Tag mehr missen möchte, ist das Bekannt- und Vertrautwerden mit meiner Dämonin, die mir die ehrlichste und schonungsloseste Begleiterin ist. Wo sie anklopft oder auch hineinstürmt, bringt sie unweigerlich einen weiteren Aspekt der Wahrheit mit in den Raum.

Die Heldin auf ihrem Weg

In jedem Menschen, jeder Frau steckt der Heldinnenanteil. Wir können ihn nicht verleugnen, denn die Heldin schimmert immer wieder durch und irgendwann beginnt sie ihre bewusste Reise. Sie verspürt einen Ruf, sie möchte etwas erreichen, zur Blüte bringen, etwas aus sich selbst heraus ent-wickeln und im Außen auf ihre Weise zum Erfolg führen. Vielleicht ist es der Ruf, eine Familie zu gründen, Kinder zu bekommen oder ihre Talente zu entfalten, sich gegen die Widerstände des Lebens zu behaupten und über sich selbst hinauszuwachsen. Sie folgt ihrer Sehnsucht, ihr Potenzial zu leben, um ganz zu werden. Und so verlässt sie ihre gewohnte Welt und begibt sich mutig auf unbekannte Pfade. Sie ist nicht allein unterwegs. Auf ihrer Reise begegnen ihr die Weggefährten und Helfer in verschiedenen Rollen – Freundinnen, Mentorinnen, Vorbilder –, deren Inspiration und Unterstützung sie in ihrer Absicht bestätigen. Doch folgt dem Flow-Gefühl unweigerlich der Moment, da die Heldin ihrem Feind, dem Dämon, begegnet.

Der Dämon bewacht die Schwelle zur magischen Welt und baut sich wie ein feuerspeiender Drache vor ihr auf, um die Heldin in ihre sichere Höhle, aus der sie gekommen ist, zurückzudrängen. Was nun? Ehrfürchtiges Zurückweichen, Kleinbeigeben, das Verleugnen der Sehnsucht oder aber die Auseinandersetzung, der Kampf zwischen den beiden Herzen in ihrer

Brust. Polarität vom Feinsten. Wir selbst sind unser größter Feind und Widersacher. Wir können uns nicht entkommen – unseren widerstrebenden Bedürfnissen von Freiheit und Selbstentfaltung auf der einen Seite und Sicherheit und Komfortzonenmentalität auf der anderen Seite. Es geht nicht darum, uns den Dämon aus der Brust zu reißen, sondern darum, beide Anteile zu integrieren, indem wir anerkennen, dass sie trotz ihrer Widersprüchlichkeit unser Wohl im Sinn haben. Ihre gegenseitige Anerkennung ist heilsam und lässt neue Kräfte entstehen. Aus dem dämonischen NO wird ein ganzheitliches KNOW, das essenziell ist für unsere Weiterreise.

Was zeigt dir dein eigener Film?

Die Heldenreise begegnet uns in fast jedem Hollywood-Blockbuster und wenn sich unsere eigenen Themen widerspiegeln, gehen wir in Resonanz mit unseren Anteilen, dem Helden, dem Dämon oder auch den Begleitern. Wir erkennen unser vertrautes Spiel von Licht und Schatten im Außen. Vielleicht wirst du von nun an genauer hinschauen und dich daran erfreuen, dass dir die projizierte Handlung mithilfe der in dir aufkommenden Gefühle wunderbare Hinweise auf deinen eigenen Film bietet. Macht es dich wütend, dem Bösewicht bei seinem Tun zuzuschauen? Identifizierst du dich mit dem Helden und möchtest ihm am liebsten zur Seite springen, ihn unterstützen, es besser zu machen? Oder lachst du über die Naivität und das Unwissen des Helden und fühlst dich der Macht des Dämons verbundener? Oder bist du zwiegespalten und erkennst bereits die Süße beider Kräfte, von der du weißt, dass sie trotz aller Widersprüchlichkeit die Enden derselben Sache sind?

Dämonen und Dämönchen begegnen uns nicht nur in Form von Mr. Monkey Minds Gedankenattacken, unangenehmen Gefühlen oder körperlichen Symptomen, sondern auch gerne als ausgelagerte Variante eines leibhaftigen Widersachers. Der eigene Partner, die nervende Mutter, die distanzlose Nachbarin oder herrschsüchtige Chefin, sie alle eignen sich als hervorragende Projektionsflächen unserer eigenen inneren Schatten. Es lässt sich eine Weile gut damit leben, andere für das eigene Leid, die eigene Stagnation oder den Rückschritt verantwortlich zu machen, doch bringt es längerfristig die Potenzierung dessen, was wir vorgeben, nicht zu wollen. Denn mit der Verantwortungsabgabe geht die Selbst-ent-mächtigung Hand in Hand und das bedeutet die Hinrichtung unserer eigenen Heldin.

Wenn wir mit dem Finger auf jemanden zeigen, wenden sich die restlichen Finger im Verborgenen unserer Hand in unsere Richtung. Königin, übernimm Verantwortung für alles in deinem Leben, das sich in deinem Wirkungskreis, deinem Garten befindet. Passt dir dein Chef nicht? Dann frage dich, welcher Schatten dich davon abhält, dich um Klärung dessen, was zwischen euch steht, zu bemühen, oder welches Geflüster dir verbietet, den Job zu wechseln. Geht dir deine Mutter an die Nieren? Dann setze dich mit ihren Beweggründen für ihr Verhalten und deiner Empfindsamkeit auseinander. Öffne dich für deine Mutter und/oder lerne, dich von ihr abzugrenzen.

Sich dem Schatten nähern

Du sprichst schlecht über deinen eigenen Mann? Gibt es eine Menge an ihm auszusetzen? Dann geh doch! Such dir einen anderen, besseren oder sei dir selbst genug! Das geht nicht? Aha. Wir kommen dem Schatten näher. Warum geht es nicht? Weil du von ihm abhängig bist? Emotional, beruflich, finanziell oder auf andere Art und du dir den Schritt, den es kostet, dich aus dieser Abhängigkeit zu befreien, nicht zutraust? Oder erzählst du dir die Lüge, dass du ihn zwar oft sehr bescheuert und als Liebhaber unbrauchbar findest, ihn aber dennoch so sehr liebst? »Was soll man machen, ich liebe ihn halt?« Achselzucken, Handflächen nach oben, ein schiefes Lächeln und du stiehlst dich aus der Verantwortung? Mache es dir in diesem zum Himmel schreienden Kompromiss nicht allzu gemütlich, Schwester. Dein Herz kennt den Preis, für den du deine Sehnsucht verkaufst. Verleugnen wir unsere Herzenswahrheit, führt der Weg in die Frustration. Jedes JA, ABER ist ein Nein. Und so, wie du selbst ein uneingeschränktes JA in der Liebe verdienst, so gilt dies auch für deinen Partner. Das Loch, das der Mangel an Liebe in dir hinterlässt, versuchst du mit Nahrung oder zu viel Sport, Kaufsucht oder Hyperaktionismus bei der Arbeit zu stopfen. Die unerfüllte Sehnsucht nach Liebe sucht Betäubung in der Sucht oder einer Affäre. Dabei rede ich hier nicht von dem Mangel an Liebe deines Mannes zu dir, sondern deiner mangelnden Selbstliebe, die sich vielleicht ebenso in deinem Mann spiegelt.

Wir dürfen unseren Dämonen dankbar sein, denn sie konfrontieren uns schonungslos mit unseren eigenen Schatten. Dein Mann ist nicht zufällig an deiner Seite und wenn du auch nur einen Funken Liebe zu ihm verspürst, dann lohnt es sich, dich mit ganzem Herzen dafür einzusetzen, diesen Funken zu nutzen, um ein Feuer zu entfachen.

Diese drastischen Aussagen wähle ich bewusst. Ich erinnere mich an die vielen Stunden bei meiner Therapeutin, die ich selbst damit verbracht habe, mein Opfertum detailliert zu untermauern. Und ja – wir alle brauchen diesen Raum des Gehörtwerdens, des Uns-selbst-Hörens, wie wir das aussprechen, was wir so lange mit uns herumgetragen haben, es uns so oft selbst vorgedacht haben, dass wir es nun glauben. Wir müssen uns selbst sagen hören, womit unser Mr. Monkey Mind den Weg zum Herzen versperrt. Die Aufgabe der Zuhörenden liegt im Spiegeln und darin, uns den Weg zur Selbstermächtigung anzubieten. Es muss also der Punkt kommen, an dem sie neben allem Verständnis für unser Leid die Frage stellt: Was fühlst du jetzt? Was brauchst du jetzt? Wie kannst du selbstverantwortlich für diese Bedürfnisse eintreten?

Zieh die Reißleine

Aus meiner eigenen und genauso aus der Erfahrung mit meinen Klientinnen braucht es einen ganz bestimmten Leidenspegel, um den Fallschirm zu aktivieren. Lieber fallen wir und gewöhnen uns an das Gefühl des Fallens, als dass wir uns selbst retten. Da sind ja noch so viele andere, die aus demselben Flugzeug gestürzt sind – es scheint also ganz normal zu sein. Wir sind in bester Gesellschaft. Und wenn die es alle auch nicht besser angetroffen haben, warum sollte es uns besser gehen?

Ernsthaft jetzt? Fühl da mal rein.

Wollen wir an der Geschichte festhalten oder eine neue wagen? Wir ziehen an, was wir aussenden. Wir gehen in Resonanz mit dem, was wir derzeit sind. Schau dich um, Schwester. Zeig mir deine Menschen, Projekte, dein ganzes großes WIR und sag mir, ob all das nicht viel mehr mit dir zu tun hat, als dir lieb ist.

An alle Fallenden: Zieh die Reißleine und aktiviere deinen Fallschirm. Erinnere dich, dass du selbst wertvolle Fäden in der Hand hältst, die dazu gedacht sind, genutzt zu werden, um dich auf sicheren, fruchtbaren Boden zu navigieren. Gehe das Risiko ein, dich von den anderen zu distanzieren und dein persönliches gelobtes Land bewusst anzusteuern. Du rettest nicht nur dich. Die eine oder andere wird dich beobachten und sich dadurch an den eigenen Fallschirm erinnern.

Erkenne deine Dämonen im Spiegel der Menschen, die zwischen dir und deiner Bedürfniserfüllung stehen. Was hält dich davon ab, diese Menschen loszulassen oder andersherum: Wozu dienen sie dir? Als Beweis dafür, dass du der Freude, Lust und Fülle nicht würdig bist? Dann darfst du dich dem wohl am weitesten verbreiteten Defizit zuwenden: der Selbstliebe. Oder benutzt du sie als faule Ausrede, weil du es eigentlich doch sehr gemütlich findest, da, wo du bist? Dann steh dazu! Du bist ein freier Mensch und darfst leben, wie es dir passt. Erlöse die Menschen aus ihrer Stellvertreterposition, danke ihnen und sag JA zu deinem Leben, so wie es ist! Dienen sie dir, um dich vor deiner Angst zu schützen, nicht mehr als deine jetzigen Umstände erschaffen zu können? Dann verbinde dich mit deiner Sehnsucht. Lasse sie wachsen, damit sie dich mit ihrer Energie auflädt. Wenn sie dir das Herz zusammenziehen kann, sobald du glücklich Liebende beobachtest, deren Glück du kaum erträgst, weil du es dir für dich selbst wünschst, dann kann sie es dir auch weiten, sobald du ihr Vertrauen schenkst und den Auftrag erteilst, dich zu führen. Ist dein Herz erst voll davon, beginnst du dich am Anblick derer, die bereits dort sind, wo du hinmöchtest, zu erfreuen. Und diese Art des Mitschwingens funktioniert wie ein Verstärker. Deine Sehnsuchtsenergie verwandelt sich von einer, die sich auf den eigenen vermeintlichen Mangel bezieht, in eine, die ein Auge für die Fülle entwickelt. Wir ziehen an, was wir aussenden, und sind wir erst richtig eingespurt, fließen wir auf das zu, was wir freudigen offenen Herzens in den Fokus genommen haben.

Wende deinen Blick vom äußeren Dämon nach innen zu deinem eigenen, der dem äußeren heimlich applaudiert, und erst wenn du deine Dämonin gehört hast und ihre Beweggründe aufdeckst, wird sich diese Erkenntnis ebenfalls im Außen manifestieren. Dein Erkennen wird deine Gedanken wandeln, die deine Haltung und Handlungen verändern, und das wiederum hat einen mächtigen Einfluss auf die Haltung und Handlungen deiner Menschen. So werden Frösche zu Prinzen und Schwiegermonster zu besten Freundinnen.

Insbesondere wenn wir glauben, unsere Dämoninnen bereits bezwungen zu haben, und sich ob der ach so viel betriebenen Persönlichkeitsentwicklung eine schleichende Hochmütigkeit breitmacht, dürfen wir wachsam und achtsam bleiben. Hochmut kommt vor dem Fall.

Ich darf das sagen, denn mir ging und geht es genauso. Auch heute noch stellt mir meine Dämonin findig die richtigen Fallen und ich tappe, kurz- oder längerfristig erblindet, hinein.

Unseren Grad der Entwicklung erkennen wir nicht daran, dass wir nie mehr straucheln, sondern daran, dass wir, statt uns in Selbstmitleid oder Beschuldigungen zu verlieren, schneller die Verantwortung ergreifen und wieder aufstehen. Königin sind wir, wenn wir gelernt haben, Dämonin und Heldin immer wieder neu zu integrieren, und somit ganzheitlich voranschreiten. Hinfallen, aufstehen, Krone richten und weiter geht's! Das kannst du auch.

Anerkennung üben

Nicht immer muss sich Phase vier durch den inneren Kampf deiner Supermächte ausdrücken. Es sei dir gewünscht, dass du dich mehr und mehr mit der beglückenden Ernte deiner Saat befassen darfst. Dies wird dir in dem Maße gelingen, wie du die vorigen Phasen ihren Qualitäten entsprechend zu leben lernst. Es ist so wichtig, dass wir uns nicht nur in der Problembewältigung, sondern auch in der Anerkennung dessen üben, was wir bereits kreiert haben. Das heißt, wenn du aus deinem Sommer in einen herrlich warmen Herbst gleitest, der Himmel blau ist und kein Windchen weht, gibt es keinen Grund, verzweifelt nach deiner Dämonin Ausschau zu halten. Wenn sie abwesend ist, dann feiere dich selbst und ernte dankbar die Früchte deiner Saat. Genieße und zelebriere ein Erntedankfest. Klopf dir auf die Schulter, liebe Heldin, nimm dich selbst in den Arm, schenk dir ein breites Lächeln im Spiegel und sage es laut: »Ich bin stolz auf mich! Ich erfreue mich an mir selbst! Ich feiere mich! Ich habe diesen Monat dies und jenes erreicht und das ist meines eigenen Beifalls würdig!«

Und bitte, lass andere an diesem Fest teilhaben. Teile deine guten Früchte, deine Erfolge, deine Freude, deine Erkenntnisse, deine Energie! Inspiriere andere! Denn die Lust und Freude deiner Menschen bereichert das Feld deines WIRs. So verschenkst du die geernteten Sonnenblumenkerne weiter und die Chancen stehen gut, dass du dich bald in einer blühenden Welt voller Sonnenblumen wiederfindest.

Bis es so weit ist, verzage nicht und heiße deine Stürme willkommen, damit du herausfinden kannst, was ihre Kräfte bereinigen möchten. Die vier Schritte aus dem ersten Kapitel »Hinsehen, Hinspüren, Hinhören, Handeln« sind das Grundgerüst, wenn du deine Gefühle und Bedürfnisse reflektieren möchtest. Und das solltest du! Denn hast du es über längere Zeit versäumt, die kleinen und mittelgroßen roten Leuchtsignale deines Systems zu identifizieren und ihre Bedürfnisse zu bedienen, dann braut sich gerne mal eine hochexplosive Mischung in dir zusammen. Ignorierte, verschleppte und kleingedachte Missstände kumulieren sich zu einem dämonischen NO. Du bist emotionsgeladen und der Staudamm bricht dann, wenn die Kräfte nachlassen, die Energien absinken – in Phase vier.

Während ich mich Monat für Monat in der Beobachtung meines neu entdeckten Zyklus übte, habe ich in Phase vier entweder meine Beziehung, mich selbst oder mein gesamtes Leben in Frage gestellt. Es kam ohne Vorankündigung aus dem Hinterhalt und ging vollautomatisch: Mein Partner, der noch vor zwei Wochen der *Sexiest Man Alive* war, verwandelte sich vor meinen Augen in einen unempathischen sturen Bock. Meine Kinder wurden zu pubertierenden Monstern und mein Spiegelbild schaute mir unverwandt spöttisch entgegen. Die Welt verdunkelte sich und ich war mittendrin. Ich kannte diese Stimmung als Langzeitgast meiner Krisenzeit, aber jetzt war doch alles anders und viel besser! Wieso fühlte ich mich trotzdem so düster? Dieser Zustand erinnerte mich immer an Michael Jacksons Worte in seinem Song »Thriller«:

Darkness falls across the land
The midnight hour is close at hand

(Übersetzung: Dunkelheit zieht über das Land
Die Mitternachtsstunde steht kurz bevor[11])

Meine innere Unruhe und Unzufriedenheit überforderten mich und erzeugten meinen eigenen Thriller. Ich wusste nicht, wohin mit mir, und ließ mich ungefiltert auf die los, die mir am nächsten standen. Ich nörgelte und kritisierte und glaubte, alle großzügig auf ihre Fehler hinweisen zu müssen. Bei mir selbst anzufangen, kam mir vorerst nicht in den Sinn. Das konnte mal gut gehen, mal entfachte es einen Streit, der nirgends hinführte, dafür noch mehr Frustration mit sich brachte.

Nach der x-ten Wiederholung dämmerte mir, dass sich hier ein Muster in mir und nicht in den anderen abspielte. Denn so plötzlich es mich ein paar Tage vor meiner Menstruation überkam, so verging es mit ihrem Einsetzen. Also kramte ich meine Bücher zur Gewaltfreien Kommunikation hervor, in der Hoffnung, hier etwas über erfolgreiches Streiten zu finden. Stattdessen erinnerten sie mich an den Umgang mit den eigenen Gefühlen und Bedürfnissen. Meine Ausbildung in der GFK lag nur wenige Jahre zurück, wie konnte all das so schnell in Vergessenheit geraten? Einzig zu wissen, reicht nicht aus, man muss das Erlernte auch anwenden. Ebenso wenig ist es nicht genug, absichtsvoll zu sein, man muss auch umsetzen – eine alte Goethe-Weisheit.

Ich besann mich auf das Gelernte und schrieb auf, was los war. Beginnend mit der »Wolfssprache« – ein Begriff, den Marshall B. Rosenberg, der Begründer der GFK, im Gegensatz zur »Giraffensprache« prägte. Er nutzte die Giraffe, als Landtier mit dem größten Herzen, als Sinnbild für wertschätzende, respektvolle, liebevolle Kommunikation. Als wölfisch hingegen bezeichnete er den von (Vor-)Urteilen und Vorwürfen geprägten Austausch. Wolfssprache erlaubt das unkontrollierte Erbrechen der eigenen Gedanken und Gefühle. Kein Filter, keine Zurückhaltung. Alles muss raus! Welche Verurteilungen stecken mir im Hals? Welcher Schmerz liegt mir auf der Brust? Welche Last trage ich auf meinen Schultern? Was nervt mich? Wer ist ein Idiot und warum? Welche dunklen Gedankenwolken verfinstern meinen Himmel? Ich schrieb es mir von der Seele. Unzensiert. Die reinste Schlammschlacht. Fühlen und denken zu dürfen, was sich das brave Mädchen verbietet, ist ein Akt der Befreiung. Das NO will empfunden und gehört werden. Mein goldenes Buch war ein guter Zuhörer und ist es bis heute. Wenn ich erstmal alles runtergeschrieben und mich dabei hingebungsvoll durch die Dunkelheit meiner Kali gefühlt habe, geht es mir bereits ein Stück besser. Mein Bedürfnis nach Ehrlichkeit, Authentizität und Gehörtwerden sind gefüttert.

Für dich zur Vertiefung:
Ein Thriller in sieben Schritten (mit Happy End)

Schritt 1: Dämon freilassen

Finde einen ungestörten Ort, an dem du innehalten kannst. Nimm dir dein Journal oder etwas zu schreiben. Entweder setzt du dich hin und praktizierst die Schreibvariante oder du stellst dich hüftbreit in die Mitte des Raumes. Bei ausgebreiteten Armen solltest du nirgends anstoßen. Schließe deine Augen und atme tief ein und aus. Komm in deinem Körper an. Lade deine Dämonin ein, ihr NO durch dich auszudrücken. Wenn du stehst, beginne mit den Knien zu wippen. Lass das

Wippen, Zittern oder Vibrieren langsam aufsteigen und beziehe so viele Körperteile wie möglich mit ein, bis dein ganzer Körper einem unkontrolliert zappelnden Dämon gleicht. Erlaube dir zu tönen. Höre dir beim Stöhnen, Weinen, Knurren, Jammern, Schimpfen oder Fluchen zu. Atme dabei weiterhin tief ein und aus und bleib in Bewegung. Schüttle dich! Lass dich frei!

Erlaube deiner Kali, sich in ihrer erschreckenden Hässlichkeit zu zeigen. Spucke Gift und Galle. Würge es hoch und lasse nichts in deinem Innern zurück. Heiße alles Wilde, Irre, Übertriebene, Verachtungswürdige, Böse, Absurde willkommen und bleibe gleichzeitig in Kontakt mit deiner inneren Beobachterin, der Heldin, die zwar zur Seite tritt, um zuzuhören, aber nicht abwesend ist. Sie hält der Dämonin den Raum. Hast du dich ausgedrückt, setze dich hin und schreibe auf, was du gesagt, gedacht, gefühlt hast. Erlaube dir, es detailliert in Worte zu fassen.

Schritt 2: Thriller annehmen

Schau dir deine Anklage an und sag dir selbst: »So ist es und das ist okay. Ich bin okay. Es ist meine momentane Körperwahrheit. Ich darf mich so fühlen. Es hat seine Berechtigung. Es steckt etwas Gutes darin.« Die Heldin begegnet der Dämonin auf Augenhöhe. Anstatt sie zu verurteilen, schenkt sie ihr aufrichtige Empathie. Sie sagt: »Ich sehe dich, ich höre dich. Danke für dein Zeigen.«

Macht dich das nicht bereits ein gutes Stück leichter, hast du deine Gedanken und Gefühle nicht genügend gewürdigt. Geh zurück und gib ihnen mehr Raum. Erst wenn wir das Wölfische, Dämonische in uns ausreichend verkörpert und ausgedrückt haben, und das bedeutet, dass wir uns auch die hinterletzte Dunkelheit gestattet haben, dann erst gehen wir weiter.

Vielleicht erschreckt dich das, was da aus dir herausbricht. Möglich, dass deine Heldin nach den ersten Tiraden erschrocken eingreifen möchte, um dem bösen Geist Einhalt zu gebieten. Bitte sie um Geduld und Vertrauen. Gib ihr zu bedenken, welchen Schaden Groll, Wut, Zorn, Verachtung und das ganze Gift in dir anrichtet, wenn es sich unentdeckt in dir entzündet. Vermeide eine Sepsis, indem du die Wunde aufmachst, den Dreck herausholst und sie erst dann desinfizierst.

Schritt 3: Gefühle benennen

Die Heldin übersetzt die Ausdrucksform der Dämonin in die neutrale Sprache der Gefühle. Um welche Gefühle handelt es sich?
Meine persönlichen Dauerbrenner hießen:
unverstanden (von meinem Partner),
nicht unterstützt und ignoriert (von meinem Exmann),
überfordert (von all den Aufgaben, die auf meinen Schultern liegen),
genervt (von meinen Kindern und mir selbst).

***Unverstanden**, wir erinnern uns, gehört genauso wie **nicht unterstützt** und **ignoriert** zu den Pseudogefühlen. Meine Wolfssprache war stets üppig gespickt mit dieser Kombination aus echten Gefühlen und meinen gedanklichen Interpretationen. Was davon war wirklich wahr? Welche Basisgefühle lagen zugrunde?*

Um das Wesentliche vom Unwesentlichen zu trennen, müssen wir unsere Liste nach den tieferen, echten Gefühlen durchforsten, die sich auf uns selbst statt den anderen beziehen.

Schritt 4: Bringe es auf den Punkt!

*Aha, ich bin **traurig** über fehlende Nähe zu meinem Partner, **wütend** auf meinen Exmann und nochmal **traurig** über fehlenden Konsens in unserer Aufgabenverteilung bezüglich unserer Kinder. Ich bin **erschöpft** vom vielen Tun und Machen und habe **Angst**, dass sich nichts ändert. Ich bin **frustriert**, weil ich mich darüber **ärgere**, dass ich mich fühle, wie ich mich fühle, und total **gestresst** aufgrund der Gesamtkombination. Auweia. Und all das lasse ich dann bevorzugt an meinen Kindern aus und gleichzeitig verurteile ich mich dabei, eine schlechte Mutter zu sein. Das ergibt zusätzliche Trauer und Wut obendrauf. Kein Wunder, dass es in mir stürmisch war! Trauer, Wut, Angst und Stress. Da haben wir die Quintessenz. Aufschreiben!*

Schritt 5: Bedürfnisse erkennen

Worum geht es? Was fehlt mir? Was brauche ich, damit es mir besser geht? Was würde mir jetzt helfen und guttun? Welche unerfüllten Bedürfnisse zeigen meine Gefühle an?

Ich lege meine Hände auf mein Herz und frage: »Herz, was fehlt dir? Was brauchst du, um dich besser zu fühlen?« »Ich sehne mich nach Verbindung, Nähe und körperlicher Liebe!«, antwortet mein trauriges Herz. »Ich höre dich«, antworte ich. Ich höre dich. Ich höre dich. Gehört werden ist Balsam für Körper, Geist und Seele. Es bringt eine solch tiefe Ruhe und Erlösung mit sich. Höre dich in deiner Bedürftigkeit, Schwester!
Verbindlichkeit, Verlässlichkeit und Unterstützung, Gleichberechtigung und Ordnung fordert mein wütender Bauch. Mein verängstigter Nacken ruft nach Sicherheit und mein gestresster Kopf will Ruhe, Entlastung und Leichtigkeit. Es ist alles gesagt.

Schritt 6: KNOW
Wenn sich unser Körper-Ich ausgedrückt hat, gehört und verstanden wurde, zieht mit der sich ausbreitenden Ruhe Klarheit auf. Unser Kopf weiß, was wir fühlen und was wir brauchen. Unser System ist synchronisiert. Heldin und Dämonin stehen Schulter an Schulter bereit, um Veränderung einzuleiten. In dieser Einigkeit liegt der Ausgangspunkt, um uns zu fragen: Was kann ich selbst tun, um für die Erfüllung meiner Bedürfnisse zu sorgen? Was wäre ein erster Schritt in die richtige Richtung?

Schritt 7: Einbeziehen des beteiligten Gegenübers
Wenn wir wissen, was wir brauchen, können wir eigenständig dafür sorgen oder jemanden um Mithilfe bitten. Verantwortlich mit uns selbst umzugehen, beinhaltet auch, uns darin zu üben, unsere Gefühle und Bedürfnisse angemessen nach außen zu kommunizieren. Wenn wir uns vom Gegenüber verstanden fühlen möchten oder ihn/sie einladen wollen, an der Erfüllung unseres Bedürfnisses Anteil zu haben (wie bei Bedürfnissen der Interdependenz, beispielsweise ehrlich miteinander zu kommunizieren oder sich gegenseitig zu unterstützen), müssen wir lernen, auszudrücken, was in uns vorgeht, ohne dabei mit dem Finger auf den anderen zu zeigen. Unsere Gefühle gehören zu uns. Ebenso unsere Bedürfnisse. Sobald wir uns in einer Weise erklären, die dem anderen suggeriert, er/sie habe Schuld an unserem Befinden, wird sich der andere zurückziehen und die Abwehrhaltung einnehmen. Solange jedoch klar ist, dass wir selbst die volle Verantwortung für uns und unser System übernehmen, besteht die Chance auf wahre Verbindung und die Bereitschaft des anderen, uns zu geben, worum wir bitten.

Ich kann mich meinem Partner ehrlich mitteilen. Anstatt ihn mit Vorwürfen über sein Verhalten oder seine Unfähigkeit, meine Bedürfnisse von meiner Stirn abzulesen, zu attackieren, kann ich von mir und meinen Gefühlen sprechen – für die ICH die Verantwortung trage, weil sie in meinem System leben. Ich kann ihn konkret bitten, mich in den Arm zu nehmen oder mir das zu geben, was ich gerade brauche. Ich darf davon ausgehen, dass auch er sich nach Nähe und Verbindung statt einer hochexplosiven Furie sehnt, und kann ihm den Raum anbieten, mir zu sagen, wie er sich fühlt und was er braucht. So oft verlieren wir uns auf der Ebene unseres Verhaltens, anstatt zu ergründen, warum wir tun und sagen, was wir tun und sagen. Wir verirren uns in gegenseitigen Anschuldigungen und finden uns plötzlich auf zwei einsamen Inseln wieder, deren Verbindungsbrücke wir im Affekt in die Luft gesprengt haben. Es gibt dabei keinen Gewinner. Willst du recht haben oder glücklich sein? Glück in Beziehungen bedeutet, in Verbindung zu sein.

Die Wut auf meinen Exmann kanalisierte ich in Mut zur gemeinsamen ehrlichen Kommunikation darüber, was ich fühlte, was er fühlte, was ich brauchte, was er brauchte. Ein mühsamer Weg inklusive einiger Entgleisungen, aber wir wurden besser und mit jedem Mal beidseitigem Bemühen kamen wir einander einen Schritt näher. Auch hier standen sich keine Gegenparteien gegenüber, sondern zwei liebende Eltern, die das Beste für ihre Söhne wollten und eine friedliche, freundschaftliche Beziehung zu der Person, die eine so lange Zeit die wichtigste in ihrem Leben war.

Das Bedürfnis nach Sicherheit und Ruhe erfüllte ich mir durch Umstrukturierung meines Lebens. Das geht selten von heute auf morgen. Es braucht definitiv einen langfristigen Plan, eine Vision und konsequentes Umsetzen vieler kleiner zyklischer Schritte. Es braucht Mut zur Veränderung und kraftvolles Eintreten für den Rhythmus, den wir benötigen, um unsere Phasen genussvoll zu durchleben. Und manchmal sind auch Helfer erforderlich.

Stress ist mein größter Feind. Seit eh und je. Er tötet meine Lust an der Sexualität, nimmt mir Lebensfreude und macht mein Herz eng. Darum beschütze ich meinen Rhythmus wie eine Löwin. Ich überlege mir gut, womit ich meine verfügbare Zeit verbringe, welchen Aufgaben ich mehr

Energie als nötig zuteile, wen ich wie lange um mich haben möchte, was ich wann lese, anschaue, esse und trinke. Alles, wirklich alles hat Einfluss auf unsere Befindlichkeit, unsere Balance oder Disbalance.

Take-Away-Box NO-Time

- Die dunkle Seite in mir ernst und wichtig nehmen
- Allen Gefühlen Raum geben
- Botschaft der Dämonin entschlüsseln und nutzen
- Selbstverantwortliche Täterschaft statt Opfertum
- Eintreten für die eigene Wahrheit durch kraftvolle Synchronisierung der beiden Pole

Affirmationen

- Krise bedeutet Wake-up-Call zur Kurskorrektur.
- Ich ernte, was ich zuvor gesät habe.
- Nach Regen folgt Sonne.
- Ich bin Heldin und Dämonin, beide Anteile dienen meinem Wohl.
- Ich übernehme die Verantwortung für mein System, denn ich bin eine Königin!

Empfehlung

Begegne deiner Dämonin aus der freundlichen Zugewandtheit heraus. Warte nicht erst, bis sie dich von hinten überwältigt, sondern lade sie ein, sich an einem sicheren Ort zu zeigen. Diesen Ort kannst du durch regelmäßiges »Sitzen in Stille« in dir kreieren. Nimm dir täglich fünf bis zehn Minuten Zeit, um mit geschlossenen Augen einfach nur zu sein, zu atmen und zu fühlen. Stille ist feminin. Sie ist der Raum, aus dem alle Töne geboren werden. Kultiviere diesen Raum in dir und du wirst sehen, wie reichhaltig die Fülle innerhalb ihrer Leere ist.

Findest du noch nicht die Zeit und Ruhe, dich auf eine Stille-Routine einzulassen? Dann schau dir morgens im Spiegel eine Minute lang in die Augen. Sieh und spüre genau hin. Ist dein Blick sanft und friedvoll oder verbirgt sich da bereits ein dämonisches Funkeln, das nur darauf wartet, explodieren zu können? Du hast die Wahl: Energie selbstverantwortlich erlauben, befreien und klären oder du erschöpfst dich über den Tag hinweg daran, sie im Zaum zu halten. Du kannst dich ein paar Minuten lang wild schütteln oder freitanzen. Falls du allein und im Auto zur Arbeit fährst, kannst du laut singen oder brüllen. Energie will raus, nicht runtergeschluckt werden.

Baut sich die Dämonin spontan während eines Meetings im Büro auf oder während du mit einer Lehrkraft deines Kindes ein Gespräch führen musst, das eine unschöne Richtung nimmt? Dann übe dich im tiefen Ein- und Ausatmen. Statt die Zähne aufeinanderzubeißen, deine Hände zu Fäusten zu ballen oder gar den Atem anzuhalten, bringe die Energie in Bewegung und stelle dir vor, wie du sie kraftvoll ausatmest. Gelassenheit einatmen, Dämon ausatmen. Es funktioniert!

Schwieriger wird es beim Eintreten in das Zimmer deines pubertierenden Sohnes, der trotz mehrmaliger Aufforderung nicht am gedeckten Mittagstisch erscheint und, wie du nun siehst, bei geschlossenen Vorhängen seelenruhig, von Chips und Coladosen umringt, in seinem müffelnden Chaos liegt und dich provozierend (Achtung Interpretation) anschaut.

Komfortzone Familie bedeutet geringe Impulskontrolle. Ich empfehle, die Tür schnell wieder zu schließen, eine Runde Selbstempathie in Form von tiefem Atmen oder Schütteln einzulegen (selbst eine Minute ist besser als nichts!). Hast du dich erst ausreichend um dich selbst gekümmert, dann kannst du den Versuch unternehmen, deinem Sohn in Ruhe und auf Augenhöhe deine Gefühle und Bedürfnisse näherzubringen. Auf diese Weise hast du eine viel höhere Chance, gehört zu werden, in Kontakt zu bleiben, und zeigst deinem Kind gleichzeitig, welche Alternative es zum unkontrollierten, verurteilenden Ausrasten gibt.

Leben, Sterben, Auferstehen

Ein Kreis schließt sich, der nächste öffnet sich.

Die Dauer der einzelnen Phasen muss nicht immer genau einem Viertel entsprechen. Je nachdem, was dein System braucht – mehr aufwärts drängende oder mehr abwärts fallende Schubkraft, mehr Innehalten in der Fülle oder Leere –, verlängert sich die eine und verkürzt sich die andere Phase. Du bist ein flexibles System, das auf alle denkbar möglichen Einflüsse reagiert. Beobachte, lerne und gleiche aus. Werde zur Expertin deines zyklischen Wesens und nutze deine Energien im Sinne der lustvollen Entfaltung deiner einzigartigen Persönlichkeit. Intensiviere die Beziehung zu dir selbst. Spüre deine Körperlust, verbinde sie mit deiner Herzfreude und nutze deinen Geist, um ihrer Sehnsucht zu folgen.

Lebst du die einzelnen Phasen aus der Qualität, die sie dir bieten, ist für den inneren Ausgleich deiner femininen und maskulinen Energie gesorgt. Weibliches (Phase eins und drei) und Männliches (Phase zwei und vier) wechseln sich harmonisch ab und halten dich im natürlichen Bewegungsfluss von Aktivität und Passivität wie auch Außenschau und Innenschau. Diese Dynamik arrangiert den gesunden Flow deiner facettenreichen Lust in deinem System. Orientiere dich an deinen Gefühlen und Bedürfnissen. Nimm dich selbst wichtig und genieße die Langsamkeit des Kreises. Nicht nur das Gras, sondern auch Blumen wie du wachsen nicht schneller, wenn wir an ihnen ziehen. Deine persönliche Entwicklung folgt, wie alles in der Natur Wachsende, ihrem eigenen Rhythmus. Du darfst jede Phase auskosten, um zu gegebener Zeit vollständig zu erblühen und eines Tages wieder in die Erde zurückzusinken. Bis dahin übe dich im Leben, Sterben und Auferstehen.

Priorisiere das, was mit deinem Innen übereinstimmt vor dem, was dein Außen anbietend zu fordern scheint. So entdeckst du deine eigene Musik. Es lohnt sich, sie vom Lärm des Alltags unterscheiden zu lernen und genau hinzuhören, um ihr an den Ort zu folgen, dem sie entspringt: deinem weiblichen Mysterium, in dem sich niemand anderes als du selbst verbirgst, die Blume, als die du gemeint bist.

DER KREIS DER BLUME

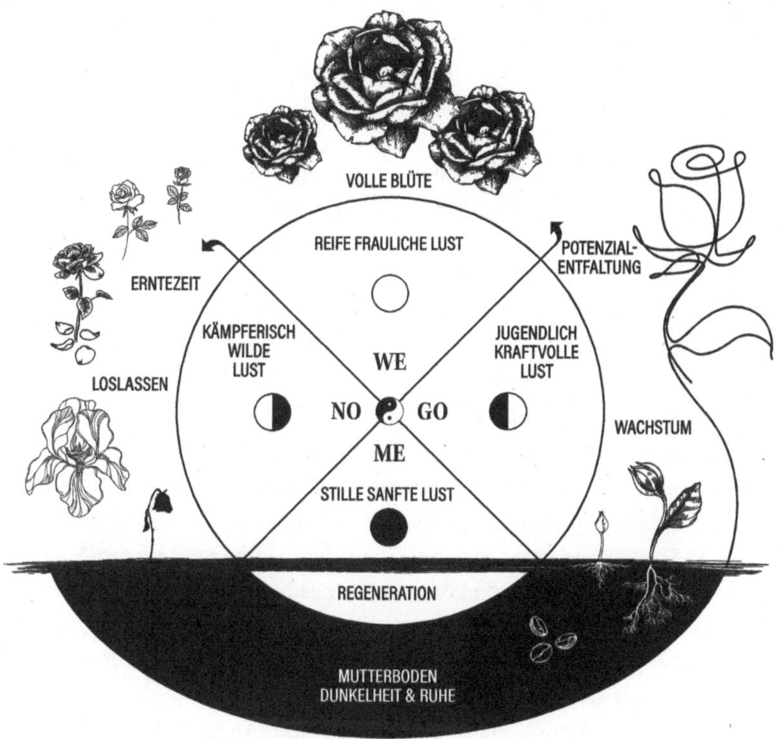

Nachdem du die vier Phasen kennengelernt hast, kannst du sicherlich besser verstehen, warum es so wichtig ist, sich während der Menstruation ausgiebig Ruhe zu gönnen. Wir müssen neue Kraft schöpfen, denn nicht nur befindet sich unser Körper energetisch am tiefsten Punkt, es gibt auch eine Menge zu integrieren, zu verdauen und wirken zu lassen. Innerem Tun folgt inneres Sein. Äußerem Tun folgt äußeres Sein. Nach dem Ausatmen und aktiven Loslassen der vierten Phase, halten wir die Leere, bis sich aus ihr das Neue bildet und wir uns mit dem Einatmen der zweiten Phase wieder aufwärtsstrebend aktiv nach außen wenden.

Die stille, sanfte, auf uns selbst bezogene Lust der ME-Time verwandelt sich in die jugendlich kraftvolle Lust der GO-Time, die sich auf das Gegenüber und die äußere Welt bezieht. Aus ihr entwickelt sich die reife, frauliche Lust der WE-Time, die sich liebevoll im WIR erlebt und dann bedarfsweise zu einer kämpferisch wilden Lust wird, wenn es darum geht, die Schattenanteile willkommen zu heißen, die dem WIR auf ihre Weise dienen wollen.

Wir können unsere Lustfacetten durch verschiedene Tools verstärken. Um in die Lust der ersten Phase einzutauchen, helfen uns alle Arten der Entspannung, mehr Schlaf, Achtsamkeitsübungen, Meditation oder deine maßgeschneiderte Rote-Zelt-Liste. Deine Macher-GO-Time-Lust aktivierst du, indem du dir Überblick verschaffst, um dich gezielt und tatkräftig in deinen Lebensräumen zu engagieren. Interaktion, Austausch und Vermischung mit Menschen oder Projekten ist der Motor, der die Knospe lustvoll öffnet. Die erblühte, selbstbewusste frauliche Lust der dritten Phase braucht den Rahmen ihrer Zugehörigkeit und das Eingebettetsein in ein sinnhaftes Umfeld, das sie mit ihrer Liebe hingebungsvoll nähren kann. Die Beschäftigung mit dem, was war und werden soll, im Sinne unseres Lebensthemas, bringt den festen Boden, in den wir unsere Wurzeln tiefer hineinwachsen lassen können. Für das In-Fluss-Bringen der wilden, kämpferischen Lust der NO-Time kannst du dich schütteln oder freitanzen. Bringe deinen Körper in eine Bewegung, die nicht kopfgesteuert einer bestimmten Ordnung folgen muss, sondern deiner Dämonin erlaubt, sich aktiv Luft zu machen. Haben sich die gestauten Emotionen erst ausdrücken dürfen, vertieft das Journaling das Verständnis darüber, was deine Dämonin zu sagen hat. Erkenntnis, Sinnhaftigkeit und freudvolle Entwicklung ist die ganzheitliche Lust, die wir mit dem Beenden eines jeden Zyklus anstreben.

Schenke dir Zeit für raumgebende, reflektierende, wohltuende Übungen und Rituale. Finde deine eigene Art der Energiearbeit, um die sich wandelnde Lust in deinem Becken in Fluss zu bringen, und ich verspreche dir, sie wird nicht nur dein körperliches und geistiges Wohlbefinden bereichern. Wer Lust und Freude ausstrahlt, der zieht Lust und Freude an. Auf diese Weise erlauben wir der Magie des Lebens durch uns zu wirken.

Dein umfassendes Verständnis für die Kräfte der vier Phasen und die Differenzierung der unterschiedlichen Aspekte von Lust bilden die Grundlage für das folgende Kapitel, in dem ich auf die entsprechende Bandbreite unserer sexuellen Lust eingehe. Unsere Lust holistisch zu leben, bedeutet auch, die Begrenzungen unserer sexuellen Blaupausen zu sprengen.

Mut zur eigenen Wahrheit

Wir begeben uns in den abnehmenden Mond, in die NO-Time dieses Buches, die mit dem Abschluss unseres gemeinsamen Zyklus ein größeres KNOW beabsichtigt. Es dürfen sich also erst einmal Trigger aller Art zeigen. Deine Dämonin ist eingeladen, in den Widerstand zu gehen, sich aufzuregen, und deine Heldin darf sich erregen. Gemeinsam gilt, zu prüfen, was deiner eigenen Wahrheit entspricht, was deinem lustvollen Frausein nützlich ist. Alle Empfindungen sind willkommen. Lass sie aufsteigen, erlaube sie und drücke sie aus. Weibliche Lust ist mit einem gemeinschaftlichen Berg an dunklen Gefühlen beladen und es ist Zeit, dass wir diesen kollektiven Dämon mit unserer inneren Heldin bekannt machen. Ich wünsche dir, dass du deinen wahren Bedürfnissen auf die Spur kommst und sich dein persönliches und unser aller Verständnis von weiblicher Lust in eine neue Dimension entwickelt. Frauen dürfen und müssen lustvoll in die Verantwortung treten und selbstermächtigt leben, was ihnen zutiefst entspricht. Lass uns alte Paradigmen auflösen und unsere Körper-Geist-Seelen-Sexualität befreien!

Mit dem Teilen meiner erfahrenen, erfühlten und interpretierten Wahrheit darf auch ich mich meiner inneren Dämonin stellen, die schon lauernd warnt: »Du machst dich angreifbar! Schütze dich! Verstecke dich! Das geht niemanden etwas an!« Angst vor Sichtbarkeit, Angst vor Ablehnung und Missverständnis sitzen auch in meinem System.

Die Angst meiner Dämonin hat dazu geführt, dass ich um Unterstützung gebeten habe. Heldinnen stellten sich mir zur Seite. Und auch für dich gilt: Du bist nicht allein mit deinen Gefühlen, Bedürfnissen und Erkenntnissen. Dein Sisterhood-Tribe (auf den ich später noch ausführlich eingehen werde) wartet irgendwo da draußen auf dich, um dich in dem zu bestätigen, was du als deine Wahrheit fühlst und deren Umsetzung du ersehnst. Bleib wachsam, halte Ausschau, gehe in Resonanz und verbinde dich mit anderen, auf dass wir gemeinsam losziehen und einander darin befeuern, die Lust am Frausein zu leben.

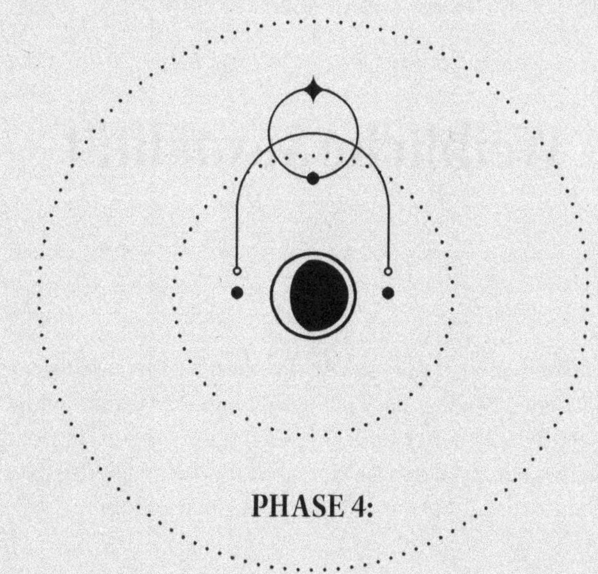

PHASE 4:

ABNEHMENDER MOND. NO – KNOW.

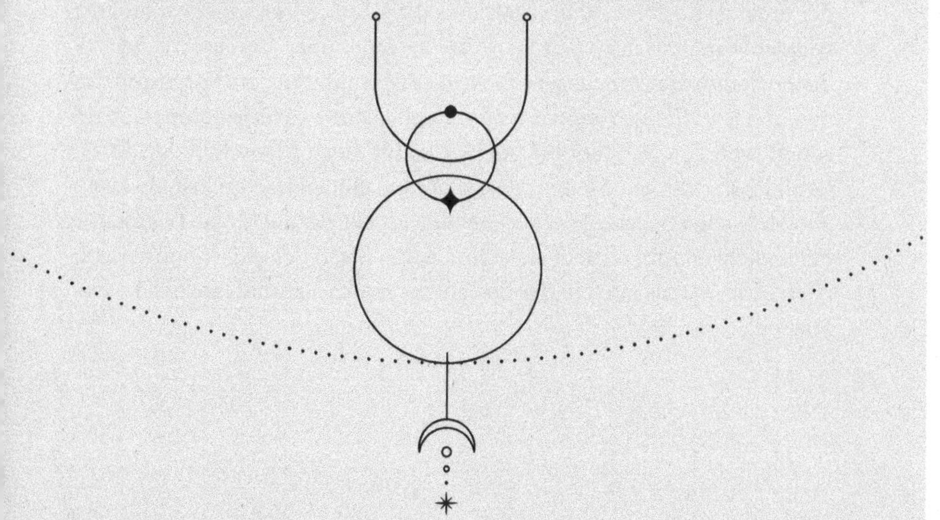

Weibliche Sexualität

Erinnerst du dich an den Anfang? An das, was die Tantraschwestern über die verschiedenen Stadien der Lust gesagt haben? Vermutlich ist dir der Gedanke jetzt bereits näher, dass sich auch unsere sexuellen Gefühle und Bedürfnisse je nach Zyklusphase verändern beziehungsweise dass wir ein Spektrum an sexueller Lust empfinden und leben können.

Was ist Sexualität?

Das Wort selbst leitet sich aus dem lateinischen *sexus* ab, was den biologischen Unterschied von Geschlechtern bezeichnet. Der Begriff ***Sexualität*** wurde erst im 18. Jahrhundert als Erklärung für den biologischen Vorgang der Reproduktion zwischen zwei pflanzlichen Geschlechtern eingeführt. Zunächst ging es um Pflanzen und dann um die »allgemeine Sexualität in der organischen Natur« und seit dem 19. Jahrhundert spricht man auch von der Sexualität des Menschen, die vieles, das über den eigentlichen Akt der Fortpflanzung hinausgeht, einschließt. Empfindungen, Körperfunktionen und Handlungen rund um den Geschlechtsverkehr gehören nach unserem heutigen Verständnis zur Sexualität eines Menschen. Sie ist ein Grundbedürfnis, auch wenn es Ausnahmen gibt, die sich selbst als asexuelle Menschen bezeichnen. Unsere individuelle Sexualität ist Teil unserer Persönlichkeit und bezieht sich darauf, was wir in der zwischenmenschlichen Intimität als auch in der Beziehung zu uns selbst als sexuell lustvoll erleben.

Was ist sexuelle Lust?

Gemeinhin verstehen wir unter sexueller Lust, die als positiv erlebten Gefühle in Bezug auf unsere sexuellen Gedanken und unser sexuelles Verhalten, die uns als Antrieb und Belohnung hierfür dienen.

Lassen wir das erst einmal so stehen.

Ich dachte (dachte, statt zu fühlen), sexuelle Lust müsse etwas Wildes, Stürmisches sein, und so deklarierte ich alles davon Abweichende als Unlust. Außerdem glaubte ich, dass die ideale Frau immer will und immer kann. Also schlussfolgerte ich, wenn sich in mir nicht ebenso schnell das körperliche Verlangen nach Sex regte wie bei meinen Partnern, musste etwas falsch mit mir sein. Und das war es auch. Nur war es nicht die fehlende oder sich nicht schnell genug einstellende Lust, sondern mein gebrainwashtes Äffchen, das mich aus Mangel an Alternativen mit einem verzerrten Bild konfrontierte, das einen massiven Druck auf mich ausübte. Und da ich gelernt hatte, mich am Außen zu orientieren, statt dem zu vertrauen, was mir mein Körper über mich selbst erzählte, kam es zu diesem dramatischen Missverständnis mit mir selbst. Lust ist vielseitig – jede Lust, daher auch die sexuelle. Allein, weil wir sie von der allgemeinen Lust an Lebendigkeit als beschämenden Sonderling abgespalten haben, erscheint sie vielen von uns schwer zugänglich. Und so liegt sie Jahrzehnte, manchmal ein Leben lang brach, ohne dass wir ihr je wirklich begegnet sind.

Wie oft höre ich meinen alten Freund, Mr. Monkey Mind, heute noch aus meinen Klientinnen sprechen:

»Die Art von Sex, die wir praktizieren, gefällt mir nicht.«

»Ich habe Sex, weil mein Partner das braucht. Also mache ich es, damit ich anschließend wieder meine Ruhe habe. Es gehört nun mal dazu, sonst wird er übellaunig oder sucht sich eine andere.«

»Mein Mann glaubt, er sei ein guter Liebhaber, aber das, was bei anderen Frauen angeblich funktioniert hat, trifft auf mich definitiv nicht zu.«

»Wenn er sich so an mir abmüht, stresst mich das und Stress entfernt mich von jeglicher Lust.«

»Ich habe keine Lust auf Blowjob, aber er ist Teil des Pflichtprogramms. Mein Mann ist süchtig danach. Wenn er mich oral befriedigen will, lasse ich es eine Weile über mich ergehen, aber genießen kann ich es nicht.«

»Damit er sich bestätigt fühlt, täusche ich einen Orgasmus vor, sonst dauert das Ganze ewig und einen Höhepunkt bekomme ich sowieso nur, wenn ich es mir selbst mache.«

»Besser Sex als gar keine Nähe.«

»Ich kann Sex nur genießen, wenn ich dünn genug, frisch gewaxt und idealerweise angetrunken bin.«

»Mein Körper ist anwesend, aber mein Geist hängt an der Pinnwand und geht die To-do-Liste von morgen durch.«

»Unser Vorspiel beschränkt sich auf ein paar Küsse, etwas Brüstestreicheln und einem anschließenden Testgriff zwischen meine Beine, um zu sehen, ob ich schon feucht bin.«

»Ich bin währenddessen so damit beschäftigt, alles richtig zu machen und dabei gut auszusehen, dass meine eigene Lust keine Chance hat.«

»Keine Ahnung, was ich mir vom Sex erhoffe. Wenn ich ehrlich bin, weiß ich nicht, wer ich sexuell wirklich bin.«

Erkennst du dich in der ein oder anderen Aussage wieder?

Und bevor du deinen Groll gegen das ach so ahnungslose männliche Geschlecht wendest, empfehle ich dir vornehme Zurückhaltung und Geduld. Vor allem das letzte Zitat ist Ursache des Trauerspiels, das sich in vielen Schlafzimmern abspielt. Woher soll ein Mann wissen, was dir gefällt und was nicht, wenn du es ihm nicht unmissverständlich beibringst? Und wie soll dir das gelingen, wenn du es selbst nicht weißt?

Ich wünsche dir, dass du den lustvollen Facettenreichtum deines zyklischen Wesens auch in deiner Sexualität entdeckst. Ich wünsche dir, dass du Sex auf viele Arten kennenlernst, kultivierst und ihn auslebst, einzig, weil du Lust an der Lust verspürst. Und ich wünsche dir, dass du darüber hinaus das Liebemachen entwickelst, weil du, Frau, die Liebe **bist**.

Ich wünsche den Männern, dass sie auf Frauen treffen, die den Mut finden, sich ehrlich zu zeigen. Die dafür sorgen, dass sich ihre Partner in die Liebhaber entwickeln können, die sie gerne wären: wahre Sexgötter, Könige und Helden, statt fehlgeleitete Schatten ihrer eigenen Potenz. Lass uns die Frauen sein, die sich selbst verstehen, ihren eigenen Körper vollständig bewohnen und die eigene Wahrheit leben. Denn ohne diese Frauen sind nicht nur wir und unsere Töchter, sondern auch die Männer und Söhne weiterhin von sich selbst entkoppelt.

Jeder Mann braucht eine Frau und jede Frau braucht den tiefen Kontakt zu ihrem eigenen Mysterium. Jedes Männliche braucht das Weibliche, sonst bleibt seine Bestimmung der Formgebung, des Raumhaltens, des Schützens und Voranschreitens unerfüllt. Jedes Weibliche braucht das Erfülltsein aus sich selbst heraus, braucht das Im-Fluss-Sein mit den weiblichen Energien, um der männlichen Form Inhalt sein zu können. Dieses Prinzip gilt für die Polarität zwischen Frau und Mann im Außen und genauso für deine eigenen männlichen und weiblichen inneren Anteile.

Beginnen wir bei null

Geht es dir wie mir damals? Setzt du sexuelle Lust, also das Begehren sexuellen Kontakts, mit Aktivität, mit zielgerichtetem Verlangen nach orgastischer Entladung eines Ejakulats beim Mann und einem wie auch immer gearteten Höhepunkt der Frau gleich? Woher kommt dieser stille Konsens? Scheinbar wurden wir ähnlich geschult.

Welche Art von Sexualität wird uns beigebracht? Keine offizielle. Die wenigsten Eltern sprechen mit ihren Kindern über dieses Thema oder sorgen dafür, dass eine kompetente Person diesen Part übernimmt. Die meisten Eltern sorgen aber für einen Internetzugang und überlassen ihrer Jugend die Verantwortung, sich selbst ein Bild zu machen. Pornografie ist mit Abstand die Hauptinformationsquelle, was das Thema Sexualität angeht. Gemäß einer Studie der Universitäten Münster und Hohenheim haben ein Drittel der rund tausend befragten Kinder und Jugendlichen bereits mit vierzehn Jahren Pornos geschaut. Der Erstkontakt lag bei ihnen im Durchschnitt bei knapp dreizehn Jahren. Das Durchschnittsalter für das erste Mal realen Sex mit einer anderen Person liegt in Deutschland bei siebzehn Jahren.[12] Pornografie als Basis der Orientierung bedeutet nicht nur einen sehr einseitigen, der maskulinen Erregung dienenden Blick auf die Rolle der Frau in der Sexualität, sondern auch einen einseitigen Blick auf die Vielfalt unserer Vulven.

Die schrankenlos zugänglichen Bilder und Videos haben unser gesellschaftliches Bild einer »schönen Muschi« geprägt. Leider wissen die wenigsten, dass ein Großteil der Porno-Vulven gephotoshopt, also bildtechnisch nachbearbeitet oder operiert sind.[13] Vermutlich hast du von den verschiedenen Möglichkeiten der Intim-Operationen gehört – einer der am stärksten wachsenden medizinischen Wirtschaftszweige. Es ist nicht auszudenken, wie viel Scham und Leid unnötigerweise grassieren, weil Frauen glauben, ihre Vulva sei unansehnlich! Frauen berichten mir, dass sie zwar bereit sind, den Partner oral zu befriedigen, es umgekehrt jedoch zu vermeiden versuchen. Warum so ein schönes Geschenk nicht annehmen? Weil sie sich dabei nicht entspannen und entsprechend auch nicht zum Orgasmus kommen können, weil sie im Kopf zu sehr mit der optischen Angemessenheit ihrer Vulva beschäftigt sind (vom Geruch und Geschmack, zu dem die wenigsten einen Bezug haben, abgesehen).

Aktivität statt bewusster Präsenz

Doch nicht nur das. Wir lernen anhand der Filme, wie sich Mann und Frau zu verhalten haben, um »guten Sex« zu machen – ja, machen, Aktivität, um das ***Tun*** geht es, vom ***Sein, der bewussten Präsenz*** keine Spur. Da sich die Ausrichtung der allermeisten Filme auf die Luststeigerung der männlichen Zuschauer konzentriert, geht es um die möglichst krasse Darstellung von Penetration – den Ausschnitt der Geschichte, die den Mann zur Ejakulation bringt. Männer sind die Hauptzielgruppe und da die Konsumenten bei regelmäßiger Nutzung visuell abstumpfen, müssen immer stärkere optische Reize geschaffen werden, um den Zuschauer bei der Stange zu halten.

Wie würde ein pornografischer Film aussehen, wenn Frauen, die sich gerade in Phase eins befinden, die Zielgruppe wären? Nach Aktivität und frohlockender Selbstdarstellung steht uns möglicherweise in Phase zwei und folgenden der Sinn, doch selten während der Menstruation. Ich sage selten, weil Ausnahmen jede Regel bestätigen. Lust ist frei und muss sich nicht an ein Schema halten, das ich hier aufzeige, um dir die Grundstruktur deines zyklischen Wesens zu vermitteln. Du bist ein einzigartiges Exemplar von Weiblichkeit und du hast dich in keine Struktur zu quetschen. Dein feminines Muster animiert dich dazu, deine unterschiedlichen Energien kennenzulernen und tiefer in sie einzutauchen, um dich mit jeder Nuance vertraut zu machen und ihren Grund und darum Mehrwert zu verstehen. Überkommt dich unerwartet eine Variante der Lust, die du eigentlich einer anderen Phase zuordnen würdest – dann yeah, lebe sie! Dein Körper weiß von Dingen, die dein Geist nicht erst logisch in Schubladen einordnen muss, damit du sie genießen kannst.

Die Mehrheit der Frauen sehnt sich in Phase eins nach Ruhe, Langsamkeit, Zärtlichkeit, Geborgenheit, Schutz und Ähnlichem. Das schließt das sexuelle Zusammenkommen mit einem anderen Menschen nicht aus, sondern legt lediglich ein anderes Tempo wie auch einen anderen Fokus nahe als das getriebene Tun dessen, was wir aus der Pornografie kennen, auf die ich genauer eingehen möchte.

Die Bilder und Filme richten sich an »erwachsene« Menschen, doch wir alle wissen, dass ein Kind nur einen Finger rühren muss, um freigeschaltet zu werden, indem es bestätigt, über achtzehn zu sein, und schon geht es los. Ich erinnere mich, wie einer meiner Söhne völlig überfordert zu mir kam und sagte: »Mama, ich muss dir etwas zeigen.« Er war gerade mal dreizehn Jahre alt und hatte mich nach langem Hin und Her davon überzeugt, sich einen Instagram Account einrichten zu dürfen. »Die anderen haben das auch alle ... Ich bin der Einzige in der Klasse, der nicht mitreden kann ...« Ihr wisst schon. Was ich nicht wusste, war, dass die Pornografie auch auf diesem Medium vertreten ist. Ich glaubte, alles sei total sicher, da wir doch von gesperrten Accounts hörten, die Bilder veröffentlichten, auf denen eine Brustwarze zu sehen war. (Achtsame Vorwarnung an alle empfindsamen Leserinnen! Ich habe überlegt, dieses Bild gegen ein weniger schockierendes zu ersetzen – doch mag ich die Wahrheit nicht beschönigen.)

Was mein Sohn mir zeigte, war folgendes, verstörendes Foto: Eine Frau lag aufgestockt unterhalb eines stehenden Pferdes. Ihre Beine waren weit gespreizt und in ihr Geschlecht schien der Penis des Tiers eingeführt. Mir fehlten absolut die Worte. Wir standen in der Küche, es war vier Uhr nachmittags und ich traute meinen Augen kaum. Des Weiteren zeigte er mir ein Video von einem afroamerikanischen Mann mit überdimensionalem Gemächt, der hektisch eine zierliche Frau mit Ballonbrüsten penetrierte. Er stand am Strand und sie hockte auf seinen Hüften, die sie mit ihren Beinen umschlang.

Willkommen in der Realität

Nur weil die meisten Frauen wenig Interesse an der Pornografie zeigen, heißt das nicht, dass wir sie ausblenden können. Sie hat den derzeit machtvollsten Einfluss auf unsere gesellschaftliche Vorstellung davon, was Sex ist und, in der Konsequenz, was wir über sexuelle Lust denken. Gedanken erzeugen Gefühle und Gefühle beeinflussen unser Verhalten.

Unser Verhalten bestimmt unser Leben. Wenn es um uns selbst geht, können wir so tun, als beträfe uns dieser Sektor nicht. Wenn es aber um unsere Kinder geht, dann tragen wir sehr wohl eine Verantwortung. Aber da wollen wir nicht hin. Warum? Weil das bedeuten würde, wir müssten uns erst einmal klar darüber werden, welche Meinung wir hier vertreten möchten.

Frauen wollen wissen, was Männern gefällt, und Männer wollen wissen, was Frauen gefällt. Doch anstatt, dass wir jedes einzelne Individuum, mit dem wir sexuell in Kontakt kommen, nach seinen und ihren momentanen Vorlieben befragen, ziehen wir das Internet zu Rate.

Bilder wie die oben beschriebenen gehören zu den optischen Eindrücken nicht nur einer Handvoll Menschen. Neben anderen größenwahnsinnigen, lauten, wilden bis absurden Darstellungen müssen wir Alternativen, die unserer femininen Realität entsprechen, akribisch suchen. Was für eine Verzerrung findet da statt? In den 90ern war es noch aufregend, die nackten Damen eines *Playboy*-Magazins zu betrachten oder erotische Literatur zu lesen. Heute gibt es die potenzierte geballte Ladung rund um die Uhr im Netz – kostenfrei.

Und da steht nicht:
*Dieses Bildmaterial ist künstlich geschaffen, um insbesondere Männer bei der Masturbation zu animieren. Wir weisen darauf hin, dass **nicht** davon auszugehen ist, dass Frauen im realen Leben umgehendes Eindringen, Gewalt oder Erniedrigung schätzen. Der gezeigte Inhalt spiegelt **nicht** die Vielschichtigkeit von sexuellem Verkehr wider. Die Bedeutung und der Mehrwert gegenseitiger Zuwendung und individuell abgestimmter Befriedigung werden hier **nicht** weiter dargestellt. Bitte beachten Sie, dass Sexualität wesentlich mehr umfasst als das, was hier zu sehen ist, und es unter realen Bedingungen **nicht** in erster Linie darum geht, den Mann aufzugeilen, um ihn möglichst schnell zum Orgasmus zu bringen. Männer sind gerne gute Liebhaber und finden große Freude und Bestätigung darin, auf ihre Sexualpartnerin einzugehen und sie zu befriedigen. Denn es bringt ihnen längerfristig keine tiefe Erfüllung, einfach nur zu ejakulieren, ohne je wirklich mit der anderen Person in Verbindung gewesen zu sein. Um mehr über den Unterschied zwischen weiblicher und männlicher Erregung und Lustempfinden zu erfahren, klicken Sie bitte hier.*

Ha! Steht da **nicht**!

Also schaue ich mir an, wie die Frau hart genommen wird, wie sie angeblich feucht und geil davon wird, dass der Mann ihr sein Geschlecht zeigt oder ihre Brüste greift. Wie sie Befriedigung daraus bezieht, seinen Penis in den Mund zu nehmen, oder, sich akrobatisch verrenkend, nach kurzer Zeit laut zum Orgasmus kommt. Dass solche Blaupausen bei den meisten Frauen latenten Stress erzeugen, dürfte niemanden überraschen. Stress führt zu Unlust.

Wo finden wir den Link zu mehr Verständnis unserer eigenen Erregung und Lust?

Versuchen wir es!

Frauen sind wie Wasser – Männer sind wie Feuer

Um Wasser zum Kochen zu bringen, braucht es ein stetiges Anfeuern und Geduld. Brodelt es aber erst, dann dauert es, selbst wenn wir es von der Herdplatte nehmen, eine ganze Weile, bis es sich wieder vollkommen abgekühlt hat. Das ist die Erregung der Frau. In den meisten Fällen braucht es Zeit und Muße, um die Frau in sexuelle Begeisterung zu versetzen – es sei denn, sie befindet sich bereits in einem erhitzten Zustand.

Der Mann, das Feuer, kann durch ein einziges Zünden lichterloh brennen. Von null auf hundert. Ein hübsches Dekolleté, ein verheißungsvolles Lächeln, pornografisches Bildmaterial – je nach Gusto regt sich der Penis, wann immer es ihm passt. Hat er aber erst ejakuliert, ist das Feuer umgehend erloschen. Von hundert auf null. Männer und Frauen funktionieren unterschiedlich und das ist goldrichtig so. Wir erinnern uns an die Erläuterungen der Polarität im zweiten Kapitel.

Im Gegensatz zum Schwellkörper des Penis schwillt das klitorale Gewebe der Frau nach dem Orgasmus viel langsamer ab. Es bleibt aktiv und bildet somit die Voraussetzung für multiple Orgasmen, die jede Frau erleben kann. Feuer und Wasser haben vollkommen andere Rhythmen, die erstmal zu integrieren sind. Frauenwesen, sei geduldig mit dir selbst! Zu glauben, dass dein Körper im Gleichtakt mit der Erregung des Mannes zu funktionieren hätte, ist ein weit verbreiteter Irrtum. Statt dich unter Druck zu setzen, erlaube dir deine Wassermagie und erkenne sie als den Zugang zu deinen individuellen Körperfreuden, die darauf warten, entdeckt zu werden. Deine weibliche Lust ist ein unfassbar unterschätztes und fehlinterpretiertes Thema. Orgasmus-Fähigkeit ist eine Qualität, die erlernbar und ausbaubar ist. Nicht nur die Häufigkeit, sondern auch die Tiefe der Empfindung als auch der Ort der Wahrnehmung können und sollten zu unser aller persönlichen Wohl, zu unserer sexuellen Gesundheit und Freude trainiert werden. Sexualität ist ein Lernprozess, der bei uns selbst beginnt und durch unser Selbstverständnis nach außen getragen werden darf.

Was also begünstigt wann unsere Libido? Je mehr du dich in die Lust deiner vier Phasen hineingelebt hast und sie als etwas Vielseitiges in deinen Alltag integrierst, desto variantenreicher wirst du auch deine sexuelle Lust erleben. Sex kann als eine Art Sport betrieben werden, bei dem es um Ausdauer, Auspowern, Freude an Körperaktivität und leistungsorientierter Perfektionierung des Erreichens eines und mehrerer Höhepunkte geht. Sex kann aber auch als **S**acred **E**nergy e**X**change (heiliger Austausch von Energie) gefeiert werden. Wenn wir den Körper als materiellen Ausdruck unseres Geistes und Tempel unserer Seele verstehen, dann erhält das Zusammenkommen zweier solcher Heiligtümer eine andere Bedeutung als den bloßen Austausch von Körperflüssigkeiten.

Ob quadratisch, praktisch, gut oder heilig – zwischen diesen beiden Betrachtungsweisen musst du nicht endgültig wählen, sondern kannst dich bedürfnisorientiert bewegen. Nichts muss und alles kann, was gerade Lust macht und den Beteiligten guttut. So sehr ich mich für Slow-Sex und die tantrische Kunst begeistere, alles, was sich allzu häufig wiederholt, langweilt mich und die meisten anderen zyklischen Wesen genauso. Variantenreichtum entspricht und inspiriert uns und für dieses Bedürfnis einzustehen, bedeutet, selbst für Abwechslung zu sorgen. Beginnend damit, dass wir uns erlauben, jemand anderes zu sein, als wir es bislang geglaubt oder vorgegeben haben. Du darfst Jungfrau, Geliebte, Mutter und Priesterin sein, je nachdem, welcher Aspekt gerade gelebt werden möchte. Wenn eine Frau ihre Lust nur im Muster der zweiten Phase ausgelebt hat (aktiv und nach außen gerichtet), dann muss sie erst einmal eine Idee davon entwickeln, wie es wäre, eine andere zu sein. Zum Beispiel eine passivere, langsamere, mütterliche Version ihrer selbst, die der dritten Phase entspricht. Statt häufiger Stellungswechsel oder engagiertes, zielorientiertes Handeln, das der beidseitigen Erregung dient, ermöglicht eine untätigere

Haltung (mehr liegen und nichts tun, während dem Mann der Aktivismus überlassen wird) das entspannte Fokussieren auf die eigene Innenwelt – und die ist riesig!

Wenige Frauen gestatten sich den Zugang zu dieser Welt, wenn es um sexuelle Horizonterweiterung geht. Stattdessen optimieren sie ihr sexuelles äußeres Verhalten, indem sie mich fragen, wie sie ihre Fähigkeiten, einen Mann oral zu befriedigen, verbessern könnten, sich heiße Unterwäsche kaufen oder anhand von Pornografie neue Stellungen erarbeiten. Alles lustbringende Maßnahmen, doch gehören sie in die Entwicklungsphase der Jungfrau, Blutsschwester und Geliebten (wir gehen gleich noch genau auf die Erklärung der inneren Anteile ein). Dieser Aktivismus bleibt auf gewisse Weise leer, wenn wir uns nicht ebenso in der Ausdehnung dessen üben, was uns zutiefst erfüllt: der Weiterentwicklung durch Verbindung mit uns selbst, mit dem Mysterium all unserer Archetypen. Dein inneres Lustland ist immens. Hier erwarten dich Ekstasen überwältigender Art, viel intensiver als die Freude eines normalen Orgasmus. Was uns guttut, bereichert auch unsere Sexualpartner, denn ob »sacred« oder nicht, es findet ein Energieaustausch statt und wer wählt nicht die höchste Qualität an Nahrung, wenn er oder sie schon wählen kann?

Für dich zur Vertiefung: Let's think about Sex

Aus welcher Haltung heraus begegnest du dir selbst und deinem Sexualpartner?
Hast du Sex oder machst du Liebe?
Womit reicherst du deine Energie an?
Mit welcher Qualität deiner Gedanken und Gefühle vermischst du dich mit einem anderen Menschen?
Übernimmst du die volle Verantwortung für deinen fünfzigprozentigen Anteil?
Wer bestimmt das Spiel?

Du bist eine Heldin, die sich auf ihrer ganz eigenen Reise befindet, die zu werden, die sie ihrem Potenzial entsprechend wirklich ist. Dazu braucht sie Erfahrungen unterschiedlichster Art, die sie immer tiefer mit sich selbst in Kontakt kommen lassen, die sie darin unterstützen, sich zu häuten wie eine Zwiebel, bis sie zu ihrer eigenen Wahrheit vorgedrungen ist, um zu leben, wozu sie sich inkarniert hat. Oder anders gesagt: um zu leben, was sie wirklich erfüllt und glücklich macht. Erinnere dich an die beschriebene Heldenreise aus dem vorigen Kapitel: Die Heldin zieht mutig hinaus in die Welt, kommt in Kontakt mit Menschen und Dingen, die sie inspirieren, sie bringt ihr Potenzial ein in das, was sie beflügelt (Phase zwei). Im Folgenden wird sie sonnig bestätigt, erfährt Unterstützung und verwächst mit ihrer eigenen Frucht, die heranreift (Phase drei). Dann begegnet sie Dämonen, die ihre Absichten und Ideale auf die Probe stellen, um noch tiefer einzutauchen in das, was ihrer Wahrheit entspricht und dieser Wahrheit noch mehr Ausdruck zu verleihen (Phase vier). Um zu integrieren, was sie auf ihrer Reise erlebt, braucht sie Pausen, die es ihr ermöglichen, sich auszuruhen und zu verarbeiten, was sie erfahren hat (Phase eins). Erkennst du die Reise deiner Heldin in den Phasen deines Zyklus? Und was, wenn ich dir sage, dass sich deine monatliche Heldenreise nicht nur in den Rhythmen der Natur (Tageskreis, Mondkreis, Jahreskreis), sondern auch in deinem Lebenskreis spiegelt?

Zwölf Archetypen

Archetypen sind im kollektiven Unterbewusstsein angelegte Prototypen. Sie sind Urbilder, die bestimmten Qualitäten oder Ausdrucksformen von gelebter Energie eine bildliche Form verleihen. Wenn ich das Wort Königin verwende, zeichnet sich in deinem Inneren ein Typ Frau ab und ohne dass wir uns darüber erst einig werden müssen, teilen wir der Königin bestimmte Aspekte zu (wie Krone, Zepter, Schmuck, Thron, Macht, Verantwortung, Rechte und Pflichten). Ebenso ordnen wir ihr ideelle Qualitäten zu (beispielsweise Reife, Selbstbewusstsein, Führungskompetenz, Würde, Anmut, Güte, Gerechtigkeitssinn). Ohne jemals eine Königin persönlich kennengelernt zu haben, sind wir durch Märchen, Mythen und Geschichten wohlvertraut mit dem, was eine gute Königin ausmacht. So verhält es sich mit allen Archetypen.

Das Leben einer jeden Frau fächert sich in vier Phasen und zwölf weibliche Archetypen auf. In der Dunkelheit des Winters, dem, was vor dem Erblicken des Lichts der Welt ist, befindet sich der Ursprung unserer Existenz. Die Absicht oder Umstände zweier Menschen, die ein Kind zeugen, die Absicht des Lebens, des Universums, unserer Seele, sich (vielleicht im Anschluss eines vorigen Kreises neu) zu verkörpern. Im Frühling werden

DIE ZWÖLF ARCHETYPEN

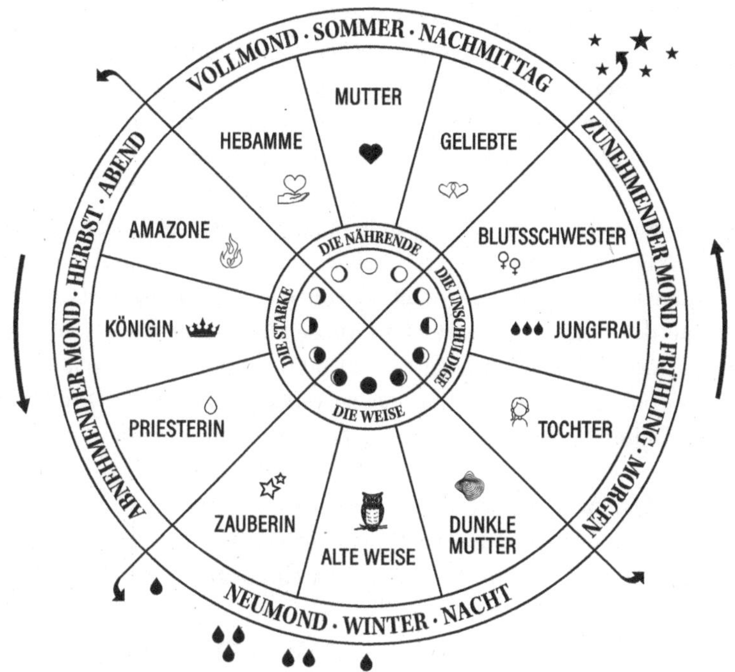

wir als unschuldige, verspielte *Tochter* geboren und entwickeln uns über die in Reinheit aufkeimende Weiblichkeit der *Jungfrau* durch das Eintreten unserer Menarche, der ersten Menstruation, hinein in die *Blutsschwester*, die sich mutig und offen im Kreis von Gleichgesinnten selbst ausprobiert und die äußere Welt entdeckt. Im Sommer erleben wir uns als strahlende *Geliebte*, die durch Integration des Männlichen auf ihre Weise schwanger wird. Wir werden zur liebenden, fraulichen *Mutter* und gebären unsere leiblichen oder geistigen Kinder (unser WIR) und unterstützen andere oder geben unser Wissen als Archetypus der *Hebamme* weiter. Im Herbst unseres Lebens werden wir zur kämpferischen *Amazone*, die klar für ihre Wahrheit einsteht, und reifen so heran zur verantwortungsvollen, herrschenden *Königin* unseres Reiches, die in Anbetracht ihrer Ernte (dem, was sie gesät hat) Resümee ziehen muss, um mit der Verwandlung ihrer Wechseljahre die ***Priesterin*** in sich willkommen heißen zu können. In der Phase der Priesterin verwandelt sich das materielle, äußere Wollen in ein inneres Verstehen von ganzheitlichen Zusammenhängen. Die Frau öffnet sich für die Anderswelt, womit der Winter eingeläutet und wir in die nach innen orientierten Facetten unserer ***Zauberin***, der ***Alten Weisen*** und ***Dunklen Mutter*** eintauchen. Magie, Weisheit und das kleine und große Loslassen stehen an, um sich erneut zu verwandeln oder zu sterben, wie wir diese augenscheinlich letzte Transformation nennen.

So unterschiedlich die Beweggründe unserer Seelen dafür sind, sich auf die Reise zu machen, so unterschiedlich sind die Schwerpunkte unserer individuellen Entwicklung. Wir alle kommen aus der Dunkelheit des Winters, aus der Stille, dem Ort, der dem Ton den Raum hält, ihm als Gegenpol erst die Möglichkeit gibt zu existieren. Und wir kehren in diesen Raum zurück, wenn unsere Zeit der materiellen Verkörperung auf der Erde beendet ist. Diesen Raum tragen wir als gegenüberliegendes Ende dessen, was wir Leben nennen, auch in uns. Denn wie jede Polarität sind das Leben und der Tod die gegenüberliegenden Enden derselben Sache. Sie bilden demnach nur den Raum für die Bewegungen dazwischen. Nichts verharrt im Leben und nichts verharrt im Tod. Das lehren uns die Zyklen der Natur.

Archetypen als in uns angelegte Muster

Wir alle beginnen in der Energie eines Embryos im Dunkel des Mutterleibs, werden als **Tochter** geboren, die dann zur Jungfrau heranreift, doch erleben wir die darauffolgenden Archetypen nicht zwangsläufig gleich ausgeprägt.

Mit dem ersten magischen Tor von dreien (Menarche, Mutterschaft, Menopause) werden wir vom Mädchen zur Frau und das individuelle Spiel der Transformation unserer Femininität ist eröffnet. Leben ist erfinderisch und wir dürfen darauf vertrauen, dass es uns die Hürden bietet, die uns dienlich sind, wenn wir sie dazu nutzen, sie als Aufforderung zu verstehen, immer wieder die bewusste Täterschaft für unseren Weg anzustreben.

In der Phase der **Jungfrau** entwickelt sich mit der Veränderung unseres Körpers auch unsere Sexualität. Unsere Brüste schwellen an, unsere Vulva entfaltet sich von der kindlichen Brötchen-Form in eine frauliche Variante, Haare wachsen an neuen Orten, Hormone beginnen ihren Tanz, wir erleben unsere erste Periode. Das Herausbilden unserer eigenen sexuellen Merkmale weckt das Interesse am andersartigen männlichen Geschlecht. Wir schwärmen für Jungs oder Männer oder verlieben uns in sie und teilen diese Gefühle mit unseren **Blutsschwestern**. Als solche machen wir nicht nur unsere ersten sexuellen Erfahrungen, von denen wir einander berichten, sondern entdecken oder vertiefen die Verbindung zu anderen Frauen. Es geht sowohl um das eigene Ausprobieren der körperlichen Begegnungen mit Männern und/oder Frauen als auch darum, Sisterhood – Schwesternschaft zu üben.

Doch nicht jede Frau trifft in ihren Teenager-Jahren auf jene gleichgesinnten Frauen, die zu ihr gehören, mit denen sie sich identifizieren kann und durch die sie lernt, sich empathisch mit anderen Frauen zu verbinden, um sich in ihnen zu spiegeln. Genauso wenig ist die Entjungferung einer jeden Frau nur in dieser Phase möglich. Und so kann sie alle Archetypen mit ihren entsprechenden Erfahrungen schon früher oder auch erst in ihrem späteren Leben entdecken und zum Beispiel den Aspekt ihrer inneren Blutsschwester nachträglich integrieren.

Gleichermaßen verhält es sich mit allen weiteren Archetypen. Sie sind als in uns angelegte Muster zu verstehen, die darauf warten, sich aus unserem Innen im Außen auszudrücken und so aus der Dunkelheit im Licht lebendig zu werden. In der Phase der **Geliebten** strahlen wir durch die volle Entfaltung unserer weiblichen Attribute. Wir sind Magneten für den männlichen Gegenpol und entsprechend geht es um die Vereinigung mit diesem im Außen und um das Entdecken unserer eigenen maskulinen Kräfte in uns selbst, um auf die ein oder andere Weise Schwangerschaft zu initiieren.

Der Archetypus der **Mutter** lädt uns ein, das zweite Tor der Weiblichkeit zu durchschreiten, in dem wir physisch niederkommen oder unser schöpferisches Potenzial auf andere Art in die Welt hinein gebären. Als **Hebamme** unterstützen wir Menschen und Projekte in ihrem Entwicklungsprozess. Wir teilen unser Wissen und helfen dabei, dass sich ihr Inneres im Außen manifestieren kann. Bezogen auf unsere leiblichen Kinder oder kreativen Schöpfungen bedeutet das, sich um ihr Gedeihen zu kümmern und die Umstände herbeizuführen, die ihrer Entwicklung dienlich sind.

Die nächste Phase ist jene der **Amazone**. Sie markiert den Beginn unseres Herbstes und tritt tatkräftig für ihre Werte und Ideale ein. Aufgrund ihrer persönlichen Reifung kann sie klar für sich und ihre Wahrheit einstehen. Sie engagiert sich passioniert für die eigenen Früchte.

Als **Königin** herrschen wir über unser aufgebautes Königreich. Wir spüren die sich verändernden Kräfte in uns, der Beginn der Wechseljahre verleiht uns noch mehr Klarheit und wir beginnen mit der Ernte dessen, dem wir in den vorherigen Phasen unsere Aufmerksamkeit geschenkt haben. Das mag die Familie, der Beruf oder das kreative Selbst gewesen sein. Als Königin erkennen wir deutlich, was wir getan oder unterlassen haben, und sind aufgerufen, in die Verantwortung zu treten und tatkräftig Ordnung zu schaffen, wo sie vermisst wird.

Denn es folgt die Phase der **Priesterin** und mit ihr durchschreiten wir das dritte Tor unserer Weiblichkeit, die Menopause. Die letzte Blutung liegt ein Jahr zurück und wir verabschieden uns aus dem Auf und Ab der körperlichen Fruchtbarkeit. Unser zyklisches Wesen löst sich aus der sich gleichförmig wiederholenden Rhythmik und folgt seinem inneren individuellen Lauf. Die Priesterin erlebt sich als Brücke zwischen ihrem materiellen und spirituellen Aspekt. Ihr Blick auf das Leben verändert sich. Sie übt sich im Loslassen derjenigen, die sie war, und Neuerfinden der Frau, die sie jetzt sein möchte.

Und so verwandelt sich ihr Herbst in den Winter und sie wird zur **Zauberin**. Sie entdeckt ihren Zugang zu allen Archetypen, zu allen zyklischen Phasen und erfährt die tiefe Ruhe des spirituellen Einswerdens, das sie in eine **Alte Weise** verwandelt. Der letzte Archetypus ist jener der **Dunklen Mutter**. Abschied des Lebens und Neubeginn im Tod. Wir sinken zurück in die Dunkelheit des Erdenmutterleibs, aus dem wir gekommen sind, und transformieren ins Unbekannte.

Den weiblichen Archetypen gilt es, ein eigenes Buch zu widmen. Heute soll dieser Exkurs dabei helfen, dir der unterschiedlichen Teilaspekte deiner Weiblichkeit bewusst zu werden. Du bist nicht nur die eine. In dir leben viele feminine Muster und das bedeutet auch viele sexuelle Lusttypen.

Ekstase

Sexuelle Lust kann aus vier Richtungen erlebt werden:

1. Aus der Energie der Unschuld, Verspieltheit und Entdeckungsfreude der Tochter, Jungfrau und Blutsschwester (Mädchen können bereits vor der Menarche auf spielerische, meist unbewusste Weise Orgasmen erleben)
2. Aus der Energie der strahlenden, reifen und helfenden Fraulichkeit der Geliebten, Mutter und Hebamme
3. Aus der Energie der mutigen, herrschenden und befreiten Amazone, Königin und Priesterin
4. Aus der Energie der erfahrenen, wissenden, transzendenten Zauberin, Alten Weisen und Dunklen Mutter

Und das bedeutet nicht, dass du erst das reife Alter einer Zauberin erreichen musst, um die Kraft der Zauberin verkörpern zu können. Jede Qualität steht dir jederzeit zur Verfügung und dein zyklisches Wesen erinnert dich Monat für Monat daran.

Erkennst du die Einseitigkeit unserer erlernten Herangehensweise bezogen auf die sogenannte sexuelle Lust, wenn wir uns tatsächlich auf das beschränken, was uns die Pornografie, Hollywood oder die Werbung anbietet? Die Idealisierung der Archetypen der Blutsschwester und der Geliebten, deren jugendliche Gesichter uns überall entgegenlächeln, verwehrt vielen Frauen die Freude und Lust am Altern. Sie will uns glauben machen, dass wir, um sexuelle Lust zu erleben und auszudrücken, einem bestimmten äußeren Bild und erwarteten Denk-, Gefühls- und Handlungsweisen entsprechen müssten, nämlich denen der noch unerfahrenen Archetypen. Erahnst du deinen inneren Reichtum, der unabhängig von deinem Alters entdeckt und gelebt werden möchte?

Wenn wir sexuelle Lust nur darauf begrenzen, dass sich zwei jugendliche Körper intim verbinden, ein Penis in einer Vagina steckt, durch Reibung ein Höhepunkt erzielt wird, der der Gipfel sein soll, dann pressen wir uns bildlich selbst in die Enge unserer Vagina, anstatt unser ganzheitliches Wesen teilhaben zu lassen. Wir berauben uns der Möglichkeit, zu erleben, was sich energetisch in unserem ganzen Sein vollziehen kann, wenn lebendige Lust unserem Becken entströmt und sich durch unsere Körper ausdrückt. Der Mann ist ein sensibler Detektor, der nicht nur mit seinem Penis Energien aufspüren und wahrnehmen kann. Was soll er in der Tiefe deines Selbst finden? Womit möchtest du, dass er in Resonanz gehen kann, um die bei dir erfahrene Magie in seiner Welt zu manifestieren? Womit willst du ihn inspirieren?

Warte nicht darauf, dass sich dein Sexualpartner Varianten einfallen lässt, um dich zu beglücken oder eure gemeinsame Sexualität auf ein neues, reiferes Level zu heben, sondern übernimm selbst die Verantwortung für das, was du bist und was sich zwischen euch entfalten soll. Frausein bedeutet, Inspiration zu sein. Als Frau verkörperst du ganzheitliche Energie und du wählst die Qualität der Energie, für die das Männliche den Raum halten darf.

Jede Zyklusphase, sei sie menstrualer Natur oder auf den gesamten Lebenskreis bezogen, zeichnet sich durch ihren eigenen sexuellen Lustaspekt aus, der auf den der vorigen Phase aufbaut:

GO-Time: Sammeln und jagen

Phase zwei steht für die Qualität der jungfräulichen Offenheit, der nach außen gerichteten Neugier, dich einzulassen und zu experimentieren. Weil du dich fühlst, wie du dich fühlst (attraktiv, positiv, bewegungsfreudig, lebendig), findest du hier den leichtesten Zugang zu deiner Lust. Doch wie das nun mal bei einer jungen Frau so ist und sein muss, geht es im Frühling eines jeden Kreises um das lustvolle Machen, den Aktivismus selbst und weniger um die Tiefe des Dich-Erlebens. Es ist die Zeit des mutigen Jagens und fleißigen Sammelns von Erfahrungen, durch die du dich ausprobierst, um herauszufinden, was dir entspricht und was nicht. In welchem Kontext spürst du das prickelnde Gefühl der Lust in dir erwachen? Wann öffnet sich dein Schoßraum und sagt JA? Wann verschließt er sich und sagt NEIN? Um das herauszufinden, musst du experimentieren! Und dabei darfst du sowohl die berauschenden als auch die weniger beglückenden Erfahrungen willkommen heißen, denn durch sie lernst du deinen Weg von dem anderer zu unterscheiden und kannst zukünftig versierter wählen. Verständnis gründet sich nicht nur auf eigene Erfahrung. Die zyklische GO-Time lädt uns auch dazu ein, uns beherzt mitzuteilen und auszutauschen: »Wie ist das bei dir, Schwester?« zu fragen. »Was kann ich von dir lernen und du von mir? Wie können wir uns gegenseitig unterstützen und inspirieren?«

WE-Time: Geben und hingeben

Hast du herausgefunden, was das Aufsteigen deiner Lustenergie begünstigt und was deinem sexuellen Geschmack entspricht, kannst du dein Erleben von Intimität durch die Qualität deiner dritten, mütterlichen Phase vertiefen. Sexhaben wird zum Liebemachen und erweitert sich, indem du dich auf empathische, nährende Weise verbindest. Nicht dein eigenes handlungsgebundenes Körperglück oder dein ausdrucksvolles Tun steht im Vordergrund, sondern dein eigenes Aufgehen im empfangenden Sein wie auch dein großzügiges Geben werden entwickelt. Dem anderen Körper-Geist-Seelen-Wesen zu schenken, was es beglückt, erzeugt Rückflussglück in dir. Jedoch muss es befreit von Erwartung und Gegenleistung geschehen, sonst steckst du umgehend in der Lust der GO-Time, die ihre Macht der Manipulation austestet. Von Herzen geben, ohne etwas zurückzuerwarten, ist eine Kunst, die der Mutter vorbehalten ist.

Wenn du bereits physisch geboren und dein Baby gestillt hast, kennst du vielleicht die Lustgefühle, die während des Brustgebens aufkommen können. Viele Frauen drücken diese Empfindungen weg, weil sie die Unschuld der Situation nicht mit der Schambehaftung ihrer Sexualität in Verbindung bringen wollen. Doch gibt es keinen Grund, sich dafür zu schämen, das Nähren als lustvoll zu erleben. Brust und Vulva stehen in Verbindung und es ist nur allzu gesund, diese Leitung während des Stillens wahrzunehmen und zu trainieren. Es entspricht der mütterlichen Facette des Weiblichen und ist eine Einladung, das Lustvolle, das aus dem Geben entsteht, zu vertiefen. Sexualität und Lust sind so rein wie das, was wir über sie denken.

Nicht nur das physische Geben, sondern auch das Sich-Hingeben gehört zur sexuellen Eigenschaft deines mütterlichen Archetypus. Hingabe geht über das körperliche Sich-Öffnen hinaus und bedeutet höchste Präsenz im Sein. Die Begrenzung von du und ich lösen sich fließend auf und wir verschmelzen mit dem, was jetzt gerade ist. Das wollende, denkende, urteilende, eifrige Ego tritt in den Hintergrund und eine empfangende und gleichzeitig gebende Qualität, ein sich tief in sich selbst hinein öffnendes Gefühl, breitet sich aus. Statt resignierender Unterwerfung in Richtung Opfertum meint Hingabe ein passives Liebes-Engagement. Klingt widersprüchlich und doch geht es genau um diese Verbindung von innerer

Wachheit und Präsenz für den anderen bei größtmöglicher Wesensöffnung.

Schoß und Herz sind tief entspannt und weit offen und aus dieser Haltung gehen wir in Begegnung.

NO-Time: Nehmen und führen

Auch die vierte Phase offeriert dir ihre eigene Qualität der sexuellen Lust. Hinter dem Aufbegehren deiner Dämonin verbergen sich angestaute Wut und unterdrückte Wildheit. Kräfte, die sich die gefallen wollende Jungfrau verbietet oder die sie auf noch unreife Weise ausdrückt. Lernst du, sie zu integrieren, indem du ihr Ausdruck verleihst, bedeutet das auch die Toröffnung zu deinen maskulinen Qualitäten von Macht, Klarheit, Dominanz und Stärke, um die es in der vierten Phase unseres Zyklus wie auch unseres Lebens (insbesondere in der Entwicklung der inneren Amazone und Königin) geht. Deine Gedanken und Worte werden deutlicher, deine Stimme wird dunkler und klarer, deine Bewegungen werden zielgerichteter und selbstbewusster.

Jetzt ist die Zeit, dir zu nehmen, was du willst, dir zu erlauben, was du brauchst. Weibliche Sexualität bedeutet nicht, dass du immer unten liegen musst oder warten darfst, bis der Mann die Initiative ergreift (um banale Beispiele zu nennen). Deine wilde Kali lädt dich ein, Lust im Ausleben dessen zu suchen, was deiner jetzigen Reife entspricht. Übernimm die Führung im sexuellen Spiel! Setze um, was deine Gefühle ausdrücken möchten! Verleihe deiner sexuellen Wahrheit körperlichen Ausdruck! Weise deinem Partner den Weg! Dominanz ist nur der Gegenpol von Hingabe und gehört damit zum selben Arrangement. ***Sowohl als auch*** statt ***entweder oder*** bedeutet ganzheitliche Lust. Kein Wunder, dass die meisten Frauen bestätigen, erst mit vierzig plus die eigene Magie und wirklich guten Sex zu erleben.

ME-Time: Spiritualität

Phase eins, das Ende und der Neubeginn unseres Zyklus, entspricht einer Zäsur.

Zäsur ist die Bezeichnung für einen bewussten künstlerischen Einschnitt, beispielsweise der plötzliche Wechsel der Erzählperspektive in einem Roman oder das unerwartete Stoppen einer Musik, gefolgt von einem lauten Crescendo. Und ich möchte dieses Wort auch für die Zeit unserer Menstruation, insbesondere den Moment ihres Beginns, wie auch für die Zeit der Menopause als Übergang in unseren Winter des Lebens nutzen.

Jede von uns ist ein künstlerisches Meisterwerk, das an schöpferischer Vielfalt und Komplexität nicht zu übertreffen ist. Die Interpretation und Handhabe der Zäsur bleibt dir selbst überlassen, jedoch kann sie nicht aus dem Zusammenhang gerissen beurteilt werden, sondern muss im Kontext des Gesamtwerks betrachtet werden.

In der Verslehre (Metrik) ist die Zäsur ein gesetzmäßig festgelegter Einschnitt, eine Pause innerhalb eines Verses. Sie verleiht dem Erzählten durch das Innehalten Bedeutung, bezieht sich also auf das bereits Gesagte und bereitet das nun Folgende vor. Dein zyklisches Wesen pulsiert durch das Auf- und Absteigen des Erzählflusses deiner körperlichen Energien und unterteilt sich dadurch in die einzelnen Sequenzen der vier Phasen. Nach dem Ausatmen der vierten Phase gleicht das Einsetzen der Periode einem Innehalten oder Schweigen, das wir je nach Bedarf über die gesamte Phase ausdehnen dürfen, bevor wir mit Phase zwei wieder einatmen. Auch das Einsetzen der winterlichen Lebensphase (Wechseljahre und folgende Menopause) durch das Versiegen unserer physischen Fruchtbarkeit bezieht sich durch die eigene Neuerfindung auf das Loslassen dessen, was zuvor war.

Während die gegenüberliegende Phase der WE-Time ebenfalls dem Sein zugehörig ist, sich jedoch nach außen richtet, sich also in ihrer Passivität auf die Außenwelt bezieht, ist die ME-Time dem stillen Sein der Innenwelt zugeordnet. Das heißt, sie ähnelt einem kleinen inneren Tod. ***La petite mort***, der kleine Tod, ist im Französischen eine umgangssprachliche Bezeichnung für den Orgasmus und beschreibt den vorübergehenden Verlust oder die Schwächung des Bewusstseins während oder nach dem sexuellen Höhepunkt. In diesem Vergleich findet sich die stille, in sich zurückgezogene Lust der ersten Phase und des Winters wieder. Ein ermattetes und doch erfülltes Sich-Loslösen von allem, was die umtriebige Außenwelt bietet. Die Lust des Nicht-mehr-Wollens als das, was war und jetzt gerade ist.

Über den Trieb hinaus, sich körperlich mit einem anderen Menschen vereinigen zu wollen, um Erregung zu steigern und einen Höhepunkt anzustreben oder das feminine (Hin-)Geben und maskuline Nehmen und Führen zu erleben, finden wir sexuelle Lust auch in äußerlich passiven Seinszuständen. Wir müssen nicht auf das Einsetzen unserer Wechseljahre warten, um in den letzten Phasen unseres Lebens unser Verständnis für sexuelle Lust auf eine ganzheitliche Ebene zu erweitern. In jeder reflektierenden, integrierenden ersten Phase unseres Menstruationszyklus stehen uns die Tore zur Anderswelt offener als sonst, denn unsere nach innen gewandten Qualitäten begünstigen unser intuitives Fühlen und die Erweiterung unserer sinnlichen Wahrnehmung.

Ein inneres Feuerwerk entzünden

Je mehr du dich dir selbst zuwendest, desto tiefer kannst du eintauchen in die Sphären deiner spirituellen Lust, deren Ausgangspunkt sich in den Tiefen deines weiblichen Körpers verbirgt und sich in ihrem Erleben von der sexuellen Lust unterscheiden kann (keinesfalls muss), ihr daher in nichts nachsteht. Wenn du Erfahrung mit Meditation oder anderen kontemplativen Methoden hast, kennst du vermutlich die aufsteigende Energie, die dein Herz weitet, Mr. Monkey Mind entspannt und dich wachen Zustands in Kontakt bringt mit wundersamen Welten. Kennst du sie nicht, lass mich dir von einem meiner Erlebnisse berichten:

Während des Rückflugs von Mallorca nach Zürich saß ich auf meinem Fensterplatz und habe mich – Kopfhörer auf, Musik an, Augen zu – in mich zurückgezogen, um meine persönliche Methode der tiefen Entspannung anzuwenden: Ich beginne mit dem Bodyscan. Vom Scheitel bis zu den Fußsohlen lasse ich Zentimeter um Zentimeter jede Anspannung los. Ich wandere mit meiner Aufmerksamkeit von meinem höchsten Punkt über meine Stirn, Augen, Wangen, Hals, Schultern in den Brustraum, Bauchraum, Schoßraum, weiter durch die Oberschenkel, Knie, Unterschenkel in meine Füße hinein. Warmer Honig fließt durch meine Muskulatur und glättet jede Verhärtung, bis ich vollkommen zur Ruhe gekommen bin und sich tiefes Wohlbefinden in mir ausbreitet. Dann geht's los: Aus der Bewegungslosigkeit und schlafähnlichen Stille meines Körpers aktiviere ich durch Mikrobewegungen die Energie in meinem Schoß, bringe sie in Bewegung und lasse sie durch mich aufsteigen. Dazu muss ich nur kurz meinen Beckenboden oder meine Vaginalmuskulatur aktivieren und alles weitere erledigt mein Atem. Wie eine Schlange bewegt sich die Lust wellenförmig aufwärts. Zuerst nur bis in den Bauch, dann sinkt sie wieder ab. Dann fließt sie bis in meinen Brustraum und weitet mein Herz, sinkt wieder ab und schließlich, nach ein paar rhythmischen Auf- und Abwärtsbewegungen, dringt sie bis in meinen Kopf und erfüllt mich vollkommen.

Mein Geist ist dabei hellwach und wird Zeuge, wie sich mein Körpergefühl dehnt. Licht explodiert hinter meinen Augen, zeigt Bilder, Farben und zaubert ein Happening, das nur ich sehen, hören, fühlen, riechen, schmecken kann. Die Begrenzung meiner körperlichen Wahrnehmung hebt sich auf und ich erlebe Gefühle des Einsseins, der Dankbarkeit, des Aufgehens, der Hingabe, der Glückseligkeit, der vollkommenen Ergriffenheit und Demut. Pure Lust.

Und während ich da im Flugzeug Ekstase erlebe, sitzt neben mir eine Unbekannte und schaut ungestört Netflix. Damit will ich sagen, dass wir weder die Zurückgezogenheit in unserem stillen Kämmerlein noch einen Sexualpartner brauchen, um ein inneres Feuerwerk zu entzünden. Deine spirituelle Energie wohnt in deinem Becken und entspricht der sexuellen Lust, die sich von unten nach oben in deinem Körper ausbreitet. Sie sind identisch. Ihr Ursprung ist derselbe und nur die Art ihres Erlebens facettenreich. Wie könnte es anders sein?

Sexuelle und jede Form von befreiter Lust ist aufsteigende Energie aus deinem entspannten, offenen Schoß, die über dein Herz in dein Headquarter und wieder zurück zirkuliert oder aber über deinen Scheitelpunkt hinaus deinen Schoß (die Erde) mit dem Himmel verbindet und auf diese Weise Intimität zwischen dir und dem Göttlichen herstellt. Sie ist nicht nur lokal körperlich, sondern auch geistig und ganzkörperlich und vermutlich auch außerkörperlich zu erfahren.

Das Aufsteigenlassen deiner sexuellen Energie entspricht weiblicher Spiritualität und lehrt dich, dass du selbst Liebesenergie bist, statt ihr nur körperlich als Ausdrucksmittel zu dienen. Das Wort *sexuell* bezieht sich vor allem auf den Akt der Vereinigung primärer Geschlechtsteile zweier Menschen und im Kontext dieses Buches daher von Mann und Frau. Doch dies ist nur der Anfang, der Beginn einer Entwicklungsreise, die aus einem jungen Mädchen eine reife Frau und Alte Weise werden lässt. Die Lust auf Verschmelzung kann sich auf Menschen, Dinge, Ideen, Projekte, das Leben oder Gott beziehen und ist darum der spirituellen Lust gleichzusetzen. Sexuelle Lust ist unser femininer Zugang zur Spiritualität, zur Glückseligkeit der Ekstase. Sie ist frei – so frei, wie du es dir gestattest zu sein. Je intensiver und bewusster du sie in all deinen Lebensbereichen kultivierst, desto ganzheitlicher erfährst du das, was du ein erfülltes Leben nennst, und entwickelst dich in die Erkenntnis der Einswerdung, des Einsseins.

Rückzug in uns selbst

Wir sind Intimität des Lebens mit sich selbst. Statt Körper, die ab und an ekstatische Erfahrungen machen, sind wir in jedem einzelnen Moment göttlich beseelte Wesen, die eine körperliche Erfahrung machen. Das Geschenk dieser Gewissheit entfaltet sich durch den wiederholten Rückzug in uns selbst und jede Menstruation lädt uns wie ein sonntäglicher Kirchgang dazu ein, uns der Beziehungsvertiefung zu unserem spirituellen Aspekt zu widmen. Folglich liegt es nahe, sich diese Zeit als Rückzugsort in uns selbst vorzubehalten. Das bedeutet nicht, dass dir der sexuelle Kontakt zu anderen während der Menstruation, wie es manche Religionen vorschreiben, untersagt ist. Dogmen alter Zeiten entbehren aus unserer heutigen Sicht der Sinnhaftigkeit. Wir leben nicht mehr in der Vorstellung von rein oder unrein und machen Liebe, wann es uns passt. Aber wann passt es uns? Das klärt sich auch dadurch, wenn wir wissen, wann es uns nicht passt.

Hinwendung zu uns selbst, das Verdichten der Energie durch bewusstes Halten und Pausieren in der Leere, ermöglicht Integration. Jede gemachte Erfahrung möchte eingebettet werden in einen Gesamtkontext, um Weiterentwicklung statt Wiederholung zu ermöglichen. Das gilt auch für die Entfaltung unseres Lust-Potenzials. Was war gut? Was hat deine Lust entfacht? Was möchtest du im neuen Kreis vertiefen? Wer oder was kann dich dabei unterstützen? Stelle diese Fragen und erwarte die Antworten nicht durch die Anstrengung deines Geistes.

Genauso wie wir während des Schlafens nicht nur regenerieren, sondern auch träumen, öffnen sich uns während der Menstruation ebenfalls Zugänge zur immateriellen Welt. Ihre Bilder, die dem aktiven, beschäftigten Bewusstsein verborgenen bleiben, sind Botschaften deiner Seele, die du als Inspiration für deinen nächsten Kreis nicht verpassen solltest.

Wer weiß, vielleicht liegt der Ursprung der religiösen Dogmen, die auf Abgrenzung der menstruierenden Frau bestehen, darin, dem Weiblichen den Raum zu halten, um sich energetisch erholen und mit sich selbst verbinden zu können. Vielleicht wussten die Gründerväter (oder waren es Gründermütter?) um die spirituelle Bedeutung der weiblichen Intuition und Veranlagung weiterer Sinne, die sich nur in der Ruhe und aus dem Sein entwickeln können. Wenn die Frau wie jede andere Nacht neben einem Mann liegt, wo ist da die Zäsur? Wo die Chance, dem, was war und werden soll, durch ein bewusstes Pausieren Bedeutung zu verleihen?

Versteh mich nicht falsch: Ich bin gegen Dogmen und für die Freiheit, individuell zu wählen. Doch eine Wahl zu haben, nutzt uns nur dann, wenn wir lernen zu unterscheiden. Du allein kannst herausfinden, was deiner heiligen Blutlust entspricht.

Für dich zur Vertiefung: Das Heilige in dir

Was ist dir heilig?
Welcher Göttin dienst du?
Wo suchst du sie?
Wir können in die Kirche gehen und dort nach ihr Ausschau halten. Wir können Gurus folgen und ihre Wahrheiten nachbeten. Wir können in ferne Länder reisen, andere Kulte kennenlernen, doch ist jede äußere Bemühung ein Suchen nach Spiegelung dessen, was sich in uns selbst verbirgt.

Deine innere Göttin offenbart sich dir in den vielen Facetten deiner Lust. Wann immer du ihrer Energie erlaubst, sich durch dich auszudrücken, bist du in Kommunikation mit ihr. Ob es ein kaum hörbares, aus deinem Becken heraufklingendes Flüstern ist oder ein sich ausdehnender Sturm, der vollkommen Besitz von dir nimmt: Wenn du ihrer Sprache erlaubst, durch dich zu wirken, dann erlebst du Ekstase in unterschiedlichen Nuancen. Das kann während eines Tanzes, beim Kochen, in der Stille und genauso beim Liebemachen geschehen. Dein einzigartiges Wesen bietet ihr einzigartige Ausdrucksweisen.

Das lebendige Wasser deiner Lust entspringt dem schöpferischen Mysterium deines Schoßes, breitet sich von dort aufwärtsfließend in deinem Körper aus, um sich schließlich mit deinem Geist zu vereinigen, indem es ihn flutet.

Wie klingt das, Schwester? Abgefahren wild und ein bisschen too much? Keine Sorge, wir sind lediglich dort angekommen, wo diese Geschichte begann. Erinnerst du dich an den verheißungsvollen Ganzkörperorgasmus, den die damalige Nadine ambivalent bezweifelte und gleichzeitig ersehnte? Juliette ist nicht nur meine Freundin. Juliette, das bin ich und ich bin du. Unsere Körper folgen denselben Gesetzen, derselben Rhythmik. Die Lust, die in meinem Becken wohnt, ist auch in deinem heimisch. Ganzkörper meint ganzheitlich, bezieht also das, was du über deinen Körper hinaus noch bist, mit ein. Das heißt, je ganzheitlicher du dich selbst erlebst, dich Ebene um Ebene erweiterst, desto umfassender wirst du deine Art der Lust und Ekstase erleben. Wie im Innen so im Außen. Nichts von dem, was wir uns im Außen ersehnen, finden wir, wenn wir es nicht zuerst in uns selbst entwickelt haben. Unsere individuelle Realität spiegelt uns stoisch unsere inneren Anteile, die in der Reflexion des Erlebten danach rufen, durch bewusste Aufmerksamkeit entwickelt zu werden, und auf diese Weise können wir alles erreichen. Mit der Absicht, mich meinem weiblichen Naturell zuzuwenden und meinen Körper besser zu verstehen, hat sich mir nach und nach, Phase um Phase eine lustüberfließende Welt aufgetan, die in jeder Frau existiert und darauf wartet, entdeckt zu werden.

Wir sind viel mehr

Mein erstes ganzkörperliches Lust-Phänomen habe ich während des Liebemachens mit meinem jetzigen Mann erlebt. Wir übten uns seit Monaten in der Verlangsamung unserer sexuellen Begegnungen und ich hatte die Hoffnung schon aufgegeben, dass irgendwann mal etwas ganz Verrücktes passieren würde. »Was soll's! Normale Orgasmen sind doch gut genug. Dann bleiben wir eben dabei«, dachte ich. Und mit diesem Loslassen des letzten angestrengten stillen Herbeiwünschens eines anderen Zustands als den, der das Jetzt ausmachte, entfachte sich in mir aus der Nüchternheit des Nichts-Wollens und Einfach-nur-Präsentseins ein Höhenflug, der mit einem vaginalen und klitoralen Orgasmus seinen Anfang nahm, sich jedoch nicht wie sonst auf das rhythmische Pulsieren meiner Beckenmuskulatur beschränkte, sondern darüber hinaus meinen ganzen Körper erfasste. Energie strömte durch mich durch, malte Farben, Bilder, Gefühle, Lustgipfel und es nahm kein Ende. Mein Innen dehnte sich Science-Fiction-mäßig aus, während mein Außen ruhig dalag. Die Überwältigung, die sich von unten nach oben in mir abspielte, war beim ersten Mal auch ein Schock, denn mein Verstand war mit dem Sinnesrausch überfordert und daher hin- und hergerissen, dem ein Ende zu setzen oder weiter zu staunen, und gleichzeitig flossen Tränen der Glückseligkeit. Es war ein tief bewegendes Erlebnis, das alles veränderte. Jetzt wusste ich: Es ist wahr! Es gibt viel mehr! Ich bin viel mehr! Und wenn ich es bin, sind wir es.

Mögen meine Offenheit und mein Zeigen dir als Spiegel dienen, in welchem du dein zukünftiges Ich erkennst.

Und vielleicht hast du all das schon selbst erlebt und freust dich über die Bestätigung, dass du damit nicht allein bist. Oder du kannst von noch ganz anderen Sphären berichten. Vielleicht aber fragst du dich, wie du deine Lust Schritt für Schritt entdecken und in dem für dich stimmigen Tempo erweitern kannst.

Entdecke dein Lustland

Wenn du dein volles Lustspektrum entdecken möchtest, sollten deine Gefühle und Bedürfnisse variieren dürfen. Vergiss nicht, du bist an keinem Tag deines Zyklus dieselbe Frau. Das gibt dir die Freiheit, dich und das, was dir Lust bereitet, immer wieder aufs Neue zu entdecken, um auf das einzugehen, was dein Wesen beglückt und somit seine Entwicklung unterstützt. Nutze die Menstruation als Zäsur, um in der Stille zu reflektieren, dich neu auszurichten und gewonnene Erkenntnisse aller Ebenen in den folgenden Phasen zu vertiefen. Ich wünsche dir, dass du lernst, Lust freizuschalten, sie als schöpferische, göttliche Energie zu erleben, die der Tiefe deines weiblichen Mysteriums entspringt. Ich wünsche dir, dass du Lust als körperliche Magie entdeckst, die, losgelöst von gesellschaftlichen Vorstellungen, Zwängen und der Blaupause deiner Erziehung, der Ursprung deiner irdischen und himmlischen Lebendigkeit ist. Ich wünsche dir, dass du ihr erlaubst, deine universelle Kraft zu sein, damit sie sich facettenreich durch dich ausdrücken kann.

Bist du so weit? Willst du loslegen, dich erproben und mit deinen Lustenergien experimentieren? Möchtest du umsetzen, was du in deinem Inneren fühlst? Vielleicht denkst du jetzt, dass du zwar Feuer und Flamme bist, dir für die Praxis aber der richtige Partner fehlt oder sich der Mensch an deiner Seite hierfür nicht eignet. Um sexuelle Lust zu erleben (und ich werde sie von hier an nicht mehr explizit sexuell nennen, denn du verstehst ihren ganzheitlichen Aspekt), brauchen wir niemanden außer uns selbst. Wir erschaffen unsere Realität von innen nach außen und so beginnen wir verantwortlich bei uns selbst, indem wir zunächst einmal unser eigenes Lustland erforschen und ausbauen.

Für dich zur Vertiefung: Dein Lustland

Wie sieht es in deinem körperlichen Lustland aus?
Bewohnst du es vollständig in all seinen Gebieten?
Hast du eine konkrete Karte oder nur vage Ideen von der Landschaft?
Oder liegt dieses Land brach?

Was hast du bisher gelernt über das Terrain deiner eigenen körperlichen Lust?
Kennst du deine Vulva?
Weißt du, wie sie aussieht?
Hast du beobachtet, wie sie sich verändert, wenn sie erregt ist, wie deine inneren Labien und die Klitoris durch die verstärkte Durchblutung anschwellen?
Bist du mit den verschiedenen Konsistenzen ihres Sekrets vertraut und kennst du ihren Geruch oder sogar Geschmack?

Wie steht es um die Beziehung zwischen dir und deinen Brüsten?
Wie berührst du dich selbst? Welche erogenen Zonen kennst du und bist du offen, weitere zu entdecken?
Was sind deine Antörner, die jeweiligen Umstände, die deine Lust in den verschiedenen Phasen befeuern, und was sind deine Abtörner – was versperrt dir den Weg zur Lust?

Welche inspirierenden Fantasien nutzt dein Geist, um deinen Körper in Wallung zu bringen? Beschränkst du dich auf ein paar wenige oder gibt es in deinem Kopf ein ganzes Bilderbuch, aus dem du bedürfnisorientiert wählen kannst?
Bist du überhaupt ein Augentierchen oder genießt du stattdessen das Steigern der Erregung über einen anderen Sinn? Welchen? Wie?

Hast du dir beigebracht, einen Höhepunkt zu erreichen, oder glaubst du eine Ausnahme der Regel zu sein, der der Zugang zum Orgasmus verwehrt bleibt?

Wo auch immer du stehst, der Weg deiner Lust nimmt kein Ende. Weiterentwicklung braucht Engagement und Interesse sowie Austausch und Inspiration. Neuste Studien belegen: Frauen legen fast ebenso regelmäßig Hand an sich selbst wie Männer. Doch es zu tun, heißt noch lange nicht, dass wir auch darüber reden. Beim Thema ***Masturbation, Onanie, Selbstbefriedigung*** wird es still um uns kommunikative weibliche Wesen. Warum? Es beginnt schon bei diesen unsäglichen Worten, die mit ihrem Klang jede Lust killen, über den so gegensätzlichen Inhalt sprechen zu wollen. ***Masturbation*** tönt gewaltvoll, ***Onanie*** teuflisch und ***Selbstbefriedigung*** allzu mechanisch. Keines der Wörter lädt mich dazu ein, zu tun, was ich tue, wenn ich Liebe mit mir selbst mache.

Das, was ich bevorzugt in der Dunkelheit der Nacht mit mir selbst erlebe, nenne ich angewandte oder körperliche Selbstliebe: intime Beziehungspflege zwischen meinem Geist und meinem femininen Körper – meiner Körperin. Wir führen vertrauliche Gespräche, tauschen lustvolle Bilder, Gedanken und Gefühle aus. Weich ist sie. Warm und empfänglich sucht sie meine Nähe. Ich lausche dem Rhythmus ihres Herzens. Ich spüre ihre zarte Haut und schenke ihr meine ganze Aufmerksamkeit. Erfühlend nehme ich wahr, was ihr jetzt guttut. Ich habe Zeit und bin vertraut mit ihrem sich langsam erhitzenden Wasser. Sie ist hingebungsvoll und empfänglich. Je langsamer ich es angehe, desto lauter das Echo. Unsere Begegnungen sind deliziös und spiegeln die Energie meiner jeweiligen Zyklusphase wider. Die Bedürfnisse meiner Körperin sind nicht immer gleich. Ebenso wenig der Duft, der aus meinen Poren dringt, die Gedankenbilder, die meinen Puls erhöhen, oder die Art, wie sich die Berührungen summieren. Der Orgasmus ist eine mögliche Reaktion, doch kein Ziel, das errungen werden muss. Lust, Nähe, Intimität, Freude, Genuss, Selbstliebe – darum geht es uns, ihr und mir. Es ist so schön, sie zu sein. Ich bin die, die ihr nahe ist wie niemand sonst. Wie traurig wäre es, mich nicht kennengelernt zu haben. Mich nicht immer tiefer zu erforschen, was für ein Versäumnis wäre das!

Für dich zur Vertiefung: Berühre dich selbst

Wie berührst du dich selbst, Schwester?
Tust du es überhaupt und wenn ja, wie viel Einfühlungsvermögen und Liebe liegen in dieser Berührung?
Welche Absicht steckt hinter der Begegnung mit dir selbst?
Gehst du stets zielstrebig zur Sache, fokussierst umgehend auf die Reizung deiner Klitoris und bringst dich in Rekordgeschwindigkeit zum Höhepunkt?
Erledigt und einschlafen, als handle es sich um automatisiertes Zähneputzen oder das notwendige Staubsaugen deines Wohnzimmers?

Nichts gegen eine pragmatische Entladung von angestauter Energie, doch wünsche ich dir, dass es genauso Gelegenheiten gibt, bei denen du dir Zeit nimmst, um den Weg zu genießen, anstatt verbissen auf das Exit-Schild zuzulaufen.

Gemeinhin wird Sex (mit anderen oder mit uns selbst) als eine Art Sprint oder Wettlauf verstanden. Wir betreten das Lustland und halten getrieben Ausschau nach Hinweisen, die uns den Ausgang anzeigen. Wo geht's hier zum Exit = Orgasmus? Dabei verpassen wir, worum es eigentlich geht, nämlich die Lust an der Freude des Aufenthalts selbst, der uns durch ein inspirierendes Gelände der Begegnung und Kommunikation von Körperwelten unterschiedlicher Beschaffenheit führt. Erst wenn wir uns erlauben, Sex anders, langsamer, bewusster und ergebnisoffener zu erleben, wie einen beglückenden Spaziergang, können wir die Blumen am Wegesrand entdecken. Orgasmen kommen auf mechanische Weise, wenn wir sie herbeizwingen. Sie kommen auf magische Weise, wenn wir sie loslassen. Mit Herbeizwingen meine ich das Ausführen der einstudierten Technik, die wir unserem Körper-Geist-System beigebracht haben. Die wenigsten Frauen befassen sich mit ihrer Sexualität auf spielerische Weise. Haben sie erst einen Weg gefunden, um sich selbst kommen zu lassen, behalten sie diese »Technik« meist ein Leben lang bei und trainieren sich unbewusst darauf, dass es so und nicht anders funktioniert. Dabei gibt es nicht nur viele Arten, unsere erogenen Zonen zu stimulieren und die sexuelle Lust zu steigern, sondern auch unzählige Möglichkeiten, einen oder mehrere Höhepunkte zu erreichen. Wenn wir unseren Lustweg auf einen Pfad beschränken, dann bleibt unser Erleben eindimensional und es wird eng für unsere Sexualpartner, denen wir diesen Weg beibringen müssen. Und wehe, sie weichen vom Weg ab! Oder wir müssen während des Liebesspiels stets selbst Hand anlegen. Das ist in Ordnung, aber wenn es mehr gibt, dann lohnt sich doch ein Blick über den Tellerrand.

Als ich achtzehn war, erzählte mir eine Freundin von ihrer persönlichen Methode der körperlichen Selbstliebe, und ich horchte überrascht auf. Mir war gar nicht in den Sinn gekommen, das, was ich seit frühester Jugend mit mir selbst zauberte, auszubauen oder einen anderen Ansatz zu verfolgen. Aber meine Neugier ließ mich forschen. Und so lernte mein Körper eine erste weitere Möglichkeit von vielen kennen, sexuelle Lust mit mir selbst zu feiern. Mein Geist verstand, dass nicht nur ein Weg zum Ziel führt – wenn denn der Orgasmus das Ziel sein soll. Kann statt muss! Befreie dich vom Leistungsgedanken deines Mr. Monkey Minds und stelle Lust, Körperfreude und Wohlbefinden an die erste Position. Steigert sie sich, folgt ein Höhepunkt. Du allein definierst den Erfolg, indem du dir über dein jeweiliges Bedürfnis bewusst bist und für dessen Erfüllung sorgst. Im Einklang mit dem, was du brauchst, wird dein Körper von ganz allein fließen.[14]

Das Gelände erkunden

»Wenn Männer Brüste hätten, würden sie viel Zeit damit verbringen, mit ihnen zu spielen, sie zu bewundern, zu liebkosen. Warum tust du es nicht?«, fragte mich ein Freund in meinen Zwanzigern. Wie recht er hatte! Erst durch seine Bemerkung wurde mir bewusst, wie distanziert das Verhältnis zu meinen eigenen Brüsten war. Ein Exfreund hatte mich einmal mit einer seiner vorigen Partnerinnen verglichen und verlauten lassen, dass diese, kaum hätte er ihre Brüste gestreichelt, umgehend feucht wurde. Bei mir sei das ja offensichtlich nicht der Fall. Eine korrekte Feststellung, aus der mein unorientierter Geist Folgendes bastelte: Mit meinen Brüsten stimmt etwas nicht. Denn tatsächlich konnte ich den ihnen gewidmeten Streicheleinheiten wenig abgewinnen. Und anstatt mich liebevoll genauer mit ihnen zu befassen oder Rat bei einem versierteren Menschen einzuholen, ignorierte ich sie weitere zehn Jahre.

Wahrnehmung muss trainiert werden. Nervenverbindungen von unseren Brüsten, von der Klitorisperle genauso wie vom Inneren unserer Vagina oder jedem beliebigen Ort unseres Körpers hin zum Gehirn müssen geknüpft und ausgebaut werden. Berühre dich und gib niemals auf, deiner

Körperin mehr Lust beizubringen und in ihr Training zu investieren. Es sei an dieser Stelle ausdrücklich darauf hingewiesen, dass weder der Grad des Genusses noch das Maß an Lust einer Frau automatisch am Vorkommen ihres vaginalen Sekrets gemessen werden kann. Für die individuelle Lust gibt es keine allgemeingültigen Konzepte.

Betrachte die angewandte Selbstliebe als die Grundschule für eine erfüllte, lustvolle Sexualität. Unsere Körper sind Landschaften der Lust, die erforscht werden müssen. Erkunde das Gelände und übe dich in der Sensibilisierung verschiedener Gebiete. Denn es kann nicht die Aufgabe unseres Partners sein, herauszufinden, wo unsere erogenen Zonen sind, was uns wann gefällt und was nicht. Diese Herausforderung dürfen wir freudig selbst annehmen. Die Verantwortung auf einen anderen Menschen abzuschieben, ist absurd. Wer begibt sich freiwillig in die Abhängigkeit? Dieser andere Mensch kann dich darin unterstützen, Neues, Anderes, Weiteres kennenzulernen. Doch das Wurzelwerk steckt in deinem eigenen Garten.

Keinesfalls möchte ich dich hier auf deine primären Geschlechtsmerkmale beschränken. Lust kann überall entstehen. Um sie körperlich zu erleben, brauchen wir weder eine intakte Vulva noch sonst etwas Festgeschriebenes. Querschnittsgelähmte können Lust und in gesteigerter Form Orgasmen durch die Stimulation alternativer Körperteile erleben. Vielleicht hattest du schon mal einen Orgasmus, während du schliefst, und bist davon aufgewacht und hast festgestellt, dass du auf dem Rücken liegst und weder du noch sonst jemand dich berührt hat. Orgasmen passieren im Gehirn. Sie sind Reflexe. Steigender Blutdruck, Hormonrausch und Feuerwerk: für gewöhnlich fünf- bis zwölfmaliges, aber auch länger anhaltendes rhythmisches Zusammenziehen und Loslassen. Es gibt große, beeindruckende Darbietungen, aber auch leise und zarte Entladungen. Und sie sind nicht an einzelne Organe, schon gar nicht an die Genitalien gebunden. Menschen können durch die Stimulation ihrer Knie, Ohrläppchen oder durchs Küssen zum Höhepunkt kommen. Also schau nicht links und rechts, sondern mache dich auf die Suche nach deinen eigenen erogenen Zonen. Dein größtes Lustorgan steckt in deinem Kopf.

Warum es dem Mann schneller gelingt, zum Höhepunkt zu kommen beziehungsweise zu ejakulieren, als der Frau, könnte daran liegen, dass die

Natur, deren höchstes Ziel die Reproduktion ist, sichergehen wollte, dass sich die Frau nicht befriedigt abwendet, bevor der Mann seinen Samen abgefeuert hat. Es ist, wie es ist, und ein Vergleich steht nicht an, denn sonst müssten wir fairerweise auch bedenken, dass wir dafür mehrere hintereinander und variantenreichere Orgasmen erleben können. Darüber jammert kein Mann. Würden alle Frauen Erregung im selben Takt wie die meisten Männer erleben, wo bliebe die Polarität? Sex würde nur in der Quickie-Variante existieren und alles, was sich aus der Langsamkeit entwickeln kann, bliebe uns verborgen.

Für dich zur Vertiefung: Dein körperlicher Liebes-Wert

Wie steht es um deine körperliche Lust?
Lösen diese Worte Verunsicherung, Irritation, Ablehnung, Frustration oder gar nichts in dir aus? Sind sie nur eine Theorie, die kaum etwas mit dir und deinem Leben zu tun haben, weil du glaubst, hierfür seien bestimmte Umstände und die Beteiligung anderer erforderlich?

Frauen, die ihre Libido scheinbar verloren oder nie entdeckt haben, frage ich, wie es um ihre generelle Selbstliebe steht und was sie an sich lieben. Die Antworten starten bevorzugt im Kopf: »Ich bin freundlich, ehrlich, humorvoll, fleißig, kommunikativ, einfühlsam und bemühe mich, ein guter Mensch zu sein.« Selten fügt eine Frau ihre körperlichen Attribute an, da muss ich erst nachhaken und sehe dann zu, wie meist intensiv gegrübelt oder verschämt gelächelt wird.

Was an dir ist deiner Liebe wert?
Stellst du die Qualitäten deines Geistes über jene deines Körpers?
Existieren sie denn voneinander losgelöst?
Auf welche Art betrachtest du dich im Spiegel und wie würdest du deinen Körper beschreiben? Was siehst du?

Deine Körperin ist der materielle Ausdruck deines Geistes, deiner Gefühle, deiner Handlungen, deiner Erfahrungen und Teil des Erbes deiner Ahninnen. Sie ist der Tempel deiner Seele. Du bist sie. Und dennoch: Wie oft schauen Frauen in den Spiegel und verurteilen das, was sie glauben zu sehen? Wie oft erzählen sie sich die Geschichte von den Kilos, die sie zu viel (oder zu wenig) hätten? Wie oft begegnen sie ihrem eigenen Bild mit einem kontrollierenden, bewertenden, kritischen Blick und erzeugen durch diese wiederholten Selbstangriffe Stress und Unlust? Sie erklären sich selbst zur Feindin. Wo ist die Liebe? Wo die Wertschätzung? Wo die Empathie? Warum fließen diese Qualitäten so selbstverständlich zu anderen und so schwer zu ihnen selbst? Was stimmt hier nicht?

Deine Geliebte

Frauen dürfen und müssen Frieden schließen mit sich selbst! Liebe deine Körperin wie eine Geliebte. Liebe sie zärtlich, hingebungsvoll, innig. Sie ist das mit Abstand Kostbarste, das du je besitzen, bewohnen und sein wirst. Sie verdient einen königlichen Geist, der sie ehrt, der ihre Sprache lernt, der ihre Weisheit schätzt, der sie zu Rate zieht, der sich ihrem Tempo angleicht, der sie als Königin anerkennt und feiert. Denn du bist ein Körper-Geist-Seelen-Wunder – in deiner Ganzheit reinste Magie. Anerkenne, was dein körperliches Selbst tagtäglich leistet: Millionen unbewusst ablaufende Vorgänge von Herzschlag über Verdauung bis hin zur Zellerneuerung, morgendlichem Erwachen, abendlichem Einschlafen, dem Ausführen beabsichtigter Bewegungen, Übersetzung von äußerer Welt in innere Welt durch die Filter deiner Sinne und vieles mehr. Wann immer dein Blick dir selbst begegnet – im Badezimmer-Spiegel, in der Reflexion des Schaufensters, im Rückspiegel des Autos, wann immer du dich selbst betrachtest, dir deiner Physis gewahr wirst: Schenke dir ein Lächeln und sag dir selbst Danke! Ein Körper, der von innen geliebt wird, ist unglaublich anziehend.

Sachlichkeit und Distanz sind gute und praktische Eigenschaften unseres Geistes, jedoch wenig hilfreich, wenn es um Liebe, Lust und Leidenschaft geht. Stete Fehlersuche und kritischer Intellekt sind hier nicht gefragt, stattdessen braucht es Herzenswärme, Empathie und Wohlwollen. Denn Selbstliebe ist der Pool, aus dem wir schöpfen, und ist er leer, bleibt auch nichts, was wir an andere verschenken könnten. So wie wir in Kontakt mit uns selbst sind, begegnen wir unweigerlich unserem Gegenüber. Also müssen wir uns fragen: Pflegen wir einen wohlwollenden Blick auf unsere eigene Erscheinung? Betrachten wir gerne, was uns das Spiegelbild zeigt? Wertschätzen wir unsere individuelle Schönheit in ihren verschiedenen Stadien, anstatt vermeintliche Mängel zu fixieren? Lieben wir jede Stelle unseres Körpers – auch und ganz besonders unsere Vulva? Denn über unser Allerheiligstes hinwegzuschauen, um Unwohlsein, Scham oder Frustration zu vermeiden, ist keine Option; vor allem nicht, wenn es um Selbstliebe geht. Jeder Teil unseres Körpers verdient es, kennengelernt, beachtet, geschätzt und geliebt zu werden. Liebe, Lust und Leidenschaft – Sexualität beginnt bei uns selbst. Um einen Partner lustvoll anzunehmen, so wie er jetzt ist, dürfen wir zuerst lernen, uns selbst liebe- und lustvoll zuzustimmen. Sobald du dich dabei ertappst, urteilend über die Körper anderer zu denken, erinnere dich an ihr Spiegelbild, das dir lediglich deine eigene Illusion des Nicht-Genügens präsentiert.

Schau hin! Wir sind offene Bücher, die nur nicht jeder lesen kann. Aber genauso wie eine Pflanze unmöglich zufällig aussieht, wie sie aussieht, sondern ein komplexes, zusammenhängendes System von Sinnhaftigkeit ist, so sind auch wir Menschen holistische Gestaltung eines fließend ineinander übergehenden Innen und Außen.

Vielleicht möchtest du folgende Übung ausprobieren:

Für dich zur Vertiefung: Dein Spiegelbild
Stelle dich vor einen Spiegel – so nackt, wie es dir möglich ist. Lass dich ein auf das, was sich dir zeigt, und höre deinen Gedanken zu.

Was plappert Mr. Monkey Mind? Werde dir über das Muster bewusst, das sich in dir geprägt hat. Was fällt dir stets zuerst ins Auge?
Worauf hast du dich eingeschossen?

Wohin wandert dein Blick anschließend?
Springst du von Problemzone zu Problemzone?
Wie wäre es, damit zu beginnen, mindestens fünf Merkmale zu suchen, die dir gefallen?
Was an dir ist schön?
Sind es deine strahlenden Augen oder deine Sommersprossen?
Die Farbe deiner Haare, die Rundungen deiner Schultern oder die Form deiner Fingernägel? Gefällt dir dein Bauchnabel, die Weichheit deiner Brüste, deine Grübchen am Knie?

Was auch immer deine Zustimmung erhält, schreibe es auf und erlaube dir, dich ausgiebig an diesen Details zu erfreuen! Vertiefe dich in deine Lieblingsorte und wenn du das nächste Mal in den Spiegel schaust, fixiere dich direkt auf diese Schönheitsmerkmale und applaudiere ihnen. Das Wort »Problemzonen« darfst du streichen und sie selbst als liebenswürdige Eigenheiten deiner Individualität verbuchen. Mit der Zeit erkennst du auch in ihnen das, was sie ausdrücken. Lieben bedeutet Kennen und Verstehen. Nobody is perfect im Sinne des zusammengebauten, retuschierten Materials, das uns in Zeitschriften und Filmen präsentiert wird. Authentizität ist das neue Perfekt und davon schlummert ein unendliches Potenzial in dir.

Die Spiegel-Übung soll sich nicht lesen, als sei sie einfach und mit ein paar Blicken erledigt. Sie ist ein Weg, der dich an einen anderen Ort führt als den, an dem du jetzt bist. Einen besseren. Bedenke, wie lange du dir eingeredet hast, deine Körperin sei nicht gut, schön, sexy genug. Statt dich zu feiern, hast du dich kleingedacht. Mache dich auf und korrigiere deinen Blick. Schönheit hat mit Ausstrahlung zu tun. Was liest du im Blick deiner Augen? Was fühlen sie, was brauchen sie? Was gilt es, im Innen anzugehen, damit sich dieser Blick verändern kann?

Wer sich im Bewusstsein darüber, dass sie sich selbst liebt und darum der Liebe anderer wert ist, vollständig bewohnt, genau so, wie sie ist, wird zum Magneten und zur Inspiration für andere. Hätte der Göttin die Pracht der Rosen genügt, gäbe es keine Lilien, Veilchen oder Hibisken. Du bist eine Blume, die einer bestimmten Art angehört und dadurch anderen ähnelt. Doch ist die Kombination deines Aussehens, deiner Blütezeit und deines Dufts einzigartig. Die Vielfalt macht den Reichtum unserer kollektiven Schönheit aus!

Sich ehrlich begegnen

Wie bei allen neuen Zielen brauchen wir Zeit und Energie, um das Steuer zu wenden und uns auf den Ort zuzubewegen, den wir anstreben. Doch sei versichert, mit dem Verändern deines Blickes auf dich selbst, wird sich auch dein körperliches Wohlbefinden wandeln und damit der Zugang zu deiner Lust.

Die Annahme, unsere Lustlosigkeit läge am (falschen oder fehlenden) Partner, der Gewohnheit, der Zeit, dem Alter etc., ist eine Problemverlagerung nach außen. Es sind vorgeschobene Gründe, um uns unserer Eigenverantwortung zu entziehen. Das klingt zu hart? Egal, wie ich meine Unlust drehe und wende: Hundert Prozent der Verantwortung meiner Beziehung zu mir selbst liegen bei mir. Fünfzig Prozent der Verantwortung aller Themen meiner Beziehungen zu anderen liegen ebenfalls bei mir selbst. Das gilt ebenso für One-Night-Stands und »Friends with Benefits«-Beziehungen – es gilt für jede Art der Beziehung.

Den anderen zu kritisieren, ist leicht. Mich mit meinen eigenen Themen auseinanderzusetzen, wesentlich schwieriger. Es kostet Überwindung und Mut, sich selbst ehrlich zu begegnen und zu fragen: Will ich für immer die bleiben, die ich heute bin? Oder möchte ich hinter meinen eigenen Horizont blicken? Möchte ich wissen, warum meine Lust ein Schattendasein führt? Und wenn ich es weiß, will ich an dieser vergangenen Realität festhalten, indem ich sie ewig repetiere? Kopf in den Sand, was ich nicht sehe, existiert nicht? Die Energie, die es mich kostet, Vermeidungsstrategien anzuwenden oder unangenehme Gefühle auszublenden, fehlt mir in anderen Bereichen meines Lebens. Befreiender ist es, sich zu fragen: Wo liegen derzeit meine Prioritäten? Entspreche ich nur der Erwartungshaltung anderer oder investiere ich Zeit darin, mich selbst zu spüren, mir selbst zuzuhören, meine eigenen Wünsche wahrzunehmen und, in der Konsequenz, mein ganz individuelles Leben glücklich zu gestalten?

»Ich bin hier. Ich fühle mich. Ich vibriere. Ich bin lebendig. Ich lebe so, wie es mir guttut.«

Diese Worte berauschend im Körper übersetzt zu fühlen, ist der Sinn des Lebens. So ist es gemeint und nicht anders. Liebe und Lust, Freude und Fülle – das ist der dir bestimmte Weg!

Only make love when there is love

Wie sieht es mit der Lust in unseren festen Beziehungen, Ehen und Partnerschaften aus?

Die meisten Verbindungen beginnen mit einem Feuerwerk an Leidenschaft. Das fremde Gegenüber wird begehrt, will erforscht werden und lockt polarisierend in seiner Andersartigkeit. Verlieben wir uns ineinander, folgen Monate, manchmal Jahre des reinen Lustprogramms, bis sich das Neue in etwas Wohlbekanntes verwandelt und dem Begehren der Interessensverlust und die Trennung oder aber die mutige Vertiefung der Lust und Liebe folgt.

Können wir überhaupt begehren, was wir schon haben? Diese Frage regt Esther Perel an.[15] ***Begehren*** meint den Blick aus der Ferne auf etwas, das noch nicht zu uns gehört, während ***haben*** mit bereits bestehender Nähe einhergeht. Stehen sich unsere Bedürfnisse von Sicherheit, Zugehörigkeit, Vertrautheit, Verlässlichkeit (und was die Liebe und das Haben sonst noch repräsentieren) nicht denen konträr gegenüber, die mit Begehren verknüpft sind, also Aufregung, Abenteuerlust, Überraschung, auf etwas zugehen, um sein Geheimnis zu enthüllen? Zu wollen, was wir schon haben, ist eine Kunst und es braucht zunächst einmal die Anerkennung dieser berechtigten widersprüchlichen Bedürfnisse in uns selbst. Liebe fühlt sich anders an als Begehren, doch das heißt nicht, dass in uns kein Platz für beides ist. Unser zyklisches Wesen ist auch hierauf bestens vorbereitet und du ahnst es bereits: Leben wir unsere femininen Anteile ihrem natürlichen Rhythmus entsprechend, haben wir mühelos Zugang zu unserer lockenden, reizvollen Verführerin, und in der nächsten Woche verkörpern wir die Energie der Liebenden, bald darauf sind wir die Göttin der Wildheit. So unterschiedlich wir uns das eigene Erleben unseres Frauseins gestatten, so vielseitig erlebt uns auch unser Partner und kann entsprechend in Resonanz gehen. Dein Mysterium ist ein unerschöpfliches Geheimnis. Der Facettenreichtum seines Ausdrucks lässt dich fließend wechseln zwischen unterschiedlichen Archetypen und so muss es weder dir selbst noch einem Mann jemals langweilig werden. Ganzheitlich lebend, sind wir alle Frauen vereint in einer.

Liebe die Andersartigkeit deines Mannes

Wir dürfen lernen, unseren verschiedenen Aspekten auch im Außen Räume zuzuteilen, indem wir Umstände schaffen, die ermöglichen, dass wir einander nicht immer in derselben Rolle, an denselben Orten, zur selben Zeit begegnen. Die erschöpfte Mutter hat die Kinder ins Bett gebracht und trifft in ihrem eigenen auf einen erwartungsvollen Mann, dessen einladenden Blick sie als weitere Bedürftigkeit wahrnimmt, um die sie sich zu kümmern hätte. Die Firmenchefin kommt nach vollbrachter Tageswerk-Glanzleistung zu einem Mann, der ihr das Wasser weder reichen kann noch darf. Schatzi kuschelt sich zu Herzi aufs Sofa und keiner von beiden weiß noch, wer welche Rolle spielt, weil sie einander so gleichen und am liebsten zusammen essen und fernsehen. Und ganz heimlich gruseln sie sich, weil ihnen da etwas begegnet, dass sie daran erinnert, wie lange sie schon keinen Sex mehr hatten.

Wo hat der Facettenreichtum der Mutter eine Chance, sich auch in ihrer Sexualität auszudrücken? Wann kann sie Geliebte oder Königin sein? Erlaubt sie sich Rückzug während ihrer Periode? Wünscht sich die Mutter eine andere Form der Begegnung als jene, die ihr der Mann anbietet, dann darf sie diese selbstverantwortlich inszenieren.

Hätte die Firmenchefin gerne einen starken Tiger zu Hause, der zur Abwechslung mal sie dominiert, darf sie sich darin üben, sich von ihrer sanften Kätzchen-Seite zu zeigen. Anstatt auch zu Hause die Herrscherin zu mimen, muss sie ihrem Mann Raum, den sie sonst so selbstverständlich einnimmt, für seine Männlichkeit abtreten. Das ist wesentlich schwieriger, als ihm seine Weichheit vorzuwerfen.

Schatzi und Herzi dürfen sich aus ihrer Symbiose lösen und aus autonomer Distanz herausfinden, worin sie sich unterscheiden. Wenn beide alles sind, sind beide nichts, das locken könnte. »Wir sind uns so ähnlich« geht häufig mit »Unsere Sexualität ist eingeschlafen« einher. Darum, Schwester, liebe die Andersartigkeit deines Mannes! Umarme sie als polarisierendes Potenzial eurer Sexualität und ebenso als Entwicklungschance. Suchst du jemanden, der genauso tickt wie du? Dann wende dich an deine beste Freundin, Mutter oder Schwester.

Wenn es also gar nicht in deinem Sinne ist, dass dein Mann denkt, fühlt, funktioniert wie du, und das Potenzial für eine lebendige, facettenreiche Sexualität in dir selbst liegt – welche Aufgabe hat er in diesem Spiel? Er darf deiner Inspiration folgen. Weil seine Sexualität so wesentlich einfacher funktioniert, hat er genügend Kapazität, um sich auf deine einzulassen. Solange er jedoch keinen Schimmer hat, was in dir vorgeht, wird ihm das nicht möglich sein.

Womit also beginnen? Zum Beispiel mit dieser Anregung:

Für dich zur Vertiefung: Regie führen

Das Vorspiel der Frau beginnt nach ihrem letzten Orgasmus. Bist du derzeit in einer Beziehung, befindest du dich in diesem Moment bereits mitten in einer Geschichte – deiner Geschichte.

Wann hast du euer Liebesspiel das letzte Mal als erfüllend erlebt? Was ist seitdem alles passiert und summiert sich als Gedanken- und Gefühlsansammlung zu einer Geschichte, die deine Lust maßgeblich prägt? Werde dir über diesen Film bewusst und vor allem darüber, dass du die Regie führst! Deine Gedanken und Gefühle gehören zu dir.

Bevor du dich anklagend in seine Richtung wendest, darfst du dir deiner eigenen Projektion bewusst werden.
Was spiegelt sich da im Außen?
Bist du dir über die Ursprünge im Klaren?
Kannst du Verantwortung übernehmen, um das Ruder in die Richtung zu wenden, in die du euer Schiff lenken möchtest?

Lass deinen Mann wissen, dass du eine Frau bist und es darum nicht genügt, mal eben von hinten in der Küche umarmt zu werden, um in erotische Wildheit zu verfallen. Erkläre ihm die Sache mit dem Feuer und Wasser, nicht mit der Absicht, ihm seine Unwissenheit vorzuwerfen, sondern jener, ihm zu vermitteln, dass durchaus viel Lust in dir wohnt und du dich über sein Teilnehmen am Befeuern dieser Lust freuen würdest. Und das wäre es bereits. Viel mehr muss er nicht wissen, es sei denn, er fragt nach und ist offen für ein solches Gespräch. Dann erzähle ihm von deinen Ideen, wie du dir euer komplexes und vielseitiges Vorspiel konkret wünschst. Je spezifischer du bist, desto besser. Kaum ein Mann kann etwas mit Allgemeinplätzen wie »Ich brauche mehr Liebe« oder »Du musst dich mehr für mich interessieren« anfangen, jedoch durchaus mit klaren Handlungsempfehlungen.
»Ich finde es herrlich, wenn du mir den Rücken massierst, und zwar, ohne dass du im Anschluss Sex erwartest. Durch deine absichtslose Berührung entwickelt sich in meinem Körper Vertrauen und Lust auf mehr Nähe.«
»Ich finde es sexy, wenn du dich statt im vergammelten T-Shirt und ohne Unterhose in dem Pyjama, den ich dir geschenkt habe, neben mich ins Bett legst.«
»Mir würde es gefallen, wenn du deine Liebe und Wertschätzung ab und an durch einen Blumenstrauß ausdrückst, das finde ich romantisch und viel Romantik bringt mein Becken in Schwingung.«

»Wie wäre es, einmal im Monat eine Date-Night zu vereinbaren, in der wir uns abwechselnd um das Programm kümmern? Wer den Lead hat, darf bestimmen.«

Und du kannst noch weiter gehen: »Möchtest du mir sagen, was du an unserer Sexualität magst und was aus deiner Sicht fehlt? Mich würde interessieren, was du dir schon immer mal gewünscht hast, was wir miteinander im Bett machen. Magst du mir von deinen Fantasien erzählen?« Gehört dein Partner jedoch zu der Sorte Mann, die Intimität nicht wie du über ein Gespräch aufbaut, sondern erst über die körperliche Begegnung selbst, dann verschone ihn mit zu viel Kopfkino und sorge selbst dafür, dass das Band des Erzählflusses zwischen euch nicht abreißt. Schreibe deine Geschichte und binde deinen Partner ein, verwickle ihn darin, er muss das nicht erst durch ein Vorgespräch begreifen, um es genießen zu können und seinen Teil miteinzubringen. Gehe du in Vorleistung, fokussiere auf das Gute, Lustvolle zwischen euch und nähre es mit deiner Aufmerksamkeit. Erlaube dir und ihm, euch von unbekannter Seite zu erleben, und inszeniere den dazu passenden Raum. Plane Zeit ein, um ES zu tun. Kommuniziere diesen Zeitpunkt an deinen Partner und bleibe verlässlich, damit er sich vorfreuen kann und nicht in die Not der Ungewissheit verfallen muss. Sorge dafür, dass du dich gut in dir fühlst, bereite dich körperlich und mental vor. Arrangiere das Setting, Musik und Kerzenschein oder High Heels und Seidenschal? Auto, Kantine, Sofa oder Bett? Jungfräulicher Blümchensex oder bietest du ihm die Handschellen an? Teile durch deine Kleidung mit, was du fühlen möchtest, inszeniere die Geschichte drumherum. Und dann lass dich absichtsvoll auf das Liebesspiel ein. Sei vollkommen präsent. Zeige dich, damit du gesehen wirst. Erlaube dir, dich selbst und deinen Mann jedes Mal neu zu entdecken.

Leben braucht Lebendigkeit, Bewegung und Inspiration. Davon kann dein Naturell ein Lied singen. Drücke es aus. Und wenn du jetzt denkst: »Ich komme am Abend immer als dieselbe erschöpfte Frau, die dringend Schlaf braucht, nach Hause und treffe auf einen Mann, dem es nicht anders geht – da ist kein Platz für ein weiteres To-do.« Na, dann wird es wohl höchste Zeit, etwas zu ändern. Zunächst in Bezug auf deine eigene Balance. Stress ist der Feind deiner Lust. Verspannter Kiefer bedeutet auch verspanntes Becken. Kümmere dich zuerst großzügig um dich selbst – diesen Monat! Nicht erst irgendwann. Ein einziger Kreis kann dich wieder in deine Mitte bringen. Und wenn du im Einklang mit deinem inneren Rhythmus satt in dir wohnst, dann ist die Zeit, dich aus der eigenen Fülle deiner Beziehung zum anderen zu widmen, und das darf mit Kleinigkeiten beginnen.

Meine Klientinnen frage ich: »Wie nennst du deinen Partner?« Und sie antworten mit einem Kosenamen, der in den meisten Fällen eine Verniedlichung beinhaltet. Michael wird zu Michi, Oliver wird zu Bärchen und Christopher wird zu Baby. Fühlst du das Männliche schrumpfen? Ein Bärchen muss schon zum ausgewachsenen Bären werden, bevor wir mit ihm ins Bett wollen. Damit polarisierende Lust aufkommen kann, dürfen wir dafür sorgen, einander aus unterschiedlichen Blickwinkeln zu betrachten. Wie nennt dein Partner dich? Bist du ein Schatzi-Neutrum oder die liebe kleine Mausi? Welche Art von Liebe machen Schatzis und Mausis? Und wie könnte deine erwachsene Frau heißen, jener Anteil, der wilde Lust auslebt? Benenne sie. Du bist mehr als die eine und darfst darum viele Namen haben. Und vielleicht möchte auch dein Partner die Möglichkeit nutzen, sich in neuem Licht zu präsentieren.

Das, was du hier liest, mag dir nicht gefallen, denn ich biete dir die Verantwortung für eure gemeinsam erlebte Lust an und das bedeutet, es gibt keinen Raum mehr, Opfer zu sein. Und gleichzeitig ermächtigt es dich, die zu sein, die du sein möchtest. Du bist die Inspiration. Du bist die Energie. Dein Mann hält dieser Energie den Raum, schützt und unterstützt sie. Du gibst den Takt vor, zu dem ihr beide miteinander tanzt.

Haben wir uns diesen Tanz zu eigen gemacht, winkt das Leben schon mit der nächsten Herausforderung. Denn mit der Liebe kommt häufig der Wunsch nach Familie auf. Die Idee, das gemeinsame Glück zu reproduzieren und aus Liebe neues Leben entstehen zu lassen, ist ein möglicher Grund, physisch schwanger zu werden. Ein anderer ist das plötzlich lauter werdende Ticken unserer inneren Uhr, die mit jedem Eisprung ruft: »Es wird knapp, jetzt oder nie!« Im Gegensatz zum Mann haben wir nicht ewig Zeit, uns darüber bewusst zu werden, ob wir physische Kinder wollen oder nicht. Dadurch verbleibt die Verantwortung, passende Umstände für eine erfolgreiche Befruchtung zu schaffen, bei der Frau. Naturgegeben gilt dies auch für die Voraussetzungen, Schwangerschaft, Geburt und Aufzucht der Nachkommen in einem sicheren, liebevollen Umfeld zu ermöglichen und erleben. Nicht die Umsetzung in der Folge, doch der Ursprung ist Frauensache! Denn der zeitlich begrenzte Rahmen unserer Fruchtbarkeit drängt uns, das Liebes- und Lustbarometer unserer Beziehung im Blick zu behalten.

Only make love when there is love. Das empfiehlt sich nicht nur, wenn wir beabsichtigen, aus unserer Fusion ein Kind entstehen zu lassen. Es gilt auch, wenn wir die Qualität unserer Lust generell vertiefen möchten. Je weicher und offener unser Herz ist, weil es sich sicher und in Liebe verbunden weiß, desto weicher und offener ist unser Schoß, und je mehr wir uns öffnen können, desto besser können Liebe und Lust fließen. Es entspricht dem Weiblichen, der Vereinigung mit einem anderen Menschen nur dann zuzustimmen, wenn die Liebe mit uns im Raum ist. Ignorieren wir diese Grenze, zahlen wir einen Preis, Puzzleteilchen unserer Integrität. Ja, wir können einfach nur Sex haben, aber bedenke, dass du mit jeder Vereinigung den anderen in dich aufnimmst, und mit seinem Rückzug verschwindet er nicht ganz. Etwas von ihm bleibt energetisch zurück und dieser Teil perlt nicht automatisch mit dem Duschen von dir ab, sondern bleibt in dir, schwingt weiter, bis du dich bewusst mit diesem Teil auseinandersetzt. Es gibt wunderbare Reinigungs-Rituale und bewanderte Menschen, die dich bei der Klärung deines Systems unterstützen können.[16]

Wofür öffnest du deinen Körper?

Als materieller Ausdruck deines Geistes und Haus deiner Seele verdient dein Körper all deine Liebe und deinen Respekt. Halte deinen Tempel rein und übernimm Verantwortung dafür, wem du wann und warum Zugang gewährst. Und dein Selbst beginnt nicht erst an der Grenze deiner Haut. Dein Raum geht über deine Physis hinaus, umfasst Gedankengebäude und Gefühlsdickichte, die Vergangenheit und Zukunft vereint im Jetzt. Du bist ein mehrdimensionales Wesen, das sich auf vielen Spielplätzen gleichzeitig tummelt. Nicht nur für die physischen Besucher deines Körpers darfst du die Verantwortung übernehmen, sondern auch für jene Eindringlinge, die sich in deine immaterielle Welt einschleichen. Fantasien sind wunderbar, doch auch hier dürfen wir wählerisch sein. Nutze deine schöpferischen Kräfte, dein Erleben so zu gestalten, dass es der Energie von Liebe und Lust dient und dadurch Liebe und Lust anzieht. Aus welchen Beweggründen machst du Liebe? Wofür öffnest du deinen Körper? Aus welcher Frequenz begegnest du dem anderen? Wichtige Fragen, die wir uns nicht früh genug stellen können und auf die es nie zu spät ist, eine Antwort zu finden. Theorie ist gut, doch gelebtes Leben ist kurvenreich, weil zyklisch, und darum dürfen wir uns erproben und brauchen unterschiedliche Erfahrungen, damit sich unsere Wahrheit herauskristallisieren kann. Aber niemand zwingt uns, Irrtümer zu wiederholen.

Es ist kein Zufall, dass Frauen unstimmige Schwingungen meist viel früher als ihr Partner wahrnehmen. Doch anstatt ihm seine als Stumpfsinnigkeit fehlinterpretierte Männlichkeit zum Vorwurf zu machen, sollten wir den Vorsprung dankbar als Möglichkeit nutzen, zunächst mit uns selbst ins Gericht zu gehen, um uns darüber klar zu werden, worin genau die Dissonanz besteht und welche Töne unserer gemeinsamen Musik aus uns selbst kommen und in ihm widerhallen. Woran fehlt es? Lust oder Liebe? Welchen Mangel nehmen wir in den Fokus? Ist es ein unerfülltes Bedürfnis, von dem wir glauben, dass er die Pflicht hätte, es zu befriedigen? Bringen wir diese Qualität selbst mit ein? Oder erwarten wir etwas, das er gar nicht geben kann, weil es ihm ganz einfach nicht entspricht? Wie wäre es, unsere Aufmerksamkeit nicht auf den Mangel, sondern die ihn umgebende Fülle zu richten? Lust und Liebe müssen wir nicht im Außen suchen, sondern in uns selbst finden. Das bedeutet, wir dürfen aus uns selbst heraus die Frequenz vorgeben, die wir uns wünschen. Die Klarheit, Temperatur und Schwingung unserer eigenen Lebenslust und Selbstliebe sind allesentscheidend für das, was wir in Beziehungen zu anderen erleben. Verstrickungen in uns zeigen sich als Verstrickungen in der Beziehung.

Erlauben wir, innere Lust und Liebe zu unseren Maximen zu erklären, und fällen wir unsere Entscheidungen in Abhängigkeit davon, ob diesen Parametern gedient wird? Oder hat unsere Dämonin das Steuer übernommen und regiert aus der Perspektive der Angst, der Sorge, des Nicht-Genug? Wir können nicht immer alles richtig machen, doch können wir aus jeder Erfahrung lernen und Erkenntnis darüber gewinnen, dass jeder unserer Handlungen eine bestimmte Vibration zugrunde liegt, deren Wellenlänge die Handlung selbst durchzieht und in allen daraus folgenden Konsequenzen so lange weiterschwingt, bis wir sie willentlich auflösen oder verändern.

Wie geht es weiter in unseren Beziehungsmustern?

Das erste Kind wird gezeugt und kaum ein Paar ist sich im Klaren darüber, mit welchen Nebenwirkungen Schwangerschaft und Geburt verbunden sind. Begleiterscheinungen, die sich gewaltig auf unsere sexuelle Lust und unser Verhalten auswirken, aber auch dazu beitragen können, einander noch näher zu kommen. Denn Krisen beinhalten immer auch Chancen.

Ich erinnere mich, wie überrascht ich von den Schmerzen der Geburt war. So wie mir niemand ehrlich gesagt hatte, wie unverschämt grausam weh es tun kann, ein Baby aus sich herauszupressen, hatte ich, und auch niemand sonst, mich darauf vorbereitet, wie sich die Sexualität zwischen Paaren verändert, die ihrem Gleichgewicht ein drittes Wesen und später ein viertes oder mehr hinzufügen. »Wochenfluss«, davon hörte ich zum ersten Mal, als die Hebamme benannte, was nach der Geburt aus meinem Unterleib floss. Dammschnittverheilung und Milchstau waren weitere nachgeburtliche Begleiterscheinungen, die mein Körpergefühl stark veränderten, von der Unförmigkeit ganz zu schweigen. Wochen nach der Niederkunft stand ich beim Bäcker an der Theke und die Bedienung fragte mich, wann es denn so weit wäre. Ich war sprachlos: Hat sie das ernst gemeint? Sehe ich etwa immer noch schwanger aus? Ich konnte die Tränen, die ohnehin bei jeder Gelegenheit strömten, kaum zurückhalten. Wann würde ich wieder ich selbst sein können? Wie sollte ich bei all dem neuen Stress auch noch abnehmen? Sex war auf einmal das Letzte, woran ich gedacht hätte zwischen Stillen, Windeln wechseln und all den Handgriffen, die erledigt werden wollten, bevor das geliebte Mini-Wesen wieder meine Aufmerksamkeit verlangte.

Mit den neuen Aufgaben umgehen

Meine eigene Geschichte war der reinste Spaziergang, verglichen mit dem, was manche Frauen schon während ihrer Schwangerschaft erleben. Von anfänglicher Übelkeit über wochenlange Bettlägerigkeit bis hin zu traumatisierenden Geburtsdramen sind mit dem, was aus meiner Sicht die beste Entscheidung meines Lebens war – nämlich Babys in mir wachsen zu lassen, sie durch meine Vagina hinauszupressen und ihnen auf ihrem Lebensweg zur Seite zu stehen –, viele Hürden und Risiken verbunden. Herausforderungen, die sich nicht nur auf unser sexuelles Selbstverständnis auswirken können. Können! Nicht müssen. Je mehr bewusste Vorarbeit wir hinsichtlich unserer persönlichen, aber auch partnerschaftlichen Entwicklung leisten konnten und je besser wir Frauen uns untereinander verbunden haben und einander mit Rat und Tat zur Seite stehen, und ebenso unsere Partner einbeziehen, desto umsichtiger können wir mit den neuen Aufgaben umgehen.

Mit 27 habe ich als Erste unter meinen Freundinnen und Schwestern ein Kind geboren. Meine Mutter hat mit ihrem wohlwollenden Gemüt das Talent, unangenehme Erinnerungen loszulassen, sobald sie der Vergangenheit angehören, und so kam ich wie die Jungfrau zum Kinde. Trotz Mutterschafts-Ratgeber und Geburtsvorbereitungskurs hatte ich keinen Schimmer von den bevorstehenden Veränderungen unserer als so erfüllend erlebten Anfangs-Sexualität, die einen großen Teil unserer Identifikation als Paar ausmachte. Man lehrte mich die Sonnenseiten des Mamawerdens, von Schatten war nie die Rede. Und ich möchte deutlich darauf hinweisen: Meine Schwangerschaften habe ich bis auf die letzten Wochen als absolute Hoch-Zeiten erleben dürfen und um nichts in der Welt möchte ich die Momente missen, als ich das Köpfchen meines ersten und zweiten Sohnes aus meinem Leib drängen sah. Danke allen Gynäkolog*innen, die die Gebärende ermutigen, die Augen zu öffnen, hinzuschauen, um bewusste Zeugin der eigenen Magie zu werden. Diese beiden Blicke waren alles Gewesene und Kommende wert.

Vertrauensselige Ahnungslosigkeit hat den Vorteil, dass wir uns keine großen Gedanken und daher auch keine Sorgen machen. Schritt für Schritt entwickelte sich mein Erwachen aus dem Glückstaumel, ein Baby zu haben, in die damit einhergehenden Konsequenzen für unsere Zweisamkeit, die keine mehr war.

Wie viele andere Frauen hatte ich nur dann Kontakt zu meiner sexuellen Lust, wenn ich

a. entspannt und stressfrei war,
b. meinen Körper mochte und
c. die Beziehung zu meinem Mann als liebevoll und harmonisch empfand.

Von A und B war ich schon seit dem Zeitpunkt, da mein Bauchumfang die hundert Zentimeter überschritten hatte, kilometerweit entfernt. Die körperlichen Auswirkungen des Gebärens und Aufgaben meiner neuen

Mutterrolle steuerten ihr Übriges bei, was wiederum dazu führte, dass sich mein Stress im Innen und Außen auf C übertrug. Sex, wie ich ihn kannte, war keine Option. Ergab sich die Möglichkeit, mich hinzulegen, wollte mein Körper nur noch schlafen. Mein Dasein war vollumfänglich dem Bedürfnisrhythmus unseres Sohnes angepasst. Das Leben meines Mannes folgte seinem altbekannten Rhythmus. Er schlief die Nacht durch, ging zur Arbeit, kam wieder und wunderte sich über die erschöpfte, frustrierte Frau, die noch vor nicht allzu langer Zeit ein inspirierender Wirbelwind war. Wir lebten in Parallelwelten und es wäre meine Aufgabe gewesen, ihn in die Pflicht zu nehmen, die meinige besser kennenzulernen, und ihn um Unterstützung und Anteilnahme zu bitten. Habe ich aber nicht. Ich glaubte, meinen Mann schonen zu müssen. Ich glaubte außerdem, er könne das mit dem Baby nicht so gut wie ich. Ich glaubte, eine gute Mutter macht alles selbst und erduldet ihr Leid schweigend. Da war die Blaupause meiner Eltern eins zu eins reproduziert. Und weil ich das, was ich mir auferlegte, nicht aus der Frequenz der Liebe tat, sondern aus Pflichtbewusstsein, verqueren Vorstellungen und der Gefangenschaft meiner eigenen Glaubensmuster, lauerte im Untergrund der stille, vergiftete Vorwurf: »Du hast es gut, machst weiter wie zuvor, bemühst dich zu wenig und unterstützt mich kaum. Du verstehst mich nicht und das kann nur bedeuten: Du liebst mich nicht.«

Kein Wunder, dass unsere seltenen sexuellen Begegnungen weder von Lust noch von Liebe erzählten und irgendwann versandeten.

Wer sind wir als Paar?

Wenn Sex zu lange ausbleibt, verlassen uns nach und nach auch alle anderen körperlichen Intimitäten: der Kuss am Morgen und am Abend, der Augenkontakt während des sich Verabschiedens und einander wieder Begegnens, die Umarmung zwischendurch, die leichten Berührungen, wenn wir miteinander sprechen, das gemeinsame Lachen, die tiefe Gewissheit, dass wir zueinander gehören. Wer sind wir als Paar, wenn wir keine Intimität mehr leben? Wir können Freunde, eine Lebensgemeinschaft, Arbeitskollegen, Eltern, Wohngenossen oder Fremde sein. Es steht uns frei, die Rollen zu wählen, die uns am besten gefallen. Die meisten Menschen sehnen sich jedoch nach einer intimen, körperlichen Liebesbeziehung. Sex löst Kopfstarre, dort wo wir mit Worten nicht weiterkommen. Er ist ein möglicher Weg, um unsere Verbindung auf körperlicher Basis zu bestätigen, zu befrieden und zu vertiefen, zu feiern und zu genießen. Wir zeigen uns einander nackt, verletzlich und offenbaren uns mit dem, was wir außer unserem Geist noch sind: Körperwelten voller Gefühle, die nicht nur über den Verstand, sondern auch durch den Körper ausgedrückt werden können. Sexualität ist der Aspekt, der unsere Beziehung von jenen zu anderen Menschen maßgeblich unterscheidet und ihr dadurch den höchstrangigen Status verleiht.

Es gibt viele Varianten, wie wir uns im Alltag voneinander entfernen können, dazu müssen wir nicht erst schwanger werden. Doch gibt es nur eine Art, wie wir wieder zusammenfinden: Wir müssen etwas ändern, indem wir Verantwortung für unsere Gefühle und Bedürfnisse übernehmen und lernen, sie achtsam auszudrücken. Nur so lässt sich die Verbindung wieder herstellen. Und das gilt nicht nur für das Bedürfnis nach Unterstützung, Gemeinsamkeit, Anerkennung oder Wertschätzung, sondern auch für das Bedürfnis nach sexueller Lust, Sinnlichkeit und Sehnsucht nach Intimität. Statt mitzuteilen, was in uns vorgeht oder aktiv Veränderungen einzuleiten, schweigen wir unsere Frustration in uns hinein. Wir können noch so eloquente Denkerinnen und Rednerinnen sein: Wenn es persönlich wird – und insbesondere beim Thema Sexualität –, fehlen den meisten die Worte und Nebel zieht auf. Scham ist ständiger Begleiter der Sexualität und von ihm wollen wir nichts wissen. Warum wagen wir es nicht, uns mit dieser Dämonin auseinanderzusetzen? Warum belassen wir es bei dem schleichenden Verfall oder uninspirierten Routine-Sex, statt uns für das einzusetzen, was wir wirklich wollen: Wahrhaftigkeit, Verbindung, Nähe, Liebe, Lust? Wir erlauben zwei Körpern, einem quälend langweiligen Bewegungsplan zu folgen, der zumindest dem Mann einen Orgasmus verschafft. Stellung eins, zwei, drei, ein wenig Aktionismus, aber keine wirkliche Begegnung. Kein ehrlicher Kontakt. Keine Verspieltheit, keine Leichtigkeit, keine Authentizität. Nur trauriger Sex. Die Art unserer Sexualität spiegelt das Maß an Wahrheit unserer Beziehung.

Woher kommt die Inspiration?

Solange sich Männer wie Frauen an den Bildern der Pornoindustrie, den vereinzelten Erfahrungsberichten enger Vertrauter, Eindrücken aus Filmszenen und dem verkorksten Zusammengesponnenen dazwischen orientieren, wird sich nichts ändern. Woher soll die Inspiration kommen? Wer liest schon Bücher, besucht Kurse, bildet sich aus oder lauscht in sich selbst hinein? Wer sucht nach Alternativen zu dem, wie es immer war? Wir bemühen uns, den Eindruck der Normalität zu bewahren, den wir wie ein Spitzendeckchen über unsere Traurigkeit legen. Denn in uns wohnt die Angst, Mangelware oder doch wieder einfach zu viel zu sein. Und weil das ungeteilte Aushalten so weh tut und Verantwortung schwer wiegt, liegt es nahe, den Schwarzen Peter in Richtung unseres Partners zu schieben, zu denken, er sei nicht innovativ, nicht zärtlich, ausdauernd, offen genug. Wir klagen unseren Freundinnen unser Leid, verdrehen vielsagend die Augen, schleudern dem Mann entgegen, dass wir dringend an unserer Beziehung arbeiten sollten, und sagen letzten Endes nichts mit dieser allgemeinen Aufforderung aus, als dass wir unzufrieden sind. Weiter trauen wir uns nicht. Wir projizierten unsere Gefühle des Nicht-Genügens und der Hilflosigkeit auf ihn. Wir verstecken uns hinter dem Gedanken, »Zumindest haben wir noch Sex«, und erwecken den Eindruck, gekommen zu sein, um der Sache einen runden Abschluss zu verschaffen. Er traut sich nicht nachzufragen und wir würden sowieso lügen – als Strafe für ihn und uns selbst. Die Spirale der Frustration, Trauer und Angst dreht sich weiter abwärts. Bis wir uns dagegenstemmen und unsere Kraft in den Richtungswechsel investieren.

Für dich zur Vertiefung: Fasse Mut

Königin, übernimm die Führung! Lerne deine Wünsche kennen, respektiere sie und fasse Mut, dich mit ihnen zu zeigen. Ist dein Partner offen für ein Gespräch, dann vertraue dich ihm an und lade ihn ein, sich ebenfalls mitzuteilen. Erregt euch an den gemeinsamen Bildern, die im Kopf beginnen, und erschafft eine gemeinsame Sprache von Namen, Worten, Bewegungen und Begegnungen, in denen sich die Liebe und Lust ausdrückt, die euren beiden einzigartigen Körper-Geist-Seelen-Wesen entsprechen. Liebemachen ist mit keinem Menschen dasselbe wie mit einem anderen. Immer wieder beginnen wir bei null. Was zuvor galt, darf sich hier erst erproben, nicht nur über Wochen oder Monate, sondern solange es euch beide gibt. Die Entwicklung eurer gemeinsamen Sexualität ist ein Lebensprojekt.

Doch nochmals zur Erinnerung: Ist dein Auserwählter einer jener Männer, denen sich der tiefere Sinn einer Unterhaltung über Sexualität nicht erschließt, dann mühe dich nicht an ihm ab. Weder ist es dein Job, ihn zu verändern, noch sein Job, so zu empfinden, wie du es tust. Keine Frau auf dieser Welt hat es mit Nörgeln weit gebracht. Jammern, anklagen und Schuldzuweisung entsprechen dem Opfer. Spare dir deine Energie und tritt selbstverantwortlich in Aktion. Warum möchtest du reden, statt es einfach zu tun? Worum geht es dir beim Gehörtwerden? Suchst du durch ihn die Legitimation deiner Bedürfnisse? Brauchst du zuerst sein Einverständnis, um du selbst zu sein? Erhoffst du dir mehr feurige Lust durch das klare Analysieren dessen, was aus deiner Sicht bisher falsch gelaufen ist und wie es in Zukunft besser gehen könnte? Ich verstehe dich so gut. Das muss aber nicht für deinen Mann gelten. Viele Frauen haben die Tendenz, alles von einer Partnerschaft zu erwarten. Er soll nicht nur unser Objekt der Begierde, sondern auch verlässlicher Beschützer, spontaner Partner in Crime, geistreiche Inspiration, hingebungsvoller Familienvater und bester Freund sein, der unsere Interessen teilt. Welcher Mann erwartet von seiner Frau, sich für seine Fußballexzesse oder Excel-Tabellen zu begeistern oder gemeinsam mit ihm stundenlang selbstzufrieden ins Nichts zu starren?

Wir müssen uns verstanden fühlen

Meine Männer sind mitteilungsfreudig, wenn es um Sachverhalte geht. Sie sind effizient und lösungsorientiert. Ist ein Thema klar, braucht es keine weiteren Worte. Wohingegen ich durch mein Mitteilen Nähe und Konsens suche. Ich erfreue mich am Vertiefen eines jeden Themas und am Ausleuchten der Dimensionen, die es auf mein Befinden hat. Meine Erwartungshaltung, er müsse doch, wenn er mich liebt und wirklich an mir interessiert ist, diese oder jene Frage stellen, darf er gerne immer wieder aufs Neue enttäuschen und mich daran erinnern, dass seine Andersartigkeit Teil unserer Polarität ist und somit meine Chance auf Selbsterkenntnis. Um auf die Sexualität zurückzukommen: Wenn ich mir Klarheit über meine eigenen Gefühle hinsichtlich eines Problems verschaffen möchte, kann ich das entweder im Selbstgespräch durch Journaling, mit meiner Therapeutin oder mit meinen Freundinnen tun. Da draußen sind so viele Frauen, die meine Sprache sprechen und mich liebend gerne darin bestätigen, dass meine weibliche Wahrnehmung auch ihrer entspricht, und mich dadurch bestärken. Wir müssen uns verstanden fühlen. Aber eben nicht zwingend von unserem Partner, sondern von uns selbst.

Frauen brauchen Frauen, um einander zu spiegeln, sich gegenseitig zu ermächtigen und anzufeuern. Hier lohnt es sich ungemein, uns authentisch zu zeigen, auszudrücken und zu teilen, was in uns vorgeht. Denn in der Nähe zu anderen Frauen finden wir genau das, was wir uns betreffend Problemauseinandersetzung wünschen (und nicht nur das, ich gehe später noch gesondert auf das Thema der Sisterhood ein). Je breiter angelegt wir Möglichkeiten erschaffen, unsere eigenen Bedürfnisse zu erfüllen, desto mehr entlasten wir unsere Partnerschaft vom Druck, das All-in-one-Paket sein zu müssen. Kommunikation kann in Worten, aber auch in Körpersprache geschehen. Viele Männer bevorzugen, wenn es um Sexualität geht, die letztere Variante.

Für dich zur Vertiefung: Do it!

Schwester, ergreife die Initiative! Tue, was du tun möchtest! Lass die Nähe, Lust und Liebe über eure Körper statt über Worte entstehen. Nicht jeder Mann muss Frauenflüsterer sein. Finde deinen eigenen Weg vom Reden ins Wollen. Machen ist wie wollen, nur krasser!

Erst wenn sich die Heldin in dir aufmacht, kann sie im Gegenüber den Helden entdecken. Das Männliche liebt das Weibliche. Dein Mann liebt dich und darum möchte er dir der beste Liebhaber und König sein. Zeige dich, bringe dich mit all deinen Facetten ein. Bereichere eure Beziehung, indem du es wagst, Lust und Sexualität und alle Gefühle und Bedürfnisse zu thematisieren und sie dadurch aus dem inneren Nebel ans Licht zu bringen. Wenn nicht mit ihm, dann mit deinesgleichen. Setze deine Wahrheit in die Tat um. Ziehe los und nimm das Spitzendeckchen von deiner Traurigkeit. Sieh ihr in die Augen und mach dich daran, sie in Freude zu verwandeln. Deine selbstverantwortliche Bedürfniserfüllung und dein Mut werden belohnt. Auch wenn es manchmal etwas Zeit braucht, so bleibe doch achtsam und geduldig. Lade ihn ein, fordere deinen Mann liebevoll heraus. Steter Tropfen höhlt den Stein – und du bist das Wasser.

Und ist es wirklich und wahrhaftig so, dass du mit zunehmender Gewissheit darüber, wer du bist und was du leben möchtest, erkennst, dass du mit ihm an deiner Seite nicht zu dir selbst findest, dann ist es Zeit, zu gehen. Opfere dich nicht, nur um deiner Angst, allein zu sein, zu entkommen. Stelle dich ihr! Hör ihr zu und lass ihn los. Mach deine Hausaufgaben und erlaube dem Leben, dir den Weg zu wahrer Freude, Liebe, Lust und Fülle zu weisen. Dein Kopf muss die Lösung noch nicht kennen. Vertraue deiner Sehnsucht, der Stimme deiner Seele.

Doch spürst du seine Liebe, sein Bemühen auf seine Art, die Bereitschaft, sich auf dich einzulassen, ist er also wirklich dein Mann – dann lege deine ganze Liebe und Kraft, dein vielschichtiges Potenzial in das, was du Problem nennst. Dies ist in Wirklichkeit ein Projekt, in dessen Entwicklung durch das Verstehen deines Anteils wie deiner Möglichkeiten so viel Gewinn liegt. Verlassen wir den gemeinsamen Weg zu früh, nur weil er uns herausfordert, sich durch steiniges Gelände schlängelt, dürfen wir uns getrost auf die Wiederholung freuen. Was wir heute nicht gelernt haben, begegnet uns bald im neuen Gewand, denn den Weg tragen wir in uns und nehmen ihn mit, wohin wir auch gehen. So lange, bis wir unsere Steine kennen oder das Stolpern als Teil unseres Tanzes integriert haben.

Du hast ein Recht auf Lust und Liebe, auf Nähe, Intimität, Zugewandtheit, Gesehenwerden, Herzensverbindung, Exklusivität, Vereinigung, Kreativität, Erfolg, Freiheit, Abenteuer, Abwechslung, Sanftheit, Wildheit, Spiel und Grenzerkundung. Was auch immer deine Sehnsucht ist, sie ist der Anfang einer Geschichte, die Wirklichkeit werden möchte, indem du sie im Rhythmus deines zyklischen Wesens aus dir heraus gebärst. In der Stille deines Herzens entspringt ein Funke und die Lust deines Beckens haucht ihm Leben ein.

Von der Lust, eine Frau zu sein

Zwischenmenschlicher Sex ist Lebendigkeit, die sich selbst vervielfältigt. Sie entsteht in Form eines Kindes oder in Form von dynamischer Beziehungsentwicklung zwischen den Beteiligten. Jede Beziehung, auch die zu uns selbst, beginnt ihr Spiel in der frühlingshaften Offenheit und entfaltet sich zyklisch in die Qualität der sommerlichen Liebe. Wollen wir tiefer eintauchen, ruft unsere Königin nach Klarheit und mutiger Auseinandersetzung mit unserer Wahrheit. Von dort aus ist der Weg frei, die tiefe Liebe zu leben, die uns alle heilt.

Pathos – yeah!

Wo auch immer du stehst, Schwester, was auch immer gerade die Überschrift des aktuellen Kapitels im Buch deines Lebens sein mag – ob du deine Partnerschaft im Außen mit einem Mann oder einer Frau erfährst oder du dich in Liebe mit deinen eigenen männlichen und weiblichen Anteilen erlebst –, ich wünsche dir, dass der Titel des Gesamtwerks von Liebe erzählt. Der Liebe zu dir selbst, zu deinen Menschen und Projekten, und dadurch jene Facette unseres Kollektivs abbildet, die nur du allein erzählen kannst. Ich wünsche dir auch, dass deine Schöpfung denselben Titel wie dieses Kapitel trägt: Von der Lust, eine Frau zu sein.

Die einzelnen Teilabschnitte deines Werkes sind lediglich Vehikel, Möglichkeiten, die du wählst, um der Liebe auf die Art Ausdruck zu verleihen, die dir in der jeweiligen Lebensphase entspricht. Weil genau sie dir die Lust verschafft, die dich in der freudvollen Entwicklung deiner Persönlichkeit unterstützt. Schau sie dir genau an und beurteile selbst, ob sich nicht auch in dir das Rad des Lebens abbildet, das sich in der Wiederholung unserer vier Phasen lustvoll selbst reproduziert.

Die Lust am Frausein darf sich einzigartig durch dich manifestieren und der Liebe zu dir selbst entspringen. Als Frau bist du Hüterin der Liebe, Verkörperung der Liebe, denn sie entspringt deinem Mysterium. Was auch immer du im Außen tust, es leidet an Ermangelung von Sinnhaftigkeit, wenn es nicht mit deinem Mysterium verbunden ist und sich hieraus nährt.

Vertraue deiner Sehnsucht nach Liebe – vertraue der Weise, auf die sie sich durch dich ausdrücken möchte. Folge der Lust, um die Liebe zu finden.

Du musst diesen Weg nicht allein gehen!

Gelebte Weiblichkeit und die Vernetzung der Frauen sind auf dem Vormarsch. Frauen suchen den Kontakt zu ihrer eigenen Essenz. Sie spüren das Bedürfnis nach einem tieferen Verständnis dafür, wer sie wirklich sind. So wie ich selbst damals, erkennen sie die eigene Verausgabung im maskulin geprägten Weg. Sie sehnen sich nach einer Alternativroute, die ihnen die Ausgewogenheit ihrer Anteile ermöglicht und sie gleichzeitig zuverlässig dorthin führt, wo sie hinmöchten: in ein erfülltes Leben voller

Liebe und Lust, Freude und Fülle. Wer hätte gedacht, dass wir diesen Weg systemintegriert in uns selbst finden? Nur in uns selbst und nirgends anders. Unser zyklisches Wesen lehrt uns alles, was wir über gesunde Balance und lustvolle Entwicklung wissen müssen. Du bist wichtig. Du bist hier, um du selbst zu sein. Und wer soll das sein, wenn nicht eine authentische Frau, die sich durch ihre Art zu leben, ganzheitlich widerspiegelt?

Mit dem Lesen dieses Buches bist du Stellvertreterin für all jene Frauen, denen es aus verschiedensten Gründen nicht möglich ist, sich mit den Themen ihrer eigenen Weiblichkeit in dieser Intensität zu beschäftigen. Sei das aus Mangel an Zeit, Gelegenheit, vielleicht Mut, aber vor allem aus Mangel an Freiheit.

Dir steht es offen, genau das Leben zu wählen, das du dir wünschst. Gleichberechtigung, Meinungsfreiheit, das Recht zu wählen, die Freiheit der Berufswahl und die Freiheit des sexuellen Ausdrucks sind weltweit noch keine Selbstverständlichkeit für Frauen und darum verstehe ich es als deine und meine Pflicht, für mehr Bewusstsein rund um das Thema Weiblichkeit einzutreten. Für uns selbst und alle, die nach uns kommen.

Es ist unerlässlich, die kollektive Weiblichkeit in jeder Hinsicht zu ermächtigen. Weiblichkeit zu stärken, zu etablieren, die Wertigkeit einer jeden Frau durch Bewusstmachung unserer ganz individuellen Qualitäten und Fähigkeiten zu erhöhen – jede Frau dazu zu ermutigen, sich der Einzigartigkeit ihres zyklischen Wesens liebevoll zuzuwenden.

Vergiss nicht: Du bist auch ein Mädchen. Du bist eine Elfe, eine Fee, eine Mutter und Magierin, eine Amazone und Hexe, eine Alte Weise. Du bist zarte Jungfrau und große Herrscherin und auf immer und ewig Geliebte des Lebens. Du bist all deine Sehnsüchte – vergrabe sie nicht. Lebe sie!

Dieses Leben ist nur ein Wimpernschlag. Leg los, Schwester. Die Tore sind offen. Jetzt ist deine Zeit. Zögere nicht. Fasse Mut. Es gibt nichts zu verlieren. Bald schon zieht sich der kraftvolle Fluss deines Zyklus zurück und verwandelt sich in einen unterirdischen Bach, dessen Murmeln du vor allem dann verstehen kannst, wenn du dich zuvor mit den Klängen deines Wassers vertraut gemacht hast. Also nutze den Moment und mach dein

Ding. Schiebe nichts auf! Jetzt, nur jetzt ist real. Alles andere ist eine Illusion. Wer willst du JETZT sein? Sei sie, denn du bist sie schon. Steh aufrecht. Grab deine Füße in die tiefe, dunkle Erde. Spüre deine Wurzeln. Lass die weibliche Kraft des Mutterbodens in dir aufsteigen. Fühle dich in dir beschützt. Du bist kein Opfer. Zeig deine Gefühle. Zeig dich, so wie du bist. Entspreche deinem inneren Bild, nicht dem äußeren, das andere von dir haben. Lebe aus der Lust und in Freude. Mach dich frei. Kämpfe nicht gegen dich selbst an. Vertraue dir. Glaube an deine Möglichkeiten. Finde die Liebe zu dir selbst. In dir. Lass sie fließen. Finde deine Wahrheit und folge ihr. Dies ist dein Leben. Jeder Moment zählt.

Wahrheit ist etwas, womit dein Körper vollständig in Resonanz geht, unabhängig davon, was dein Headquarter im ersten Moment denken mag. Sie ist ein Gesamtbild aus vielen Puzzlestücken, die zusammen ein Bild ergeben.

Zwölf Puzzleteile meiner Wahrheit möchte ich mit dir teilen.

Auf dass du das eine oder andere Teilchen als deines wiedererkennst und ihm durch deine einzigartige Verkörperung mehr Gewicht verleihst. Bis wir gemeinsam Geschichte geschrieben haben und sich niemand mehr an Zeiten erinnert, in denen Frauen etwas anderes waren als Facetten der Lust und Liebe.

Meine Wahrheit:

Frausein ist ein Privileg, wenn wir uns gestatten, die eigene Körperin vollständig zu bewohnen – nicht nur die Kommandozentrale, den Kopf, sondern alle Räume, bis in die verborgensten Winkel unserer Vulven.

Der weibliche Zyklus ist unser systemintegrierter Wegweiser, der uns aus der Kopfenge in die Körperweite, aus der Begrenztheit dessen, wer wir glauben zu sein, hinein in ein ganzheitliches, lustvolles, authentisches Leben führt. Er ist ein missverstandenes Geschenk, das es zu ehren und zu feiern, statt zu vermeiden gilt.

Wir sind mächtige Schöpferinnen unserer Realität.
Alles liegt in uns verborgen und kann einzig durch uns selbst entstehen. Unser Außen spiegelt unser Innen. Die Art unseres Denkens programmiert die Art unseres Fühlens, unser Fühlen bestimmt unser Handeln, unser Handeln kreiert unser Leben.

Wie im Himmel, so auch auf Erden. Alles, was mein Hirn erdenken kann, ist real. Alles, was mein Geist ins Leben ruft, speichert Energie. Je mehr ich ein Bild in mir füttere, desto mehr materialisiert es sich.

Es ist immer JETZT. Immer HIER. Ein langgezogener Moment, der uns als Zeit erscheint. Alle Kraft liegt gebündelt im Brennpunkt des Moments. Jedes Ausatmen ist Einladung zum Neubeginn.

Aufgrund unseres zyklischen Wesens sind wir als Frau in das große Ganze eingebettet und brauchen die harmonische Verbundenheit aller Aspekte, die uns ausmachen.

In der zyklisch ausbalancierten Abwechslung unserer männlichen und weiblichen Energien, unserer Hinwendung vom Außen ins Innen, liegt die optimale Entwicklung der Frau.

Wir sind Heldin und Dämonin, Kampf und die Lösung.
Jede noch so kleine Krise ist ein Aufruf zur Kurskorrektur. Das Leben will uns nicht strafen, sondern beschenken. Es möchte den Wunsch in uns erwecken, über die Begrenzung unseres bisherigen Denkens hinaus, tief in unsere Wahrheit hineinzuwachsen!

Verantwortung zu übernehmen, ist der Beginn der Befreiung aus dem Opfertum – ist das Tor zur Täterschaft des eigenen absichtsvollen Lebens.

Liebe ist die magische Superpower unseres Mysteriums.
Sie ist fließend veränderlich und unzerstörbar. Selbstliebe zu üben, ist Persönlichkeitsentwicklung und öffnet uns für ein lustvolles Erleben.

Lustempfinden ist Intimität zwischen Körper-Ich und dem Leben selbst. Lust ist Liebe, die aus unserem Becken strömt.

Frauen brauchen Frauen.
Your vibe attracts your tribe.
Im Spiegelbild der anderen finden wir uns selbst.
Du bist ich. Ich bin du.

Sisterhood – Schwesternschaft

Mit Inspiration bist du nun reichlich versorgt. Alles, was du hier gelesen hast, wusste dein Körper schon früher, doch Frauen brauchen Frauen, um sich gegenseitig daran zu erinnern, wer wir wirklich sind. In unserer Gemeinschaft spiegelt sich unser individueller Reichtum. Deine Lust am Frausein entfaltet sich mit deinem steigenden Bewusstsein darüber, dass alles, was dir jemals verheißungsvoll lockend in der Spiegelung des Außen begegnet ist, in dir verborgen liegt und durch dich entstehen möchte.

Es gibt so viele Frauen, die mit dir auf dem Weg sind – ein Stück voraus, auf gleicher Höhe oder nachfolgend. Frauen, die auf der Suche nach sich selbst ihrer eigenen Wahrheit auf die Spur kommen möchten. Frauen, die sich um Authentizität bemühen, um das Eintauchen in ihre Weiblichkeit, um mutiges Ausdrücken dessen, was sie in ihrem Körper fühlen. Suche sie und verbinde dich mit ihnen. Beginne bei deinen Freundinnen. Mache den ersten Schritt und zeige dich unverstellt, damit auch sie sich zeigen können. Erlaube eurem Zusammenkommen eine tiefere Dimension als die Gespräche, die ihr bisher geführt habt. Nehmt euch gegenseitig an die Hand und werdet Meisterinnen im Ausdruck dessen, was ihr wirklich und wahrhaftig in euch fühlt. Unterstützt einander im Frausein. Erkennt euch ineinander wieder.

Sisterhood ist kein leeres Wort, sondern eine gelebte Haltung, deren Basis Gleichheit, gegenseitige Wertschätzung und Anerkennung ist. Schwesternschaft ist eine wellenartige Ausbreitung einander unterstützender, liebevoller Energie. Bisher keine Grundhaltung unter Frauen unserer Gesellschaft. Noch nicht! So schnell ich die andere Frau bewerte für das, was sie tut oder nicht tut, so schnell bewerte ich auch mich selbst negativ: »Wie kann sie nur? Was glaubt sie, wer sie ist? Zu viel! Nicht genug!« ist gleichbedeutend mit: »Wie kann ich nur? Wer bin ich, mir das zuzugestehen? Bin ich gut genug?« Unsicherheit und die Angst vor Verurteilung sind es, was viele Frauen lähmt, was sie davon abhält, herauszufinden und zu sein, wer sie wirklich sein möchten. Was sie daran hindert, in ihre volle Kraft zu kommen. Verbindung, Empathie und Liebe fließen durch unsere Venen. Es liegt in unserer weiblichen Natur, die Einheit hinter den Dingen zu spüren. Schwesternschaft bedeutet, die andere, scheinbar von mir getrennte, als meine mir zugetane Schwester anzuerkennen. Von ihr nur Gutes, Unterstützung und Wohlwollen zu erwarten und dafür gleichzeitig in Vorleistung zu treten und ihr ebenso mit freundlichem, offenem Blick zu begegnen. Sie darin zu bestärken, sich zu zeigen, wie sie ist. Ihr zu spiegeln: Du bist eine einzigartige Ausdrucksform von Femininität. Du bist ein Geschenk und ich bin es auch.

Wenn Frauen zusammenkommen, darf ein geschützter Raum entstehen, in dem wir uns darin erproben, uns einander zu zeigen. Das kann auf verbaler Ebene geschehen, indem wir uns mutig anvertrauen mit all unseren Gedanken, Gefühlen, Bedürfnissen, Geheimnissen, Wünschen und Sehnsüchten. Es kann aber auch auf körperlicher Ebene vertieft werden. Die Zärtlichkeit unter Schwestern ist Balsam für uns. Sie beruhigt und schenkt Geborgenheit. Es muss nicht einem Mann vorbehalten sein, dein Bedürfnis nach Berührung zu stillen. Nehmen wir einander in den Arm, streicheln wir nicht nur unsere Körper, sondern auch unsere Seelen. Halten wir einander die Hände und blicken wir uns gegenseitig tief in die Augen. Was wir unter Frauen entwickelt haben, tragen wir selbstverständlich in unsere Partnerschaften.

Zeige dich ehrlich

Wenn du aus einem Frauenkreis nach Hause zurückkehrst, solltest du dich immer besser als zuvor fühlen. Ist dies nicht der Fall, frage dich, was den Energieverlust bewirkt hat. Warst du aufrichtig? Warst du entgegenkommend und großzügig? Hast du dich ehrlich gezeigt – auch und gerade mit deinen Schatten von Missgunst und Neid, von Konkurrenzdenken und Vergleich? Du wirst sehen, du bist mit nichts von alledem allein. In unserem Zellgedächtnis sind Jahrhunderte von wiederholten Kampfmustern abgespeichert. Wir werfen dem Männlichen das Kriegführen vor und tun dasselbe mit unseresgleichen. Solange wir aufgrund unserer mangelnden Selbstliebe am Vergleich festhalten, manifestieren wir Trennung statt Verbindung. Dabei ist nichts inspirierender als eine Frau, die bereits lebt oder verkörpert, was wir NOCH nicht sind. Wenn wir lernen, mit offenem Herzen in Resonanz zu gehen, um uns am Strahlen der anderen zu erfreuen, dann ziehen wir diese vermeintlich im Außen existierende Energie in unser eigenes Leben. Wir verstärken den Anteil in uns, der sich in der anderen spiegelt, und geben ihm Nahrung, um zu wachsen. Darum brauchen wir Role Models, Idole, Vorreiterinnen, Heldinnen – je mehr, desto besser. Frauen, die Vorbild, also vorangestellte Abbildungen und Projektionen unserer eigenen ersehnten Version sind, auf die wir uns zubewegen. Jede meiner Lehrerinnen und Therapeutinnen, aber auch meine Oma, meine Mutter und meine Tanten, viele Autorinnen und einige Schauspielerinnen dienen mir als Inspiration, die Frau zu werden, die ich bin und noch werden möchte. Genauso sind meine Freundinnen, Schwestern und auch Klientinnen Impulsgeberinnen. Wer wäre ich ohne sie? Wo sonst als in ihnen kann das Echo meines Seelenrufs widerhallen? Und so bin ich allen zutiefst dankbar für die einzigartige Quelle an Inspiration, die sie mir bedeuten.

Schlüpfe in die Haut der anderen

Denke an die Frau, die du um etwas beneidest und schlüpfe in ihre Haut. Wie würdest du dich fühlen, wenn du sie wärst? Was würde sie tun, wenn sie du wäre? Was in deinem Leben wäre anders? Was genau hat sie, von dem du glaubst, es nicht zu haben? Was kannst du von ihr lernen? Neid ist an Mangel gekettete Hoffnung und (Vor-)Freude auf das Ersehnte. Missgunst ist Traurigkeit in der Sackgasse, weil dein Kopf dir sagt: Wenn du es nicht haben kannst, dann soll es auch niemand sonst haben. Konkurrenzdenken ist hier der Wettlauf um ein Gut, das in Fülle vorhanden ist.

Um deinen Tribe zu finden, musst du experimentieren. Wer dir langfristig nicht wohlgesonnen ist und deinen Mut nicht als Geschenk anerkennen kann, darf gehen. Wähle Frauen, die wie du selbst ihrer Lust, ihrem Herzen und der Liebe folgen. Als Schwestern ist es unsere Aufgabe, uns gegenseitig so anzunehmen, wie wir sind, und durch diese Akzeptanz das Beste ineinander zum Vorschein zu bringen. Wenn Frauen es wagen, einander wirklich zu begegnen, sich authentisch zu zeigen und einander Unterstützung, Wertschätzung und Anerkennung zu schenken, ist das eine Erfahrung, die tiefe Heilung an Stellen unseres verborgensten Ichs ermöglicht. Stellen, die manchmal älter als wir selbst sind. Nichts ist ermächtigender und heilsamer als die tiefe Verbundenheit und Liebe unserer Freundinnen und Schwestern. Unser Bündnis wird die Welt verändern.

Die Menschheit ist unsere Rasse – Liebe ist unsere Religion – du bist meine Schwester.

Join the Circle – Sister! Ich möchte dir hier das *numoon commitment* zur Verfügung stellen, das ich zur Eröffnung eines jeden *numoon circles* (so heißen meine Workshops und Retreats) vorlese. Es dient der Erinnerung daran, wie wir einander begegnen möchten, als Zusage und Versprechen, das für Sicherheit sorgt. Nutze es, passe es deinen Bedürfnissen an, um eigene Kreise zu initiieren. Es wäre mir die größte Freude!

> ***numoon commitment:***
> *Ich bin bereit, eine Herzverbindung entstehen zu lassen, indem ich dir offen und wohlwollend begegne, indem ich dich aussprechen lasse und deine Sicht der Dinge gelten lasse, indem ich deine Andersartigkeit als Bereicherung und Ergänzung meiner eigenen Art wertschätze, indem ich die Vielfalt der kollektiven Weiblichkeit ehre. Deine Geheimnisse sind bei mir sicher aufgehoben, du darfst mir vertrauen. Wir schenken einander Respekt, Aufrichtigkeit und Unvoreingenommenheit. Was in diesem Kreis besprochen wird, bleibt unter uns und verlässt den Circle nicht.*

Schwester, lass uns leidenschaftlich weiblich sein. Lass uns unser Frausein ehren und lieben! Lass uns das Männliche in uns und außerhalb von uns ehren und lieben und es darum mit unserer vollen Weiblichkeit komplettieren. Lass uns aus der Fülle unserer femininen Kraft heraus Role Models einer neuen Weiblichkeit sein. Jedes »Jetzt« lädt uns ein, vom Kopf in den Körper zu sinken und in tiefer Verbundenheit mit unserem Mysterium die eigene Wahrheit zu gebären. Auf dass unser Leben ein Gebet der Lust und Liebe ist!

Deine Nadine

Ein Kreis schließt sich und das ist erst der Anfang.
Im Namen der Mutter, der Tochter und des heiligen Gefühls.
Amen.

Dank

Ich danke meiner Sisterhood:

Inga, Silke, Elena, Tina-Katrin, Cosima und Maya, die mir als erste Testleserinnen ihre wertvolle Zeit geschenkt haben und nicht nur detailliertes und hilfreiches Feedback gegeben, sondern mich darüber hinaus mit ihrer Begeisterung beflügelt haben, die Verlagssuche anzutreten.

Juliette dafür, dass sie mit ihrer Geschichte der meinen eine Wende gegeben hat und mir bis heute Inspiration, Begleitung und Herzschwester ist.

Nicole, meiner lieben Wortkünstlerin mit scharfem Verstand, für die Starthilfe, als ich mein öffentliches Schreiben begann. Wann immer ich mich in allzu langen Sätzen verlaufe, höre ich ihre Stimme in meinem Kopf, die da ruft: »Nadine! Hauptsatz, Punkt. Hauptsatz, Punkt!«

Bettina für ihr umfassendes frauenärztliches Wissen und das im Buch enthaltene Interview. Und ich danke Gudrun für das Gegenlesen des gynäkologischen Inhalts im zweiten Teil. Zusammen mit Julie bilden die drei das Gynäkologinnen-Dreamteam der Praxis Gynhealth. Sie sind Role Models weiblicher Führung und es ist mir eine Freude und Ehre, sie meine Freundinnen nennen und mit ihnen arbeiten zu dürfen.

Ingrid, Corinna, Lisa und Michaela für unsere wöchentlichen Sisterhood-Zooms, die mir während der drei Jahre meines Schreibprozesses verlässlicher Kraftspender und Reflexions-Anker waren. Danke für eure authentisch und kraftvoll gelebte Weiblichkeit.

Simone für das gemeinsame Visionieren. Dafür, dass sie mich immer daran erinnert, auch kleine Zwischenerfolge groß zu feiern und die Einheit in allen Dingen nie aus dem Blick zu verlieren.

Britta, Frederike, Gabriela, Hendrike, Julia, Kristina, Lara, nochmal Silke, nochmal Tina-Katrin dafür, dass wir uns seit über zwanzig Jahren als konstante »WCS« Sisterhood gegenseitig anfeuern. Ihr seid positivste Hochspannung!

Meinen Kölle-Girls und Züri-Ladies für unsere bis zu 40 Jahre zurückreichenden Freundschaften. Wer wäre ich ohne euch?!

Ich danke meinen Lehrerinnen, Lehrern und Wegbegleiterinnen:

Meiner wilden, weisen Therapeutin Gerlinde für ihre Führung und ihr Vorbildsein. Durch ihre Impulse habe ich mir mein Universum an körperlichen Gefühlen zurückerobert und spielverändernde Kopf-Erkenntnisse gewonnen, deren Schätze ich für immer in meinem Herzen trage und so gerne weitergebe.

Veit und Andrea Lindau für das Aussenden von Seelenrufen, verpackt in engagierte Arbeit, insbesondere das Human Star Programm, mit dem sie mich bestärkt haben, zuerst tiefer zu graben, dann größer zu denken und schließlich weiterzugehen und dieses Buch nicht irgendwann, sondern jetzt zu schreiben.

Inga Heckmann, meiner Redakteurin vom Irisiana Verlag, zum einen dafür, dass sie mich proaktiv angeschrieben und mir damit ein Riesenglück beschert hat, und zum anderen für ihre herzliche und offene Art der Zusammenarbeit.

Sabine E. Rasch, meiner Lektorin vom Textkontor Bremen, für ihre guten Einfälle zur Textoptimierung und die vielen liebevollen und ermutigenden E-Mails aus dem Moorland.

Ich danke den vielen Frauen, mit denen ich arbeiten durfte und darf, für ihr Vertrauen und ihren Mut, sich zu öffnen, hinzuschauen und hinzufühlen. Jede einzelne hat mich auf ihre Weise bewegt und dadurch zu diesem Buch beigetragen. Ihr seid meine Heldinnen, denn ohne euch bliebe meine Wahrheit im echolosen Raum ungehört. Doch mit und durch euch trägt mein Tun Früchte und das ist es, was mich glücklich macht.

Ich danke dem Vater meiner Söhne dafür, dass er mir der beste Lehrer war, den ich mir rückblickend vorstellen kann. Dafür, dass wir Freunde bleiben konnten und die Liebe nur ihre Farbe gewechselt hat. »Love is the answer.«

Ich danke meiner Familie:

Meinen Eltern, Janka und Niels, meinen Geschwistern Yvonne, nochmals Inga und Ben für die lebendige Gemeinschaft, in der ich aufgewachsen und zu Hause bin. Dank euch habe ich Vertrauen, Integrität, Liebe, Familie und Sisterhood gelernt und diese Fülle ist das Fundament, auf dem *Zyklust* entstanden ist.

Und last but not least danke ich dem Mann, der mich täglich inspiriert, lockt, herausfordert und aktiviert. Der gemeinsam mit mir Geschichte kreativ neu schreibt. Francesco, ich danke dir dafür, dass du mich gefunden hast, für deine Liebe, deine Bereitschaft, neue Wege zu gehen, für deine Unterstützung und Loyalität, für das, was wir gemeinsam sind. Amore, ti amo!

Über die Autorin

Nadine Spitzley ist gebürtige Kölnerin und hat Katholizismus und Karneval mit der Muttermilch aufgesogen. Nach dem Architekturstudium in Köln folgte ein Umzug ins schöne Zürich, die Familiengründung sowie Aus- und Weiterbildungen zum Life-Coach. Seit 2015 ist Nadine als Frauencoach erfolgreich. 2017 erweiterte sie ihr Angebot mit der Gründung ihres Unternehmens numoon, über das sie Circles, Workshops, Retreats und Vorträge zu verschiedenen Themen der Weiblichkeit anbietet. Nadines Anliegen ist es, andere Frauen in zyklische Bewegung zu versetzen, damit sie sich lustvoll mit ihrer weiblichen Natur rückverbinden und ihre maskulinen und femininen Anteile harmonisch zueinander finden.

Anhang

Literatur

Allen, James: Wie der Mensch denkt, so lebt er, München, mvg Verlag 2017

d'Ansembourg, Thomas: Endlich ICH sein: Wie man mit anderen zusammenleben und gleichzeitig man selbst bleiben kann, Freiburg im Breisgau, Herder spektrum 2004

Brochmann, Nina & Støkken Dahl, Ellen: Viva La Vagina! Alles über das weibliche Geschlecht, Frankfurt am Main, S. Fischer 2018

Dahlke, Ruediger: Krankheit als Symbol, 17. Auflage, München, C. Bertelsmann 2007

Flaßpöhler, Svenja: Die potente Frau: Für eine neue Weiblichkeit, 6. Auflage, Berlin, Ullstein 2020

Hill, Dr. Sarah E.: Wie uns die Pille verändert: Alles, was Frauen über die Pille wissen müssen, deutsche Erstausgabe, München, Heyne 2020

Lindau, Veit & Andrea: Königin und Samurai: Wenn Frau und Mann erwachen, 2. Auflage, München, Kailash 2018

Long, Barry: Sexuelle Liebe auf göttliche Weise, 15. Auflage, Saarbrücken, MB-Verlag 2016

Nagoski, Emily: Komm, wie du willst: Das neue Frauen-Sex-Buch, München, Knaur 2017

Perel, Esther: Was Liebe braucht: Das Geheimnis des Begehrens in festen Beziehungen, Neuauflage, Hamburg, HarperCollins 2020

Piontek, Maitreyi D.: Die Wunder der weiblichen Sexualität: Ganzheitliches Praxisbuch, Allschwil, Allinti Verlag 2018

Rebillot, Paul & Kay, Melissa: Die Heldenreise: Das Abenteuer der kreativen Selbsterfahrung, 1. Auflage, Wasserburg, Eagle Books 2011

Richardson, Diana: Zeit für Weiblichkeit: Der tantrische Orgasmus der Frau, 15. Auflage, Köln, Innenwelt Verlag 2015

Rosenberg, Marshall B.: Gewaltfreie Kommunikation: Eine Sprache des Lebens, 8. Auflage, Paderborn, Junfermann Verlag 2009

Rosenberg, Marshall B.: Konflikte lösen durch Gewaltfreie Kommunikation: Ein Gespräch mit Gabriele Seils, 8. Auflage, Freiburg im Breisgau, Herder spektrum 2004

Spezzano, Chuck: Wenn es verletzt, ist es keine Liebe: Die Gesetzmäßigkeiten erfüllter Partnerschaft, 24. Auflage, München, Arkana 2005

Stahl, Stefanie: Das Kind in dir muss Heimat finden: Der Schlüssel zur Lösung (fast) aller Probleme, 35. Auflage, München, Kailash 2015

Watts, Alan: Die Illusion des Ich: On the Taboo Against Knowing Who You Are, 2. Auflage, München, Goldmann Arkana 2005

Dokumentarfilme

Fantastische Pilze, Louis Schwartzberg, 2019
Das geheime Leben der Bäume, Peter Wohlleben, 2020
Vulva 3.0, Ulrike Zimmermann & Claudia Richarz, 2014

Studien

Robert Koch Institut, Berlin
»Depressive Symptomatik bei Erwachsenen in Deutschland«
Journal of Health Monitoring 2017 2(3) DOI 10.17886/RKI-GBE-2017-058
www.rki.de/DE/Content/Gesundheitsmonitoring/Gesundheitsberichterstattung/GBEDownloadsJ/FactSheets/JoHM_03_2017_Praevalenz_Depressive_Symptomatik.pdf?__blob=publicationFile

Robert Koch Institut, Berlin
»Prävalenz von Burn-out in Deutschland nach Geschlecht, Alter und sozialem Status im Jahr 2012«
Veröffentlicht von Statista Research Department, Juni 2012
https://de.statista.com/statistik/daten/studie/233475/umfrage/praevalenz-von-burn-out-nach-geschlecht-alter-und-sozialem-status/#professional

Universität Bern
»Men's preference for the ovulating female is triggered by subtle face shape differences«
Bobst, Cora und Lobmaier, Janek S., Juli 2012
DOI:10.1016/j.yhbeh.2012.07.008
www.sciencedirect.com/science/article/abs/pii/S0018506X12001870?via%3Dihub

Universität Münster und Hohenheim
»Jugend, Internet und Pornografie«
Quandt, Thorsten & Vogelgesang, Jens: Replikationsstudien in der empirischen Kommunikationsforschung, Springer VS 2018, X, Seite 91–118, DOI 10.1007/978-3-658-18859-7_5
www.uni-muenster.de/news/view.php?cmdid=9182

Webseiten

www.numoon.ch (hier auch: Zykluskreis zum Download)
https://gyn-health.ch/de
www.omgyes.com/de/

Übersicht der Vertiefungen für dich

Anmerkungen

1 Meine Therapeutin verwendete dieses Bild und ich gebe es hier wieder, ohne zu wissen, ob sie oder jemand anderes diesen passenden Vergleich geprägt hat.

2 Ich beziehe mich hier nicht auf posttraumatische Belastungsstörungen. Menschen, deren überwältigende, lebensbedrohliche Erfahrungen sich aufgrund ihrer Intensität und Anhäufung im Körper verankert haben, empfehle ich entsprechende Unterstützung einer Trauma-Therapeutin.

3 Matthäus 22:37–39

4 Alan Watts, Art of Meditation. Audio Transcripts, Inevitable Ecstasy Meditations, https://alanwatts.org/transcripts/art-of-meditation/ [22.02.2024]

5 Journal of Health Monitoring 2017 2(3) DOI 10.17886/RKI-GBE-2017–058

Robert Koch-Institut, Berlin

www.rki.de/DE/Content/Gesundheitsmonitoring/Gesundheitsberichterstattung/GBEDownloadsJ/FactSheets/JoHM_03_2017_Praevalenz_Depressive_Symptomatik.pdf?__blob=publicationFile [22.02.2024]

6 https://de.statista.com/statistik/daten/studie/233475/umfrage/praevalenz-von-burn-out-nach-geschlecht-alter-und-sozialem-status/#professional [22.02.2024]

7 Nehmen wir es, wie es ist – es heißt ja nicht, dass sie gebären muss, sondern einzig, dass sie es kann. Und dass es sich nicht nur um das Gebären von Kindern, sondern um viel mehr handelt, dazu kommen wir noch.

8 Ich bin kein Mann. Ich weiß nichts aus mir selbst heraus über das Mannsein zu berichten und gebe an dieser Stelle nur wieder, was Männer mir berichtet haben.

9 www.sciencedirect.com/science/article/abs/pii/S0018506X12001870 [22.02.2024]

www.spiegel.de/gesundheit/sex/hormone-die-macht-des-eisprungs-a-1217466.html [22.02.2024]

10 Hierzu empfehle ich dir die Dokumentarfilme Fantastische Pilze, Louis Schwartzberg, 2019 und Das geheime Leben der Bäume, Peter Wohlleben, 2020

11 Aus Michael Jacksons Song »Thriller«, Album Thriller, 1982

12 https://link.springer.com/chapter/10.1007/978-3-658-18859-7_5

13 Hierzu empfehle ich dir die Doku Vulva 3.0 – Zwischen Tabu und Tuning

14 Falls du dich dafür interessierst, wie sich andere Frauen berühren, dann schau bei Omgyes vorbei. Hier findest du genaue Video-Anleitungen und viele weitere Infos zum Thema angewandte Selbstliebe. [www.omgyes.com, 22.02.2024]

15 Wenn du die belgische Psychotherapeutin und ihre inspirierenden Vorträge und Bücher noch nicht kennst, ich empfehle sie dir.

16 Suche hierzu im Internet nach »energetische Reinigungsrituale«. Neben Heilsteinen, dem Räuchern und verschiedenen Meditationen gibt es auch Mondlichtrituale und vieles mehr, das dich hierbei unterstützen kann. Fühle, womit du in Resonanz gehst.

Viel Freude beim Eintauchen, Reflektieren und Üben. Damit du nicht suchen musst, findest du auf den folgenden Seiten die wichtigsten Zeichnungen noch einmal abgebildet.

DIE VIER ZYKLUSPHASEN

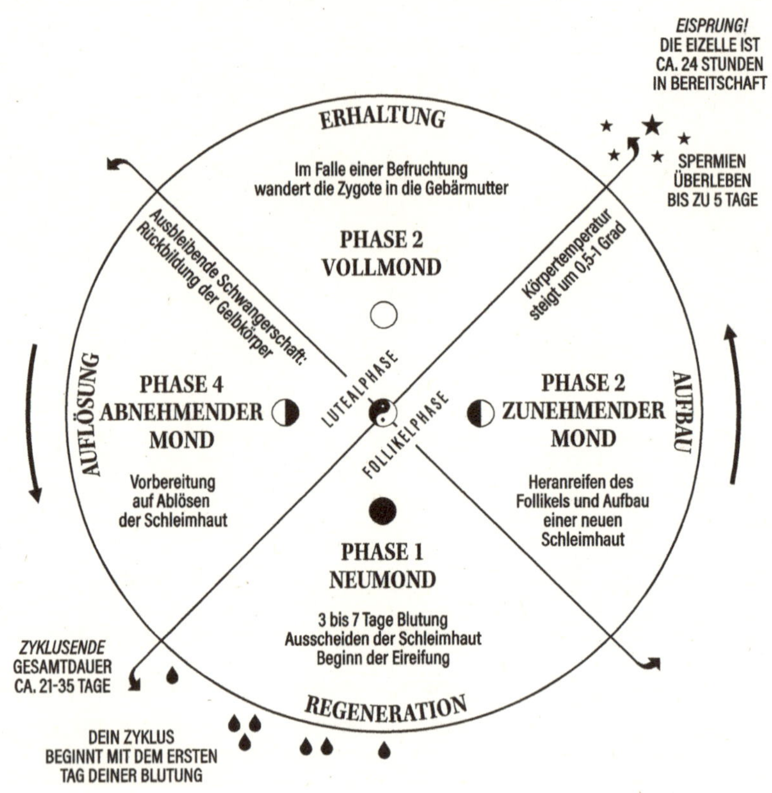

DER ZYKLUSTISCHE PROZESS

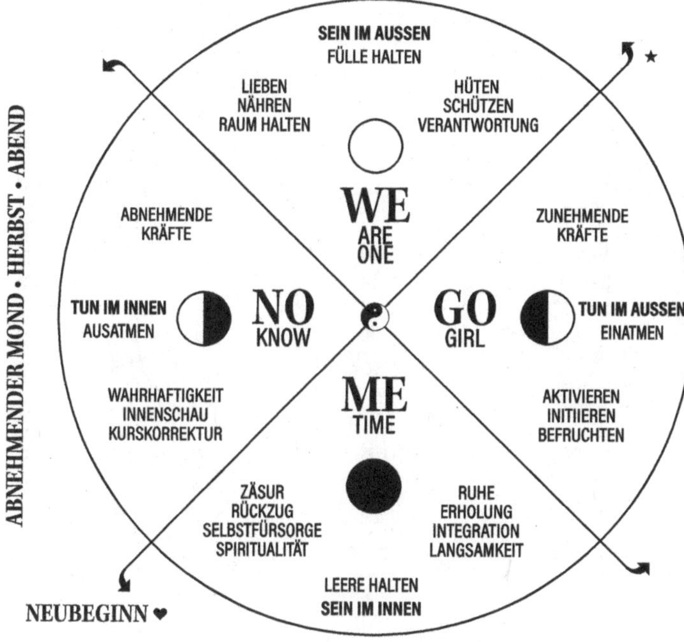

DEIN ZYKLUS-KREIS

Menstruationsbeginn ________ Zyklusdauer ________

VOLLMOND • SOMMER • NACHMITTAG

SEIN IM AUSSEN

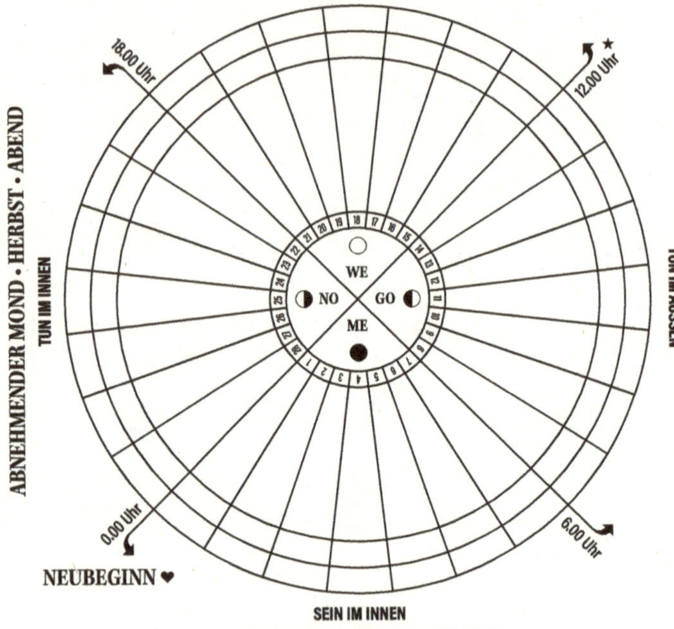

NEUBEGINN

SEIN IM INNEN

NEUMOND • WINTER • NACHT

- Self-care
- introvertiert
- verbunden
- dankbar
- lustvoll
- warm
- leichte Blutung
- mittlere Blutung
- starke Blutung
- Schmerzen
- traurig
- kalt
- Energieanstieg
- Eisprung
- klar
- glücklich
- verzettelt
- extrovertiert
- Energieabfall
- Explosionsgefahr
- entkoppelt
- unzufrieden
- erschöpft
- lebendig

ME-TIME INSPIRATIONEN

GESTALTE DEINE INDIVIDUELLEN MINI-RETREATS

DEINE LEBENSRÄUME

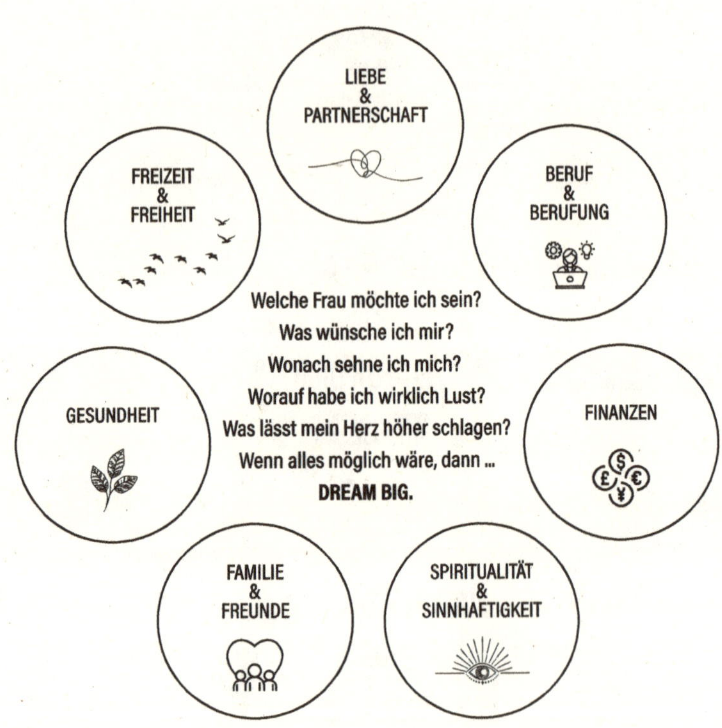